KB056591

난세의 영웅,
허경영을 아십니까?

허경영 씀

소울미디어

나는 왜 편안한 길을 마다하고
험난한 국가최고지도자의 길을 가려 하는가?

세계 10위권의 경제대국, 대한민국. 그러나 그에 걸맞은 생활을 하는 국민은 소수에 불과하다. 많은 국민은 상대적 박탈감에 시달리며 하루하루를 견뎌 내는 생활을 면치 못하고 있다. 날로 심화되는 부익부 빈익빈으로 전체 국민 중 10% 정도의 부유층이 나라 전체 부의 60%가량을 차지하고 있다. 중산층이 무너지고 있으며 양극화가 빠르게 진행되고 있다. 가계부채는 가파르게 상승해 2021년 1분기 말 기준 1,760조 원을 넘어서고 있다. 국내총생산(GDP) 대비 가계부채비율은 97.9%로, 가계부채가 한 해 GDP 수치에 육박하고 있다. 국민 대다수가 하루 종일 열심히 일하지만 생활의 여유는커녕 빚더미에 올라가 있는 것이다. 그뿐이 아니다. 우리나라는 OECD 국가 중 자살률 세계 1위이며, 출생률은 작년 합계출산율이 0.84명으로 떨어지면서 최저 신기록을 갱신하며 세계에서 가장 아이를 안 낳는 나라로 수년째 최저 수준을 면하지 못하고 있다. 반면에 노인 인구는 갈수록 늘어 2025년에는 전체 인구의 20% 이상을 초과할 것으로 전망되어 초고령사회를 목전에 두고 있다. 대한민국의 존립 자체가 문제 될 뿐 아니라 당장 노인 부양 문제와 생산가능인구 감소로 인한 심각한 경제문제를 내포한 역삼각형의 인구구조로 바뀌어 가고 있는 것이다. 게다가 한창 희망찬 미래를 설계하며 패기와 용기로 사회에 도전장을 내밀어야 할 청년 세대는 연애와 결혼, 출산, 취업, 내 집 마련, 대인관계까지 포기한 6포(抛) 세대가 된 지 오래다. 물론 국가도 이 문제를 인식하고는 있다. 최근 엄청난 국가 예산을 복지와 저출산 분야에 쏟아붓고 있기 때문이다. 하지만 나는 아직 망국적 저출산 문제와 청년들의 6포 문제가 해결되거나 국민의 부채가 줄고 살림살이가 나아졌다는 소식을 들어 본 적이 없다.

국내외적으로 기업 환경은 녹록지 않으며, 실업문제는 해결될 기미를 보이지 않고, 안보나 국방 문제 또한 심각하기는 마찬가지다. 북한은 근래에 핵무기 보유국이 되어 우리와 전력을 비교하는 것 자체가 무의미한 전력 비대칭 상황이 발생했고, 여기에 미국과 중국 사이의 패권 다툼은 날로 격화되어 한반도가 언제든 전쟁터가 될 위험에 놓여 있다. 총체적 난국이 아닐 수 없다.

그렇다면 이런 문제를 최일선에서 해결해야 할 정치권은 어떤가?

나름대로 노력은 하고 있다지만 실효성 있는 대책이나 해결 방안을 내놓지 못하였다는 것을 부인할 사람은 별로 없을 것으로 본다.

사실 나로서는 정치인들이 귀중한 시간에 국민의 고통과 국가적 난제를 해결하는 데 총력을 기울이기보다는 당리당략에 따른 정쟁에 더 많은 시간과 에너지를 소모하며, 국리민복(國利民福)의 대의보다는 자신들의 기득권 유지에 더 큰 관심을 두어 왔다는 인상을 지울 수가 없다.

국회의원들은 2020년 기준, 한 해에만 받은 세비가 1억 5,000만 원이 더 되며 거기에 온갖 특권과 특혜를 누리고 있다. 그러나 아직 부익부 빈익빈 현상을 해소시킬 수 있는 제대로 된 법 하나 만들어 내지 못하였다.

"국가에 돈이 없는 것이 아니라 도둑놈이 많은 것이다."

내가 만든 이 말은 결코 과장된 말이 아니다. 나는 그 누구를 개인적으로 비난할 생각은 없다. 다만, 잘못된 정치를 말하고 잘못된 법과 제도, 정책과 관행을 지적할 뿐이다. 국민의 삶을 살펴 그들의 생활이 나아지게 하고, 국가경제가 발전할 수 있도록 법과 제도를 마련하고 그에 따른 정책을 펼쳐 가야 할 정치권이 그 역할을 제대로 하지 않고 자신들의 이익에 눈이 어두워 있음을 질타하는 것일 뿐이다.

세계 10위권의 경제대국에서 한 해에 거둬들이는 세금이 어느 정도 될까? 국가 예산은 나라 살림을 하고도 나라의 주인인 국민에게 상당수 돌아갈 수 있을 정도로 충분하다고 본다. 그럼에도 최근의 코로나19 사태로 인한 지원금 외에 지금까지 국민에게 그 몫을 돌려준 적이 있었던가? 도대체 그 많은 예산은 다 어디로 갔는가?

나는 이미 30여 년 전에 오늘날 우리나라와 우리 국민이 처할 상황을 미리 예견했다. 그리하여 내 능력과 지식, 동서양의 사상과 심오한 철학까지 동원하여 심사숙고하며 앞으로 닥칠 난제들을 인수분해 하고 미적분하여 일거에 해결할 수 있는 방안을 마련하여 국민 앞에 제시하였다.

그것은 '미구(未久)에 닥칠 수 있는 난제들을 어떻게 하면 미연에 방지하고 해결하며, 국민이 어떻게 하면 빈곤과 생계 문제의 고민에서 벗어나 안정되게 생활을 할 수 있게 할 것인가, 그리고 생계로 인해 어쩔 수 없이 하게 되는 강제적인 일의 억압에서 벗어나서 하고 싶은 일을 하며, 좀 더 차원 높은 생활을 하게 할 수 있을까' 하는 자문(自問)과 고민 속에서 나온 나의 답변이며 결론이었다. 말하자면 그것은 국가와 민족의 희망찬 장래를 보장하기 위한 계획이자 국민에 대한 나의 애틋한 사랑의 산물이었던 셈이다. 또 거기에는 국가경제의 발전으로 풍부해진 부(富)를 모두가 함께 누리는 공존공영 사회를 실현시키려는 나의 철학이 담겨 있다.

이러한 방안이 실현되면 우리나라는 중산주의 국가가 될 수 있다. 중산주의란 모든 사람이 중산층 이상의 생활을 누릴 수 있도록 하려는 경제 이념이자 사회경제 체제이다. 빈민층이 없이 모두가 최소한 중산층이며 그 이상의 생활도 얼마든지 가능한 사회이다. 그리고 이 중산주의 체제야말로 내가 우리나라와 전 세계에 실현시켜 공의로운 세상을 만들려고 하는 나의 뜻이고 목표이기도 하다.

일부에서 오해하듯이 나의 일단(一團)의 방안들은 국민배당금제, 결혼수당 지급 등 몇 가지 방안만 보면 퍼주기 정책처럼 보일 수 있다. 그러나 그것은 인기를 끌기 위해 아무 대책 없이 퍼주는 포퓰리즘 방안이 절대 아니다. 그 방안들은 우리나라가 마주하고 있는 난제들을 풀고, 진정으로 국리민복을 이루기 위한 것들로서 개인의 사리사욕이 개입되는 포퓰리즘과는 차원이 다르다. 또 우리나라는 이미 국민에게 그만한 돈을 줄 수 있는 충분한 경제력을 갖춘 나라이다. 정치인들이 바로 서고, 국가 운영을 책임진 사람들이 낭비나 누수 없이 나라 살림을 잘하면 얼마든지 주인인 국민에게 국가 수익을 나누어 줄 수 있다. 나의 방안들은 단지 권력 장악만을 목표로 하는 대책 없는 인기 영합의 퍼주기가 결코 아닌 것이다.

'여파도의수(如波濤依水)'라는 말이 있다. 파도는 물에 의지하여 일어난다는 말로, 물이 없으면 파도가 칠 수 없다는 뜻이다. 마찬가지로 기업이 돈을 벌고 누군가 부자가 되는 것은 국민이 기업이 만든 제품을 사주기 때문이며 사람들의 도움이 있기 때문이다. 국민이 없다면 누가 기업을 일으킬 수 있으며 돈을 벌 수 있겠는가? 따라서 부를 얻은 사람은 그 부를 가능하게 해 준 국민과 나누어야 마땅한 것이다. 국민 모두를 중산층 이상으로 만들어 주는 방안은 바로 이러한 자연의 이치를 기본 철학으로 만든 방안이다.

오해하는 것 중 또 하나가 그러한 방안이 사회주의와 공산주의 제도라는 것이다. 그러나 절대 그렇지 않다. 그러한 방안은 자본주의 자유시장경제를 토대로 한 것이다. 국가와 국민의 관계를 주식회사와 주주의 관계로 설정하고, 국가의 재산을 주주인 국민의 것으로 규정한다. 그리하여 대한민국 총재산 7경 원 정도를 국민의 수 약 5,000만 명으로 나눈 14억 원가량의 지분을 국민 한 사람이 가진 것으로 산정한다. 그래서 모든 국민은 세금 등 국가 경영의 수익금에 대해 배당금을 요구할 수 있는 권리를 갖게 된다. 명실공히 국민이 국가의 완벽한 주인이 되는 것이다. 그러한 방안이야말로 국민주권의 민주주의로 치면 최고 수준의 민주주의라고 볼 수 있다.

말하자면 그러한 방안은 자본주의를 바탕으로 한 것이며 민주주의의 완성판이라 할 수 있다. 나아가 지금까지 그 누구도 하지 못했던 자본주의의 폐단인 부익부 빈익빈을 해결하여 자본주의를 완전한 체제로 완성시켜 주는 제도라고 할 수 있다. 기업이 활동하기 좋은 여건을 만들어주며, 누구든 노력 여하에 따라 기본적으로 보장되는 중산층을 넘어 더 많은 부를 획득하는 것도 가능하게 해 준다. 또한 세금을 많이 내어 그러한 방안이 원활히 돌아가도록 해 주는 부자들을 사회가 존경할 수 있게 하는 시스템도 함께 가동하게끔 되어 있다.

사회경제적 개념인 중산주의를 정치적 용어로 말하면 신정주의이다. 신정주의는 대우주를 관장하는 신의 화신체인 신인이 공의를 실현하는 정치이다. 신정주의야말로 말이나 글로만의 형식적 민주주의가 아니라 국민을 나라의 진정한 주인으로 대접하는 정치체제이며 공존공영의 공의가 실현되는 정치로 신정주의 체제에서 모든 국민은 자유롭고 풍요로운 삶을 구가할 수 있다. 한 국가나 전 세계 경제 수준을 보았을 때 구성원 모두가 인간다운 삶을 살 수 있을 정도의 경제력이 되는데도 부의 분배 시스템이 잘못되어 국가나 지구촌이라는 하나의 울타리 안에 양극단의 생활상이 나타나는 것은 공존공영을 벗어난 것으로 공의가 실종된 모습이다. 이를 바로 잡아 모두가 공존공영할 수 있도록 공의를 세워 나가는 것이 바로 신정정치이다.

내가 마련한 일단(一團)의 방안들은 많은 오해를 받아 왔으나 그것은 아직 때가 이르지 않았던 탓도 있다. 이제 우리나라는 내 방안과 같은 과감한 혁신 정책으로 국가와 사회에 혁명적인 변혁을 도모하지 않으면 그 누구라도 도저히 중첩된 난제들을 해결할 길이 없다. 정부도 정치인들도 문제의 심각성을 알고 있지만 해결하지 못하고 있고, 제대로 된 대책조차 갖고 있지 못하다는 것은 앞서 확인한 바 있다.

다급해진 정치인들이 내 방안들의 한두 가지를 모방해서 시행하는 사례가 늘고 있다. 물론 그것도 아주 효과가 없는 것은 아니지만, 우리나라의 총체적인 문제를 해결하려면 그렇게 해서는 될 일이 아니다. 그러한 나의 일련(一連)의 방안들은 전체가 하나의 메커니즘으로 연결되어 시스템으로 움직이게 되어 있다. 일련의 방안들이 함께 시행되어야 부작용이 생기거나 막힘없이 모든 문제가 차례로 풀리며, 시스템이 제대로 작동하면서 그 효과가 제대로 나타나고 나아가 극대화될 수도 있다.

빈부격차로 인한 사회갈등, 빈곤, 청년 세대의 6포, 망국적 저출산, 생산가능인구 감소, 고령사회와 노인 부양, 가계부채, 실업, 기업 환경 악화, 자살, 지역 간 및 노사 간, 남녀 간 갈등, 교육, 안보, 군대, 국민건강, 재원 확보, 4차 산업 혁명에 따른 사회 변화에 이르기까지 모든 문제가 나의 일단(一團)의 방안들이라는 하나의 그물로 다 해결되도록 완벽하게 시스템화되어 있다.

앞으로 그 누구든 이와 같이 통합적이고 혁명적인 방안들과 같은 과감한 대혁신의 방법이 아니고서는 결코 이 나라를 살리고 우리 민족을 보전하며 국민을 고통에서 벗어나게 할 수는 없을 것으로 본다.

나는 왜 편안하고 즐거운 길을 마다하고 외롭고 힘든 국가최고지도자의 길을 택하고 있는가? 이유는 딱 하나다. 우리나라 모든 국민이 고루 잘 살게 하고, 잘못된 정치로 고통받고 있는 국민을 편안하게 하려는 내 삶의 목표와 이를 이루어야 한다는 사명감 때문이다. 나는 어려서부터 세계의 지도자가 되어 세상을 편안하게 해야 한다는 사명감을 갖고 그것을 내 인생의 목표로 받아들였다. 그때 이후 지금까지 나는 그 목표를 한시도 잊어 본 적이 없다. 처절하게 어려운 환경 속에서도 주경야독, 형설지공으로 학교 공부 외에 사서오경의 유교 경전을 공부하고, 불경과 성경 등 종교 경전과 법과 정치, 경제, 철학 등을 섭렵해 온 것도 모두 이 목표를 달성하는 데 도움을 얻기 위해서였다. 나의 목표는 작게는 우리 국민의 고통을 해결하고 우리나라를 일류 국가로 만들고, 크게는 나와 우리 한민족을 통해 세계 모든 사람이 기아나 전쟁의 고통에서 벗어나 돈 걱정 없는 풍요롭고 행복한 삶을 살 수 있도록 하려는 것이다.

나는 배고픔의 고통을 처절하게 겪어 본 사람으로서 이 지구상에 수많은 사람들이 굶어 죽어가는 현실을 도저히 묵과할 수 없다. 세계에 먹을 것이 부족해서가 아니기에 더더욱 그러하다. 지구 한쪽에서는 가격 폭락을 우려하여 남아도는 식량을 바다에 던져 버리는가 하면, 향락과 사치에 열을 올리는 사람들은 또 얼마나 많은가?

우리 국민 중에도 끼니를 걱정하는 사람들이 있는 현실에서 한 해에 술 소비에만 8조 원가량의 돈을 쓰고 있다. 같은 지구촌에서 빚어지는 이 극명한 대비, 비인도적인 상황을 어떻게 모른 척할 수 있는가? 전쟁의 참화는 또 어떤가? 우리도 6.25전쟁을 겪었지만, 전쟁의 참상이란 이루 말할 수가 없다. 전쟁의 불길이 휩쓸고 간 거리에 맨몸으로 뛰쳐나온 어린 소녀의 사진을 나는 잊을 수가 없다. 망망대해를 떠돌다 배가 난파되면서 싸늘한 주검으로 바닷가에 떠밀려 온 난민 소년의 영상은 또 어떤가?

환경문제는 더 심각하다. 미세 플라스틱을 먹고 기형이 된 물고기들, 온난화로 하얗게 죽어 가는 산호들은 우리에게 어떤 메시지를 던져 주는가? 지구촌의 오염과 환경파괴는 지구 자체의 종말을 불러오는 재앙 수준으로 가고 있지 않은가?

그러나 지금까지 어떤 세계 지도자도 세계의 기아 문제를 해결하자고 나선 적이 없다. 오로지 자국의 안전과 자국민의 이익만이 그들의 관심사이다. 전쟁을 위해 만드는 무기 비용이면 전 지구인이 100년을 먹고도 남을 식량을 살 수 있다. 지구환경에 대해서는 간간이 회의를 열고 보고서를 내고 선언문을 선포하기도 하지만 그것을 제대로 지키는 국가는 많지 않다.

우리나라를 비롯해 전 세계적인 이러한 위기 상황은 정신사적, 물질사적, 환경사적 총체적 위기다. 나는 이러한 난세의 위기 속에서 한민족이 사는 대한민국을 세계 중심 국가, 가장 행복한 국민이 사는 나라로 만든 이후 더 나아가 지구촌이 처한 처참한 현실과 모든 위기를 깨끗이 해결하고 온 세상에 공존공영의 공의로운 세상을 이루어 나갈 생각이다. 이것은 한낱 허황된 꿈이 아니다. 세계를 미국의 연방정부와 주정부와의 관계처럼 연방 형태로 통일시키고, 세계 각국이 공동으로 지구촌의 기아나 전쟁, 환경과 같은 난제를 해결해 갈 수 있도록 나는 모든 계획을 세워 놓고 있다. 이것이 내가 편안한 길을 버리고 험난한 국가최고지도자의 길에 들어서려는 이유이다.

끝으로 그간 지난(至難)하고 드라마틱하기도 했던 굽이굽이 내 삶의 역정에서 나를 도와주고 나를 인정하여 주고, 오늘의 이 자리에 서기까지 함께 해 주신 모든 분들에게 진심으로 감사를 드린다. 나를 낳고 산후통과 세상 사람들의 오해 속에 젊은 나이에 돌아가신 나의 어머니, 그리고 나에게 소명이 담긴 '허경영'이란 이름을 지어 주시고 세상에 좋은 일을 하려다 좌우 이념대립의 희생물이 되어 돌아가신 나의 아버지께도 존경과 감사의 마음을 담아 이 책을 바친다. 이 책이 나오기까지 노고를 아끼지 않으신 출판사 관계자들에게도 심심한 감사를 드린다.

2021년 8월 19일
대한민국 경기도 양주시 장흥면 하늘궁에서
허경영

차례

제1장

무엇이 포퓰리즘인가?

포퓰리즘(Populism)은 대중의 인기를 얻어 자신의 목적을 달성하기 위해 비현실적인 정책을 내세우는 대중영합주의이다. 목적을 달성할 수 있는 현실적인 대책이 있는 방안에 포퓰리즘이라는 딱지를 붙이면 안 된다.

1

'선진국' 대한민국에 사는 '후진국' 국민들

부자 나라에서 고통받는 사람들

현재 우리나라의 경제 규모는 세계 10위권이며, 국민 1인당 소득인 국민총생산(GNP)은 3만 불을 웃돈다. 세계에서 GNP가 1만 불 이상인 나라는 60여 개국에 불과하고, 200여 개국은 1만 불이 채 되지 않으며, 이중 150여 개 나라는 5,000불도 채 되지 않는다. 우리나라 경제 수준이 얼마나 높은지 짐작할 수 있다. 그런데 우리 국민이 피부로 느끼는 경제 수준이 우리나라 경제 규모나 수준에 걸맞은 정도가 되고 있는지는 별개 문제이다. 우리 국민이 느끼는 것과 우리 국가의 경제 규모 사이에 상당한 갭(gap)이 있는 것은 우리 국민이 더 잘 알고 있으리라 생각한다. 물론 일부 상류층에서는 국가경제 수준 이상의 선진국 수준으로 생활하는 사람들도 있다. 그러나 중산층이나 서민들이 느끼는 체감 경제 수준은 거기에 훨씬 못 미치는 것이 현실이다.

우리 경제 수준에 맞는 생활 정도라면 내 집에 살면서 걱정 없이 아이를 낳아 교육시키고 문화생활도 즐길 정도의 여유가 있어야 한다. 빚 걱정, 노후 걱정을 할 필요가 없고, 자녀들 결혼시키는 것도 아무런 부담이 되지 않아야 한다. 그런데 지금은 부부가 나서서 돈을 벌어도 카드값에 아이들 학원비며 아파트 관리비, 공과금 내기도 바쁘고 은행 빚이나 사채 갚는 돈까지 감당하느라 정신이 없다. 문화생활은커녕 일에 구속되어 마치 일하는 기계나 일의 노예처럼 사는 게 현재 우리 국민 대다수의 모습이다. 이러한 모습은 도저히 세계 경제 규모 10위 국가, 1인당 GNP 3만 불이 웃도는 나라에 사는 국민의 생활상이라고 할 수 없다.

예전에는 국가 자체가 가난해서 모든 국민이 보릿고개를 넘기는 생활을 한 적도 있었다. 그러나 이후 탁월한 지도자와 국민의 단결과 노력으로 국가가 한창 발전할 때는 열심히 일만 하면 집이 없는 상태에서도 금방 전셋집을 얻고 내 집 장만도 수월하게 할 수 있었다. 그리고 아이들을 교육시키는 것도 마음먹고 열심히 노력만 하면 얼마든지 가능했다. 청년 취업이 사회문제가 될 정도로 어렵지 않았다.

그런데 지금은 어느 것 하나 수월한 것이 없다. 젊은이들이 학교를 졸업하고 사회에 나가려고 보면 사방이 꽉 막혀 출구가 보이지 않는다. 바늘구멍만 한 출구를 향해 온갖 스펙을 쌓으며 치열한 경쟁을 벌이지만 그 출구를 통과하기란 하늘의 별 따기다. 학자금 대출받은 것을 갚지 못해 제2금융권 대출까지 받아 가며 신용불량자가 되지 않으려고 몸부림치지만 결국 신용불량자로 전락하는 경우도 적지 않다. 취업을 한 사람도 어렵기는 마찬가지다. 결혼하려면 전셋집이라도 마련해야 하는데 전셋값이 천정부지로 치솟는다. 월급만 가지고는 집 사는 것은 말할 것도 없고 전셋집 구하기도 힘들다. 사정이 이러하다 보니 지금 이 사회에는 젊은이들의 취업 포기, 연애 포기, 결혼 포기, 출산 포기, 내 집 마련 포기, 대인관계 포기라는 여섯 가지 포기가 일상화되어 있다. 취업이 안 되니 연애나 결혼은 꿈도 꿀 수 없고, 결혼이 안 되니 아이를 낳을 수도 없고, 내 집 마련은 그야말로 그림의 떡이다.

직장을 얻고 결혼을 한 사람도 불확실한 미래와 먹고살기 힘든 치열한 경쟁 사회에서 불안하기는 마찬가지이다. 아이 낳기가 겁이 나 단둘이 사는 부부가 부지기수다. 당장 육아에 드는 돈도 문제지만 아이가 행복하게 자라서 취업하고 결혼하고 잘 살 수 있을지 자신할 수도 없고, 어느 것 하나 쉽지 않은 이 사회에 아이를 낳아 내보낸다는 자체가 무책임하게 느껴지기 때문이다. 거기에 맞벌이를 하지 않으면 가정경제가 유지되기 힘든 사회경제 구조나 변해 버린 젊은이들의 의식도 아이 낳는 것을 꺼리게 되는 한 원인이다.

중장년은 중장년대로 힘이 들기는 마찬가지다. 중장년이 되어도 전셋집을 전전하거나 간신히 집을 마련한 사람도 집을 사면서 빚을 내지 않은 사람이 드물다. 은행 빚 이자며 아이들 과외비, 대학등록금을 마련하기 위해 부부가 밤낮으로 일을 하는 경우도 적지 않다. 그러니 부모가 연로하여도 부양은 엄두조차 낼 수 없는 것이 현실이다.

노년층도 마찬가지이다. 젊은 시절 자식들 키우고 교육시키느라 집한 칸 정도 외에는 편안히 노후를 보낼 만한 경제적 여력이 남아 있지 않다. 노년에도 일을 하지 않으면 생계조차 막막한 지경에 처한 사람이 많다는 것은 현재 노년층의 취업률이 청년층을 앞지르고 있는 것만 보아도 알 수 있다.

이러한 사회 상황 속에서 근래에는 청장년들 사이에 성실하게 일하는 것만으로는 전셋집조차 구하기 힘들다는 인식 아래 한탕주의 심리가 팽배하여 빚을 내어서까지 무리하게 주식이나 가상화폐에 투자하여 큰 손해를 보고 빚더미에 앉은 사람들도 상당하다.

이 아이러니를 어떻게 볼 것인가?

부자 나라와 살기 힘든 국민, 이 아이러니를 어떻게 봐야 할 것인가? 어떤 이는 사회가 변해서 그렇다, 사회구조가 그러니 어쩔 수 없다는 식으로 말하기도 하지만 이것을 사회 변화, 사회구조의 탓으로만 돌려서 될 것인가? 사회가 어떻게 변화될 것인지, 사회구조가 어떻게 변동될 것인지를 국가 지도층이 미리미리 내다보고 대책을 세웠더라면 이런 고통스러운 현실을 얼마든지 면할 수 있지 않았겠는가? 그 많은 국가의 부(富)가 한쪽으로만 쏠리는 것을 막고, 국가 예산의 누수(漏水)나 낭비 없이 알뜰살뜰 살림살이하며, 부가 국민 전체에 골고루 나눠질 수 있도록 정책을 세우고 추진해 나갔더라면 이런 '엄청난 부자 나라에서 돈 때문에 고통받고 허덕이는 국민'이라는 아이러니는 얼마든지 피할 수 있지 않았겠는가?

내가 정치혁명을 주장하고 정치인들을 질타하는 이유가 바로 여기에 있다.

2

모범 답안 처방은 없는가?

앞서도 언급하였지만 현재 우리나라는 국가적으로는 경제 대국이지만 빈부격차의 심화 속에서 국민들의 생활은 갈수록 어려워지고 정치, 경제, 사회, 교육, 안보 등 모든 면에서 해결해야 할 난제들이 첩첩이 쌓여 있다. 이러한 상황을 해결하기 위해서는 우선 정치가 바로 서야 한다. 문제의 대부분 원인이 정치이고, 해법도 정치에 있다고 보기 때문이다. 따라서 정치가 바로 서지 않고는 여타의 문제들을 해결한다는 것은 거의 불가능하다고 본다.

예전에는 나라에 변고가 있거나 가뭄 같은 천재지변이 일어나면 국왕이 정치를 잘못하기 때문에 하늘에서 벌을 내리는 것으로 보고 왕이 하늘에 제(祭)를 지내며 석고대죄했다. 사실 지금 우리나라에 '부자 나라, 힘든 국민'이라는 아이러니가 생긴 것은 정치인들의 책임이 크다. 그러나 거기에 대하여 책임을 통감하는 정치인들이 있다는 이야기를 나는 아직 듣지 못했다.

정치에 혁명 수준의 대수술이 반드시 있어야 한다. 국회의원은 그 수를 과감히 줄이고 무보수 명예직으로 하며 보좌관 급여의 국고 지원도 중단하는 게 옳다고 본다. 후원금을 받는 제도도 없애야 한다고 보는데 그 이유는 그것이 부익부 빈익빈 현상을 심화시킨다고 보기 때문이다. 지자체 선거도 폐지하고 지방의원들 역시 애초 시작할 때처럼 무보수 명예직으로 환원시킬 필요가 있다고 생각한다.

그러한 자리는 명실공히 국민과 국가에 봉사하는 자리가 되어야 하며, 봉사직일 때 진정으로 국민과 지역민을 위해 일할 사람이 나서게 된다고 본다. 한 해에 몇천만 원에서 억대에 이르기까지 많은 급여를 받을 수 있고 많은 특권과 혜택이 있다면 국민이나 지역민을 위하는 사람이 아니라 물질과 명예를 좇는 사람이 그 자리에 갈 확률이 훨씬 높다고 본다.

국민은 안중에도 없고 당리당략에 따라 자신들의 이익 추구에 골몰하는 패거리 정치의 온상인 정당을 없애고 국회의원이 되고자 하는 사람들은 어디에 소속됨 없이 국민이나 지역민을 위해 소신껏 일할 수 있도록 해야 한다고 생각한다. 정치인들이 정당에 소속되는 한 정당의 방침에 따르지 않을 수 없고 결국 당리당략이 우선시되어 국민이나 지역민을 위해 무엇을 어떻게 하겠다던 애초의 소신은 지키기가 어렵기 때문이다.

이렇게 정치를 바꾸어 간다면 봉사정신이 투철한 사람들이 국민을 위해 일하게 되고 불필요하게 들어가던 예산이 줄어 민생을 위한 정책에 더 많은 예산을 투입할 수가 있다. 또 정당정치를 없앰으로써 당파 싸움과 다를 바 없는 지긋지긋한 정쟁이 없어져 좌우 이념의 국민 분열과 대립이 종식되고, 국가와 국민을 위한 법안 마련이나 정책 개발에 더욱 매진하여 민생을 비롯한 국가적 난제 해결에 집중할 수 있다.

정치는 나라 살림을 하는 것이다. 살림을 하는 데는 나라의 주인인 국민의 생활, 민생이 중심이 되어야 한다. 정치인들은 그 무엇보다도 민생 살리기에 집중해야 한다.

민생이 날로 어려워지는 원인 중 하나는 부익부 빈익빈 현상이다. 국가는 선진국, 국민은 후진국이라는 아이러니가 생기게 되는 주요 원인이 빈부격차의 심화이다. 첨단산업이 발달할수록 이러한 현상은 더욱 심해질 수 있다. 분배 제도에 대혁신이 필요하다.

가장 좋은 분배 제도는 재원 마련 정책들이 함께 추진되고 거의 모든 국민이 혜택을 받을 수 있는 국가혁명당의 국민배당금 방안과 같은 것이다. 무리 없이 전 국민을 중산층 이상으로 올려놓을 수 있고 경제를 더욱 발전시킬 수 있는 방안이기 때문이다. 국가로부터 매달 받는 돈 말고도 각자 일을 하여 버는 돈이 또 있으므로 국민들은 안정적이고 여유로운 생활을 할 수 있다. 자연히 부익부 빈익빈 현상이 해소되어 서민들의 상대적 박탈감도 줄어들고 국민들 간의 대립이나 갈등도 현격히 줄어들 것으로 생각된다.

한편 우리나라가 경제 규모 10위의 부유한 국가라고 하지만 전 국민을 중산층 이상으로 끌어올리고 생활 수준을 더욱 향상시켜 가려면 분배의 정의만 내세우고 경제성장을 등한히 해서는 안 된다. 경제성장을 위해서는 자본주의 시장경제가 가장 효율적인 경제체제이다. 생산성과 효율성이라는 측면에서 지금까지 자본주의를 따를 경제체제가 없다.

그러므로 기업에 대한 각종 규제를 풀고 기업 발전에 저해되는 요소를 제거해 자유로운 경제활동을 보장해 주는 것이 필요하다. 우리 기업이 해외자본에 넘어가게 할 수도 있는 상속세는 폐지해 기업의 승계권을 국가가 보호해 주어야 한다. 노동조합의 파업은 기업의 발목을 잡는 것으로 국가 경제발전에 주축이 되는 기업의 발전을 위해 국가가 나서서 이 문제를 제도적으로 해결해 줄 필요가 있다. 노동조합을 없애고 노동자 대표와 경영자가 참여하는 기업가족협의회와 같은 것을 구성하여 기업을 운영하면 굳이 대립과 투쟁 없이도 노동자의 권익이 보호되고 기업은 기업 활동에 더욱 박차를 가할 수 있다. 이러한 제도는 노사를 이분법적 시각이 아니라 기업 가족이라는 전체적인 시각으로 보는 것으로, 이를 통해 불필요한 노사갈등이 해결되고 노동자와 경영자가 상생하는 구조가 될 수 있다.

기업이 잘되고 경제가 성장하면 자연히 세수가 늘어나게 될 것은 말할 것도 없다. 말하자면 파이가 커지는 것이다. 이런 식으로 커진 파이는 다시 배당금 제도와 같은 분배 제도를 통해 국민에게 돌아가야 한다. 경제 성장의 결과가 국민에게 돌아가게 되면 국가경제의 선순환이 일어난다. 즉 국민은 국가로부터 지급 받은 돈을 저축도 하지만 또 소비도 하게 되므로, 소비 활동이 활발해지면 기업이 바빠지게 될 것은 말할 것도 없다. 기업은 고용을 더 하게 되고 국민 입장에서는 일자리가 늘게 된다. 국민은 기업들이 낸 세금으로 국가 지급금을 더 받게 되므로 기업의 물건을 많이 사 주게 된다.

이처럼 경제 주체들이 상생하며 공동체 전체의 경제 규모를 계속 키워 가도록 방안들을 연계하는 것이 아주 중요한 핵심 포인트로서 지금까지 내놓은 나의 일련의 방안들이 그러한 구조를 갖고 있다.

우리나라 경제 문제 가운데 시급히 해결해야 할 문제 중 또 하나는 가계부채이다. 2021년 1분기 말 기준 우리나라 가계부채는 1,760조 원을 넘어 GDP 대비 가계부채율이 97.9%로 한 해 전 국민이 생산한 모든 것을 합한 것과 맞먹을 정도가 되었다는 것은 앞서도 언급하였지만, 이것은 보통 심각한 문제가 아니다. 왜냐하면 경제적 혼란이 초래되는 것은 물론 국민의 삶이 송두리째 흔들릴 수 있기 때문이다. 정치권은 이 문제에 대해 심각하게 고민하고 대책을 수립해야 한다. 국민이 빚을 지게 된 데에는 개인의 책임 이전에 국가의 정책에 책임이 있다는 사실을 명심해야 한다. 따라서 국가는 가계부채로 인해 발생할 수 있는 사회경제적 어려움을 사전에 예방하고 국가의 실책에 책임을 지는 차원에서 한 번 정도는 국가가 가계부채를 탕감해 줄 필요가 있다. 한국은행이 발권력을 통해 국채를 매입하고 양적완화를 함으로써 가계부채를 국가부채로 전환시키면 가계부채에 따른 문제는 거의 해결될 수 있다. 물론 가계부채는 은행 빚뿐 아니라 사채도 포함된 것이다. 가계부채 정리는 임계 수위에 다다른 과도한 가계부채가 야기할 수 있는 은행 부실, 기업 도산, 가정 붕괴와 같은 사회경제적 혼란을 사전에 예방할 뿐 아니라 소비활동을 진작시켜 경제 활성화에 기여할 수 있다.

주로 초저금리 상태에서 경기를 활성화하기 위해 행하는 양적완화는 이미 미국이나 일본에서도 시행한 적이 있다. 일본이 양적완화를 골자로 하는 아베노믹스로 오랜 경기 침체를 극복하고 어느 정도 소기의 목적을 달성한 것은 우리에게도 잘 알려져 있다.

한편 부채를 갚지 못해 이미 신용불량자가 된 사람들에게는 국가에서 단 1회에 한해 20년 정도 무이자, 무담보 대출을 지원하여 재기할 수 있도록 하면 그들이 고통에서 벗어나고 국민 통합 효과도 있을 것으로 생각한다.

우리나라의 매우 심각한 문제 중 또 하나는 출산 문제이다. 우리나라는 수 년째 OECD 국가 중 출산율이 꼴찌를 기록하고 있으며 해를 거듭할수록 신생아 수가 급감하고 있다. 이것은 당장은 생산가능인구 감소와 같은 경제 문제를 야기하고, 장기적으로는 우리 민족이 지구상에서 사라질 수도 있는 아주 심각한 문제이다. 여기에 대해서는 특단의 조치가 있어야 한다. 저출산에는 취업에서부터 결혼, 주택, 육아, 교육, 국민의식 등 많은 문제가 복합적으로 작용하고 있다. 따라서 처방도 복합적이어야 한다.

출산율을 높이려면 우선 결혼을 할 수 있도록 조건을 갖추어 주어야 한다. 매달 생활이 될 수 있을 정도의 돈이 국가에서 나온다면 취업을 못한 상태에서도 결혼을 할 수 있다. 그다음 결혼을 하는 사람들에게 결혼 비용은 물론이고 자그마한 전셋집이라도 마련할 수 있도록 국가가 자금 지원을 해야 한다. 이것은 국가와 민족의 미래를 위한 투자로 보아야 한다. 그리고 아이를 낳으면 신생아 1명당 5,000만 원 정도를 가정에 직접 지원해야 한다. 급락하는 신생아 수의 그래프를 상향 곡선으로 전환하려면 과감한 투자가 필요하다. 그렇게 되면 아이를 낳는 가정이 급증할 것으로 생각한다.

이때 아내가 집에서 육아에 전념하는 경우에는 양육수당을 주어 가정경제를 지원하면 가정도 안정되고 아이의 정서교육에도 좋으므로 10년 정도의 육아 기간에는 그러한 방안을 시행하는 것이 바람직하다. 국가는 취업이나 생계, 결혼, 출산, 양육과 같은 문제가 개인의 문제를 넘어 국가와 사회를 구성하는 구성원의 문제로서 국가·사회적 문제임을 깊이 인식해야 한다. 국민의 행복은 물론 국가의 존립과 민족의 존속을 위해서 국가가 적극 나서서 과감히 투자해야 한다. 이러한 해법이 아니고서는 이 문제를 해결할 길이 없다고 생각한다.

현재 우리나라는 신생아 수는 줄고 노인 인구가 급속히 늘어 만 65세 이상 인구가 14%를 넘긴 고령사회로 머잖아 노인 인구가 20% 이상을 차지하는 초고령사회가 될 것으로 내다보고 있다. 인구의 고령화는 많은 문제점을 내포하고 있지만 우선 노후 대책 문제가 가장 시급하다고 할 수 있다. 물론 정부에서도 이 문제에 관심을 갖고 대책을 세워 오고는 있지만 장기적인 국민 전체의 노후 생계 대책은 여전히 미흡하다고 본다.

현재 전 국민 노후 대책으로 국민연금제도가 시행되고 있는데 이는 노후 대책을 개인에게 맡기는 것으로 올바른 방법은 아니라고 생각한다. 국가의 주인인 국민에 대하여 노후에도 안정된 생활이 가능하도록 하는 것은 국가의 임무이다. 지금 시행되고 있는 국민연금은 국민에게 세금과 비슷한 부담을 줄 뿐만 아니라 기금 고갈 문제 때문에 수령 시작 연령이 점점 늦어지고 있고, 2054년쯤이면 기금이 완전 바닥 날 것이라는 예측이 있을 정도로 불완전한 제도이다.

따라서 이러한 제도는 점차 없애 가야 할 것으로 생각한다. 그 대신 국가가 젊은 시절 산업 역군으로서 국가경제 발전에 기여한 노년층의 공로를 생각하여 노후수당을 주는 것이 바람직하다고 본다. 사실 이러한 제도는 내가 일찍이 내놓은 방안들 가운데 들어가 있는데 이미 박근혜 전 대통령 때 이 방안을 본떠 만 65세 이상이면서 재산이 하위 70%에 해당하는 노인에게는 매월 20만 원을 지급하기 시작하여 현재 30만 원 정도가 지급되고 있는 것으로 알고 있다. 그러나 그 금액은 여전히 적다고 본다. 매월 70만 원 정도는 지급하고 거기에 전 국민에게 지급하는 배당금 제도 같은 것이 함께 시행되면 노인들이 일자리를 찾으려 애쓸 필요가 없을 것은 물론 자식들로부터 대우도 받으면서 여생을 여유 있게 보낼 수 있을 것이라 생각한다.

우리나라의 교육제도에 문제가 있다는 것은 누구나 인정하는 사실이다. 입시지옥, 창의성 말살, 사교육비 부담, 인성교육 실패 등이 늘 문제로 지적되고 있다. 모든 문제가 그렇지만 교육 문제를 해결하기 위해서도 접근법이 중요하다. 교육 문제는 아이들을 문제해결의 중심에 두고 그들의 입장에서 문제를 바라보고 아이들을 사랑하는 마음으로 접근해야 한다. 학교 교육 문제의 핵심은 입시제도이다. 입시제도가 어떠한가에 따라 교육과 관련된 모든 것이 달라진다.

학생들 입장에서 대학 진학을 한두 번의 수능시험으로 결정한다는 것은 문제가 있다. 시험 보는 날 컨디션이 좋지 않는 등으로 그동안 쌓은 자신의 실력을 제대로 발휘하지 못할 수도 있기 때문이다. 그리고 학교 공부는 물론 청소년 시절의 생활 전부가 입시에 매이게 되는 것은 바람직하지 않다. 따라서 수능시험은 폐지하고 대신 중등 과정 동안 적성과 소질에 맞는 한 과목만 시험을 보고 그 누적 점수로 대학 진학이 가능하도록 입시제도를 고치면 합리적이면서 입시를 위한 과열 경쟁이 사라지고 학생들이 자신의 적성과 소질에 맞는 대학에 들어갈 수 있다. 이때 나머지 과목은 수업만 받게 하면 청소년들이 입시지옥에 시달리지 않음으로써 그들의 정서와 건강을 지킬 수 있다. 또 사교육비도 줄일 수 있다. 그 외에도 그간 해결되지 못한 교육의 고질적인 문제들이 해소될 것이라고 본다. 이렇게 하는 것이 교육이 나아가야 할 올바른 방향이라고 본다.

교도가 아니라 범죄 수법 전수가 이루어지는 교도소를 중범죄인을 수용하기 위한 한두 군데를 제외하고 모두 철폐하여 범법자들을 교도소에 수감하는 대신 벌금을 내게 함으로써 범죄율을 낮추고 예산을 절약할 수 있다. 이때 벌금이나 범칙금은 재산에 비례하여 재산이 적은 서민층의 생계형 범법에 대해서는 금액을 적게 하고 사회 인프라와 국민을 통해 부를 쌓게 된 부유층에게는 사회적 책임과 형평성을 고려하여 재산에 비례해 벌금이나 범칙금을 내도록 하면 범법이나 범죄가 줄어들고 국가 재원이 늘어날 수 있다.

또 구시대의 유물인 징병제를 폐지하고 모병제를 시행하면 국민들의 병역 스트레스를 해소하고 병역 비리를 없앨 수 있으며 군의 전투력을 향상시킬 수 있고 실업난 해결에도 기여하게 할 수 있다. 또한 6.25전쟁, 베트남전쟁 참전 용사와 파독 광부, 파독 간호사 등 나라와 민족을 위해 희생하고 봉사한 애국자들에게 상당한 금액으로 보상하고 매월 애국수당을 지급하며, 본인이 사망한 경우에는 직계가족이 받을 수 있도록 하는 식으로 애국자들을 우대하면 군인들의 사기와 애국심이 고양되어 전투력이 증강되고 국민들의 애국심도 진작시킬 수가 있을 것이다.

이외에도 우리나라의 산적한 문제들을 해결하기 위한 여러 가지 방법이 있다.

사회, 경제적 문제들을 해결해 갈 때는 해결 원칙이 있다. 여러 복잡한 문제들은 하나씩 떼어내어 단편적으로 다루면 해결이 쉽지 않다. 하나의 문제를 해결하면 다른 문제가 발생하는 경우가 많기 때문이다. 따라서 전체적이고 거시적인 시각에서 미래를 내다보며 문제들을 함께 통찰하고 분석하여 해결책을 모색할 필요가 있다.

해결 방안은 추상적이어서는 안 되고 구체적일수록 좋다. 문제해결에 소요되는 예산에 대해서도 국민에게 부담을 주는 방법이 아니라 새로운 세원을 찾거나 불필요한 예산 지출을 줄이는 방법을 택하여야 한다. 물론 앞서 언급한 나의 일단의 여러 방안들과 같이 경제를 일으켜 부를 늘리면서 세수를 증대해 나가는 방법이 있다면 그보다 좋은 방법은 없을 것이다. 문제들에 대한 해결 방안들이 메커니즘으로 연결되어 하나의 시스템으로 작동하도록 하여 모든 문제가 무리 없이 해결되고 시너지 효과까지 낼 수 있도록 한다면 이러한 해결 방법은 최고의 방법이라고 할 수 있다.

한 나라의 최고지도자가 되고자 하는 사람은 자신이 그러한 위치에 가면 국민을 위해 무엇을 어떻게 할 것인가에 대한 철저한 계획이 미리 준비되어 있어야 한다고 생각한다. 말하자면 국가 경영 청사진을 갖고 있어야 한다는 것이다. 그리고 국가최고지도자가 되기 전에 그것을 국민 앞에 제시해 보여야 한다. 국가최고지도자의 자리는 그렇게 엄중하다. 한 나라의 운명과 국민 전체의 삶에 지대한 영향을 줄 수 있는 국가최고지도자가 그 자리에 오르기 직전이나 오르고 난 후에 그것을 마련한다는 것은 있을 수 없는 일이다.

그리고 국민은 국가최고지도자가 되려고 하는 사람에게 그것을 요구해야 한다. 국가를 어떻게 경영하고 무엇에 중점을 둘 것이며 경제정책이나 민생을 어떻게 할 것인지 물어야 한다. 그것도 두루뭉술한 계획이 아니라 어느 정도 구체성을 띤 정책을 제시할 것을 요구해야 한다. 그런 것도 없이 국가최고지도자가 되면 국정에 시행착오나 실책이 많을 것은 불을 보듯 뻔하고, 그러면 결국 피해는 고스란히 국민에게로 돌아오게 될 것이기 때문이다.

3

누가 '포퓰리즘'이라는 딱지를 붙이는가?

부익부 빈익빈을 비롯하여 우리나라의 골치 아픈 온갖 문제를 해결하는데 내가 말하는 처방들에 대해 상당히 많은 사람이 공감을 하기 시작한 것으로 알고 있다. 근래 정치권에서 거론되는 정책들을 보면 대부분 내가 문제 삼아 온 주제들이나 나의 해결 방안들이 대부분인 것만 보아도 그렇다. 그러나 여전히 그러한 방안들에 대해 이해하지 못하고 허황되다거나 비현실적인 생각 정도로 치부해 버리는 사람들이 있다. 특히 부익부 빈익빈 해결을 위한 배당금 지급 제도 등 현금 지급 방안들에 대해서는 그것의 깊은 의미나 효과를 이해하지 못하고 포퓰리즘적 방안이라고 폄훼하는 사람들도 있는 것으로 알고 있다.

어떤 사람은 "이런 거 시행하다가는 우리나라가 거덜 나서 베네수엘라 꼴 난다"라고 비판한다고 한다. 그러나 분명히 말하지만 그러한 것들은 절대 허황된 포퓰리즘이 아니다.

포퓰리즘은 재원 조달 등에 대한 뚜렷한 대책이나 정책을 추진했을 때 나타날 수 있는 결과에 대한 책임감도 없이 당장 자신의 정치적 목적을 이루기 위해 내놓는 사탕발림의 인기 영합 정책이다.

내가 제시한 방안들은 아무런 재원 마련 대책이 없는 것이 아니다. 재원 마련책이 다 준비되어 있다. 그리고 우리나라와 베네수엘라를 단순 비교하는 것은 옳지 않다. 우리나라는 베네수엘라와는 전혀 다른 산업 구조를 가지고 있다. 베네수엘라는 국가경제가 지하자원인 석유의 수출에만 의존하는 나라이다. 그런 나라는 석유가 수출되지 않거나 수출 가격이 폭락하면 엄청난 타격을 받을 수밖에 없다. 석유 수출로 벌어들여 국민에게 나누어 주던 국가의 돈이 순식간에 사라지면 국민 전체가 한순간에 거지로 전락할 수도 있다. 그러나 우리나라는 최첨단 기술산업부터 1차 산업인 농업에 이르기까지 산업이 다각화되어 있고 수출 품목도 다양하다. 국가경제가 수출품 한두 가지에 의존하는 나라가 아니다.

과학적이고 합리적인 대안

우리나라의 문제들을 해결할 수 있는 나의 여러 가지 방법들에 대해 국민들 가운데 가장 많이 질문하는 것이 우리나라에 무슨 돈이 있어서 그 돈을 줄 수 있느냐는 것으로 알고 있다. 분명히 말하지만, 세계 10위의 경제 규모를 자랑하는 우리나라는 그 정도의 예산은 충분히 확보할 수 있다. 예산을 알뜰히 아껴서 사용하고 예산 가운데 낭비되거나 누수되는 것만 없다면 국민에게 줄 돈을 충분히 확보할 수 있다.

"국가에 돈이 없는 것이 아니라 도둑놈이 많은 것이다."

난세의 영웅, 허경영을 아십니까?

이 말은 괜히 하는 말이 아니다. 이재명 경기지사도 성남시장 시절 한 토론회에 나와 "내가 허경영 선생을 가장 존경하는데 국가에 돈이 없는 것이 아니라 도둑놈이 많은 것이다. 이 말은 100% 맞는 말입니다"라고 한 적이 있다. 또 최근 그는 전 국민에게 연간 100만 원을 지급하겠다는 기본소득 공약을 발표했다. 천문학적 규모의 예산이 지금처럼 방만하게 집행되고 낭비되는 부분만 없다면 국가 수입만으로도 나라 살림을 실컷 하고 어느 정도 국민에게 몫을 챙겨 줄 수 있다는 것을 더불어민주당 대통령 후보 경선 참여자도 말하고 있는 것이다.

예산 확보를 위해 가장 먼저 해야 할 것은 현행 예산에서 급하지 않은 선심성 예산이나 불필요한 예산이 없는지 살펴서 제외하고, 또 예산의 누수나 낭비가 없는지 점검하여 철저히 막는 일이다. 내가 볼 때 현재 우리나라 예산은 불필요한 집행이 너무 많다. 약 70% 정도는 줄여도 충분히 국가 운영이 될 것으로 생각된다. 국회의원 수 축소, 국회의원과 지방의원의 무보수 명예직화, 보좌관 급여의 국고 지원 중단, 정당보조금 제도 폐지, 지자체 선거 폐지, 지나친 지역개발 중단, 성인지 예산 폐지, 여성가족부 폐지 등만 해도 상당한 예산을 절약할 수 있다. 이 외에도 예산을 절약할 여지는 상당히 많다.

어떤 정책을 시행할 때 정작 정책의 대상보다도 시행 전 연구나 준비과정에서 더 많은 예산이 들어가는 불합리한 상황을 시정하면 여기서도 상당한 예산 절약이 가능하다. 예를 들어 출산 정책을 추진하는데 정작산모보다도 출산 정책을 연구하는 데 돈이 더 들어가는 것을 시정하는 것이다. 복지제도도 전면 개편하여 기초생활보장제도 등의 선별적 복지제도를 없애면 예산이 절약된다. 이렇게 낭비되는 예산, 불필요하고 당장 급하지 않은 예산, 선거 등을 의식한 선심성 예산, 중복 예산 등을 모두 없애고 예산 누수를 막으면 국민에게로 직접 돌릴 수 있는 예산을 상당 부분 확보할 수 있다.

사법(司法) 분야에서도 형법을 개정해 징역과 같은 자유를 구속하는 형벌은 흉악범 등 중죄인에 한하여 적용하고, 웬만한 범법 행위에 대해서는 벌금형에 처하는 것으로 바꾸면 교도소와 재소자 관리에 드는 많은 국가 예산을 절약할 수 있다. 게다가 재산에 비례하여 벌금과 범칙금을 부과하는 제도를 시행하면 큰 재원이 추가될 수 있다.

예산을 절약하고 증대할 수 있는 또 다른 방법으로는 수많은 세금 항목을 통합하여 징수하는 체계를 마련하는 방법이 있다. 이것은 세금 징수 비용을 절감하고 징세 관리를 수월하게 함으로써 예산을 절약하고 세수 증대 효과까지도 얻을 수 있는 방법이다.

또 세금 포인트 제도 같은 것을 실시하여 세수를 증대할 수 있는 방법도 있다. 이것은 세금을 많이 내는 납세자나 성실 납세자에게는 세금 포인트라는 것을 주고 국가유공자로 우대하며, 세금 포인트가 많은 유공 기업이 위기에 처하면 국가에서 전폭적으로 지원하여 위기를 면할 수 있도록 하는 것이다. 이러한 것이 제도적으로 사회에 정착하면 자발적 증세가 이루어질 뿐 아니라 그러한 기업에 대한 국민들의 응원과 제품 소비 증가로 기업의 수익이 늘고 그것은 세수 증대로 이어지며 국민에게 돌아가는 몫도 늘어날 수 있다. 또 현재 음성적으로 존재하는 속칭 '브로커'라 불리는 소개업자를 특수사업자로 양성화해 면허를 주면 세수가 확보되고, 이것의 양성화에 더하여 이 직업을 사업자등록만 하면 누구나 할 수 있도록 해 준다. 그리고 부동산은 물론이고 금융, 병원 등 많은 분야에서 이 활동이 이루어지도록 장려하면 특수사업자가 기하급

수적으로 늘어나고 이에 따른 세수 증가가 엄청날 것으로 본다.

이 외에도 세율을 높여서 세금을 거두는 손쉬운 증세 방법보다는 고소득자의 탈세를 막거나 새로운 세원을 창출하는 등 방법은 얼마든지 있다. 사실 국민에게 세금을 더 거두어 국민에게 돈을 지급한다면 그것은 한쪽으로 혜택을 주고 다른 쪽으로 준 것을 도로 뺏는 것이나 마찬가지여서 실질적으로 국민에게 도움을 주었다고 볼 수 없다.

포퓰리즘은 아무런 대책도 없이 당장의 인기를 끌기 위해 사탕발림으로 내놓는 것이다. 그러나 내가 말하는 해결 방안들은 재원 마련이 얼마든지 가능하고 국민 전체의 삶의 수준을 크게 높일 수 있을 뿐 아니라 여러 방안들이 연결되어 메커니즘으로 작용하면서 하나의 시스템이 되면 국가경제를 비약적으로 발전시킬 수 있는 아주 현실적이고 과학적이며 결과를 확실히 예측할 수 있는 방안들로서 포퓰리즘이라고 폄하해서는 안 된다.

황금 덩어리가 누추한 보자기에 싸여 있으면 그것이 황금 덩어리인 줄 알기 어렵듯이 내가 말하는 방안들을 지레 포퓰리즘이라 단정해 버리면 내 방안들이 우리 국민과 우리나라, 나아가 전 세계를 몰라보게 업그레이드시킬 수 있는 기막힌 방안임을 절대 알 수가 없다. 물론 나는 점점 시간이 지나면 이러한 방안들이야말로 정말 시의적절하고 대단한 발상이고 방안이었다는 것을 인정하지 않을 국민이 없을 것이라 확신하고 있다.

국민에게 짐을 떠안기는 그들의 포퓰리즘

근래 우리나라에 내가 제시하는 방안들과 유사한 것을 내놓은 사람들이 부쩍 많아졌다. 지자체들이 시행하는, 출산하면 월 얼마를 준다고 하는 자잘한 정책들부터 서울시장선거 예비 후보로 나왔던 나경원 씨가 통 크게 신혼부부 출산 시 1억 원을 주겠다고 한 것들이 모두 출산을 장려하기 위해 출산 당사자에게 직접 현금을 지원하는 방안들로 금액의 많고 적음을 떠나 나의 출산에 관한 방안과 궤를 같이하는 것들이다. 또 한때 안철수 대통령선거 후보가 국회의원 100명을 축소하겠다고 한 것이나 이재명 경기지사가 성남시장 시절 청년수당을 지급한 것, 남경필 전 경기지사가 모병제를 실시해야 한다고 한 것, 박근혜 전 대통령이 노인 기초연금을 지급하겠다고 하여 현재 자격이 되는 노인들이 월 30만 원까지 받고 있는 것, 문재인 대통령이 유엔 본부를 판문점으로 옮겨야 한다고 한 것, 최근 이재명 경기지사가 재산비례 벌금제를 들고 나온 것, 여야 정치인들이 기본소득을 주겠다고 하는 것 등은 내가 제시한 방안들과 비슷하거나 적어도 내가 말한 방안들의 영향권에 있는 것이라고 생각한다. 물론 이 중 기본소득제 같은 것은 내가 말하는 방안과 그 기본 정신과 성격, 재원 마련 방안, 지급 금액 등이 전혀 다르긴 하지만, 일정 금액의 현금을 국민에게 직접 주려고 한다는 면에서 나의 방안과 궤를 같이한다고 할 수 있다.

그런데 이들 여야 정치인들이 나의 방안들과 비슷하게 단편적으로 내놓은 현금 지급 정책들이야말로 포퓰리즘이다. 왜냐하면 기존 예산을 절약한다는 등의 현실적 대안도 없이 국민에게 무조건 주겠다고 하기 때문이다. 이렇게 되면 예산 확보 문제가 생길 수밖에 없고, 결국 예산을 마련하기 위해 증세(增稅)라든가 국가부채를 늘리는 수밖에 없다. 나도 양적완화라는 방법으로 국가부채를 늘리기는 하지만 그것은 위험수위에 올라가 있는 가계부채가 국가부채로 전환되는 것이다. 그리고 꾸러미로 된 나의 일련의 방안들이 메커니즘을 이루어 경제가 더 잘 돌아가게 하여 국가의 경제 규모가 커지고 세수가 저절로 늘어나는 선순환 경제구조를 만들기 때문에 그로 인해 늘어난 국채는 문제 될 것이 없다.

하지만 이들 정치인들은 그들이 주장하는 정책을 시행할 경우 늘어날 수 있는 국가부채를 어떻게 해결해야 할지에 대해서는 이렇다 할 대책이 없다. 실제로 현 정부 들어 저출산 지원금이나 코로나19 지원금 등의 명목으로 지난 4년간 국가부채가 183조 원 정도나 증가했다. 갚을 수 있는 확실한 대안도 없이 국채를 늘리는 것은 국가의 재정 건전성을 악화시키는 것이며, 국채 상환은 결국 국민의 세금에 의존할 수밖에 없으므로 고스란히 국민의 짐으로 되돌아오게 된다.

국민을 깨우는 나의 전략 LLSAC

나의 뜻을 사람들에게 알리기 위해 내가 오래전에 세운 전략이 있다. 그것은 LLSAC라는 것이다. 맨 앞의 L은 Laugh이다. 사람들에게 웃음을 선사하여 관심을 끄는 것이다. Laugh는 미소 짓는 정도가 아니라 소리내어 크게 웃는 것이다. 그렇게 사람들을 유쾌하게 하면서 사람들에게 친근하게 다가가려는 것이 'Laugh' 전략이다. 이전에 공중부양이나 축지법을 선보이고 노래 등으로 웃음을 선사한 것이 바로 그 전략의 일환이다.

그다음의 L은 Learn이다. 사람들이 배우게 하는 것이다. 내가 다가가서 가르치는 것이 아니라 사람들이 능동적으로 와서 스스로 배우도록 하는 것이다. 내가 1,500여 회에 육박하는 강연을 지금까지도 계속하고 있고, 강연 영상을 유튜브를 통해 내보내고 있는 것도 그러한 이유에서다. 사람들이 스스로 유튜브 강연을 보고 나에 대해 알 수 있도록 하려는 것이 'Learn' 전략이다.

S는 Sing이다. 사람들이 노래하게 하는 것이다. 그래서 'Call me'와 같이 직접 가사를 만들고 노래를 불러 사람들이 내 노래를 따라 부르게 하였다. 'Sing' 전략 덕분에 나는 정치인과 엔터테이너의 합성어인 폴리테이너라는 별명을 갖고 있다.

그다음의 A는 Apply이다. Apply는 적용한다는 것인데 사람들이 내가 하는 것을 보고 응용하게 한다는 것이다. 사람들이 말할 때 나를 생각하며 '콰잇 나우'를 심심치 않게 하는 것이 'Apply' 전략의 결과라 할 수 있다.

마지막으로 C는 Copy이다. 정치인들이 내 정책을 모방하게 한다는 전략이다. 이것은 길목 전법이기도 한데 지금 정치인들은 단편적이긴 하지만 내 방안을 따라 하고 있다. 바로 내 길목 전법에 걸려들어 따라 함으로써 내가 언론의 조명을 받기도 한다.

제2장

준비된 지도자의 길

한반도는 일정한 시기에 이전과는 전혀 다른 새로운 문명으로 새 시대를 잉태하고 출범시킬 예비된 땅이며, 한민족은 새 시대를 열어 갈 예정된 민족이다. 이를 위해 이 땅은 한민족을 이끌고 이기주의와 투쟁으로 얼룩진 절망의 세상을 상생과 화합의 희망찬 세상으로 바꾸어 갈 공의의 지도자를 배출할 자리이기도 하다. 언젠가 그 지도자는 세계 통일의 꿈을 이루어 민족과 국가가 서로 돕고 화합하며 아름다운 하모니를 이루는 화이부동(和而不同)의 낙원 같은 세계를 건설하게 될 것이다.

1

소명을 가진 사람

한국은 세계를 통일해야만 하는 필연적 소명을 받은 나라이며, 이는 나와 무관하지 않다. 그동안 나는 대통령 선거에 두 번 도전한 것을 포함하여 일곱 번의 선거에 출마하는 등 줄곧 국가최고지도자의 길을 준비해 왔다.

선거를 치르는 데는 많은 돈이 들어간다. 내가 돈이 많아서 이렇게 계속 선거에 입후보했느냐? 아니다. 오직 하나, 나의 소명을 완수해야 하기 때문이다. 내게는 우리 국민의 고통과 국가적 난제들을 해결하고 우리나라를 일류 국가이자 세계의 모범국으로 이끈 후 모든 인류가 공존 공영할 수 있는 시스템 속에서 이 세상 누구라도 먹고사는 문제로 고통받지 않을 수 있도록 할 사명이 있다. 또 말할 수 없는 참상을 야기하는 전쟁과 인류에게 재앙은 물론 지구 자체의 종말을 가져올 수도 있는 환경파괴 문제를 해결해야 할 사명도 있다. 이 사명을 이루기 위해서는 세계 통일이 반드시 필요하며 세계 통일을 이루기 위해서는 한국의 국가 지도자라는 위치가 필요하다. 말하자면 한국의 국가최고지도자가 되는 것은 사명 완수의 첫 단추를 끼우는 일이다.

나의 아버지는 김수로왕을 시조로 하는 김해 허(許)씨, 남(南)자, 권(權)자이다. 만석꾼이었던 아버지는 내가 태어나기 전 소작인들에게 토지를 무상으로 나누어 주었다는 이유로 사상범으로 몰려 사형을 선고받고, 1950년 6.25전쟁이 나기 이틀 전 서울 형무소에서 돌아가셨다.

어머니는 함안 조(趙)씨, 계(桂)자, 식(植)자로, 아버지가 사시던 인근 마을 조씨 가문 부잣집 딸로서 아버지에게 시집와 아버지가 서울 형무소에 수감되자 아버지 옥바라지를 위해 상경(上京)하여 중랑천 다리 밑 가마니 움막에서 기거하시던 중 신비로운 꿈을 꾸고 나를 낳으셨다. 아버지의 사형 소식을 들은 어머니는 아버지의 시신을 찾으려고 수소문하던 중 6.25전쟁이 터지는 바람에 아버지를 찾지 못한 채 태어난 지 6개월밖에 되지 않은 나를 업고 천 리 길을 피난해 아버지와 함께 사셨던 지수면 승산마을로 내려오셨다. 어머니는 그간의 허술한 움막에서의 기도 생활과 모진 추위 속에서 나를 낳다가 얻은 산후병, 그리고 나의 출생과 관련한 주변의 오해 속에 얻은 마음의 고통으로 고생하시다 내가 네 살 때 돌아가셨다.

아버지의 고향이자 내가 열네 살까지 자란 경남 진주시 지수면 승산마을은 김해 허씨들이 대대로 터를 잡고 살아온 마을이며, 이곳에 있었던 지수초등학교는 내가 다닌 학교로 삼성 이병철 회장, LG 구인회 회장, GS 허정구 회장, 효성 조홍제 회장 등 우리나라 최고의 재벌 창업주들을 비롯하여 1980년대 기준으로 100대 재벌 중 30여 명이나 되는 유수의 재벌 기업인을 배출한 곳이다. 승산마을은 용(龍)이 조산(祖山)인 방어산에서 빙 돌아 내려와 몸을 틀고 다시 조산을 바라보는 형세를 한 회룡고조형(回龍顧祖形)의 지세(地勢)에, 진주 남강이 마을을 빙 둘러싸면서 남쪽에서 북쪽으로 역수(逆水)하여 밖으로 나가는 곳이 보이지 않는 특이한 지형을 이루고 있다.

나는 이곳 승산마을에서 이전에 아버지가 땅을 나누어 준 한 소작인의 집에 의탁(依託)되어 그 농부의 양아들이 되었다. 그러나 말이 양아들이지 그 생활이란 머슴과 다를 게 없었다. 가난한 시골 살림이라 겨울에도 불을 때지 않는 싸늘한 냉방에서 혼자 자면서 낮이면 나무를 하고 소를 돌보았고 농사철이면 거름을 져 나르는 등 농사를 도왔다.

일곱 살 되던 해 어느 날 오후였다. 늦게까지 집 헛간에서 아궁이에 불을 지피며 소죽을 쑤고 있는데 한 나이 많은 탁발승이 찾아와 시주를 청했다. 내가 시주를 하자 그 스님이 내 얼굴을 물끄러미 바라보더니 말했다.

"너는 이 집 아이가 아니구나."
"스님께서는 그걸 어떻게 아십니까?"

그러자 스님은 내 부모님의 이름을 물었다.

"아버지의 존함은 허락할 허(許), 남쪽 남(南), 권세 권(權)
이며, 어머니 존함은 나라 조(趙), 계수나무 계(桂), 심을 식(植)
입니다. 제 이름은 서울 경(京), 편안할 영(寧)입니다."

스님은 한자의 의미를 곰곰이 따지는 듯하더니 곧 입을 열었다.

"훌륭한 선물을 주는 사람은 그 대가를 바라지 않고 일찍
떠나는 법이다. 공자와 석가를 낳은 어머니들 역시 모두 일찍
떠나셨느니라. 그래야 그 자녀는 더욱 큰 고통 속에서 강한
열매가 될 수 있다. 큰 나무에서 씨앗이 태어날 수는 있어도 큰
나무 바로 옆에서 자란다면 그 씨앗은 큰 나무가 될 수 없지.
큰 나무와 붙어 있는 작은 나무는 햇볕을 볼 수 없기 때문이다.
또한 가난한 음지의 시절을 보내야 고통받고 가난한 사람들의
가슴을 감동시킬 수 있다. 네 아버지, 어머니의 이름을 합친
'허(許)남(南)권(權)조(趙)계(桂)식(植)'의 의미를 풀어 보면,
'남쪽 나라의 권세와 월계수 나무를 심는 것을 허락한다'는
것으로 한 사람의 인물을 이 땅에 심어 놓을 이름이란다.
　심부름 온 사람은 속히 돌아가야 하는 법. 너의 부모님은
너를 이 세상에 데려다 주면 곧바로 떠나야 하는 운명이었다.
너는 지금부터 열심히 서당에 가서 한문을 배워야 한다.
그리고 열네 살이 되면 이곳 지리산 정기를 다 받게 될 것이니,
그때는 서울로 올라가서 삼각산의 정기를 받거라. 장차 많은
공부를 해서 세상을 평안하게 하는 지도자가 될 것이다."

그날 이후 나는 서당에 다니기로 마음을 먹었다.

동양사상에서 시작된 깊은 학문의 길

나는 양아버지에게 서당에 갈 수 있게 해 달라고 말씀드렸다. 그러

　　　　　난세의 영웅, 허경영을 아십니까?

자 비록 농사를 짓고 있었으나 한학(漢學)을 공부하셨던 양아버지는 순순히 허락하셨다. 서당은 새벽 4시에 문을 열었다. 나는 그 시간에 맞추어 서당에 도착했고 마을 아이들과 함께 공부를 시작했다. 공부는 『천자문』에서 시작하여 『동몽선습』, 『학어집』, 『소학』, 『논어』, 『맹자』, 『대학』, 『중용』, 『시경』, 『서경』, 『주역』, 『춘추』, 『예기』 등으로 이어졌다. 공부 방식은 그전에 공부한 내용을 통째로 외워 와서 훈장님 앞에서 외워 보이고 다음 진도를 나가는 방식이었는데, 같이 공부를 시작했던 다른 아이들은 훈장님의 회초리가 무서워 모두 중도 탈락하고 말았다. 나는 30여 권에 달하는 한문 서적을 차례로 공부하면서 초등학교를 졸업할 무렵에는 유학 사상과 천문, 지리, 인사에 이르기까지 동양의 사상과 철학을 거의 섭렵 통달할 수 있었다.

어머니가 태어난 지 채 몇 개월도 되지 않은 나를 안고 아버지를 면회 갔을 때, 아버지는 내게 허경영이라는 이름을 지어 주시며 유언처럼 이런 말씀을 남겼다고 한다.

> "서울 동쪽에는 일본의 동경이 있고, 서쪽에는 중국의 서경이
> 있고, 남쪽에는 남경, 북쪽에는 북경이 있다. 우리나라 서울은
> 이 4개의 위성 수도를 거느린 세계 중심인 곳이다. 이름을
> 서울 경(京), 편안할 영(寧)으로 해라. 나중에 자라서 서울을
> 세계의 중심이 되게하여 국민을 평안하게 해 주는 이름이다."

그러고 보면 아버지가 내게 남기신 것은 나의 소명이 담긴 내 이름이 유일하다. 그리고 이 유언이 일곱 살 때 탁발승이 일러 준 말과 내가 진주를 떠나 서울로 갈 때 가지고 간 어머니 무덤의 흙과 함께 나에게 온

갖 어려움 속에서도 흐트러짐 없이 배우고 정진할 수 있게 한 원동력이 되었다. 언젠가 나는 아버지의 바람과 같이 국가최고지도자가 되어 나라를 이끌고 국민을 평안하게 하고 나아가 온 세상 사람들을 행복하게 할 소명을 다하게 될 것이다.

특별한 능력

내게는 어려서부터 특이한 능력이 있었다.

갓난아기 때 산후병으로 고통받는 어머니의 젖을 먹을 수 없었던 나는 동냥젖을 얻어먹고 자랐는데 내게 젖을 준 동네 아주머니들의 지병이 낫곤 하여 앞다투어 내게 젖을 먹이려고 했다 한다. 이러한 일은 이후에도 계속되었는데 이것은 영적 초능력이 발휘되는 것으로서 어떤 치료행위를 하는 것이 아니다. 그저 사람을 쳐다보면 낫는 것으로 세간의 기(氣) 치료와는 근본적으로 차원이 다르다.

이러한 나의 영적 초능력의 실재(實在)에 대해서는 강남의 유명한 모 병원 병원장이었던 OOO 박사가 내 눈빛으로 병이 낫고 난 후 내게 통합의학진흥연구원과 내 능력에 대한 의학적 연구 계약을 주선했던 사실만으로도 알 수 있다. 그런데 영적으로 어떤 특별한 사정이 있는 사람은 나의 영적 초능력의 효과를 보지 못하는 경우도 있다. 그런 경우는 나로서도 어쩔 수가 없다.

내 IQ가 430이라는 것은 이제 웬만한 사람은 다 알고 있다. 내 IQ의 사실 여부에 대해서는 박정희 대통령 시절 대통령실 수석비서관을 역임했던 고(故) 장국진 박사의 증언이 남아 있다. 나는 학습력과 기억력, 통찰력, 예지력, 창의력, 추진력 등 모든 인간 능력에서 믿기지 않을 정도의 능력 발휘가 가능하다. 나는 예리하고 폭넓은 통찰력으로 아주 복잡하게 얽힌 난제(難題)도 쉽게 해결할 수 있고, 탁월한 예지력으로 몇 년 후는 물론 몇십 년 후의 일까지 훤히 내다볼 수 있다. 이를테면 30여 년 전에 오늘날 우리나라가 세계에서 가장 아이를 낳지 않는 나라가 될 것이고, 생산가능인구가 감소하고 초고령사회로 치달으면서 경제가 활력을 잃게 될 것이며, 한편으로 부익부 빈익빈 현상이 심화되어 중산층이 무너지고 가계부채가 급속히 느는 등 국가적 위기가 올 것을 예측했다. 그리고 이에 대한 완벽한 해결 방안을 내놓기까지 했다. 그것은 예리하면서도 폭넓은 통찰력과 미래를 꿰뚫는 예지력, 문제를 정확히 분석하고 종합하는 문제해결 능력, 적절한 대책을 만들어 내는 창의력 없이는 도저히 불가능한 일이다.

물론 당시의 일반 국민으로서는 내가 제시한 여러 방안들이 황당하기 짝이 없었을 것이다. 당시만 해도 출생률이 그렇게 낮지 않았고, 경제도 그런대로 돌아가고 있었으며, 중산층도 탄탄했기 때문이다. 그러나 지금 현실은 나의 예측이 그대로 적중하여 망국(亡國)적 위기를 눈앞에 두고 있으며, 내가 해결책으로 제시한 방안들이 이에 대한 완벽한 대책임을 정치인과 지식인들이 서서히 깨닫기 시작하고 있다.

나는 숫자에 대한 감각도 탁월해서 우리나라의 경제력이 이 정도면 세금이 어느 정도 들어오고 그중 국가 운영에 어느 정도의 예산이면 충분하다는 것을 아주 빠르게 통찰하고 분석해 낼 수 있다. 그래서 국가 예산이 새고 있는지, 새고 있다면 어디서 어떻게 새고 있는지를 쉽게 찾아낼 수 있다. 이런 능력 없이 어떻게 감히 "국가에 돈이 없는 것이 아니라 도둑놈이 많다"라고 용기 있게 말할 수 있겠는가?

2012년 12월 19일 제18대 대통령선거 이틀 전, 후보였던 박근혜 전 대통령이 유세 중일 때 나는 〈위키트리TV〉 생방송에 출연해 박근혜 후보가 51% 지지를 받고 당선되지만 4년 안에 촛불 시위가 일어나고 청와대 굿판, 국회 개헌 주장, 탄핵으로 대통령직에서 쫓겨나게 될 것을 예언했다. 그리고 그것은 100% 그대로 적중했다.

삼성그룹 고(故) 이건희 회장이 쓰러지기 5일 전 나는 한 강연에서 "앞으로 일주일 안에 삼성 이건희 회장이 쓰러지고 이재용의 시대가 올 것이다, 현재 삼성이 사용하는 청색 로고는 안정 추구 색이므로 도전 추구 색인 빨간색 로고로 바꾸어야 한다, 만약 바꾸지 않으면 앞으로 삼성은 이재용 부회장과 함께 엄청난 파란을 맞게 된다"라고 예언했다. 그 강연이 있고 5일 만에 실제로 이건희 회장이 쓰러졌고, 그 후 로고 색깔을 그대로 둔 상황에서 5년 이상 이재용 부회장의 구속과 재판이 이어지는 등 삼성이 어려움을 겪고 있다. 여기서 파란색에서 빨간색으로 로고 색을 바꾸어야 한다고 한 것에 대해 '색깔 하나가 뭐 그리 대단한 영향을 줄 수 있겠는가?' 하고 우습게 생각할지 몰라도 색깔 하나, 이름 하나에도 놀라운 비밀이 들어 있다.

나는 2015년 9월 24일 MBN과 힐리리 클린턴 대 도널드 트럼프가 맞붙은 미국 대통령선거와 관련하여 인터뷰를 했다. 당시 MBN 기자가 나에게 트럼프 대통령과 비슷하다면서 트럼프에 대해 물었을 때 나는 "트럼프가 미국 대통령이 되면 미국 경제가 활성화됩니다. 그런데 만약에 클린턴이 대통령이 되면 방위산업체 먹여 살리는 경제로 전 세계 분쟁을 일으켜요. 한반도 전쟁이 일어날 가능성도 있다고 봐야죠. 클린턴은 무기 방위산업체들이 밀어주는 사람이에요. 저 사람(트럼프)은 자수성가한 사람이에요. 저 사람은 뭔가 생동감이 있고, 국민에게 희망을 제시하고, 뭔가 말을 뻥뻥 하는 것 같아도 아주 머리가 좋은 사람입니다. 저

난세의 영웅, 허경영을 아십니까?

분은 미국의 아이콘이고 희망이에요"라고 말한 바 있다. 그 이후 토요 강연 때 전쟁을 안 하는 미국 대통령을 내가 만들어 내겠다고 말한 적이 있는데 그것은 트럼프를 염두에 둔 발언이었고, 이후 트럼프가 미국 대통령으로 당선되어 전 세계가 발칵 뒤집힌 것은 우리가 익히 아는 사실이다. 내가 트럼프를 마음에 두었던 것은 힐러리 클린턴은 방위산업체의 영향력 하에 있는 사람이지만 도널드 트럼프는 사업가 출신의 재력가로서 자력으로도 얼마든지 선거를 치를 수 있어 무기업자들로부터 비교적 자유로운 사람이었기 때문이다.

나는 30여 년 전 우리 토종 기업들을 보존하기 위해 상속세를 폐지해야 한다고 했는데, 2020년 이건희 회장이 사망하면서 그 상속인이 약 11조 원이라는 상속세를 내야 하는 상황이 현실로 다가와 기업에 큰 부담이 되고 있다. 실제로 상속세 때문에 우리 토종 기업이 해외 자본에 넘어간 예도 상당하다. 이러한 미래를 내다보는 예지력 혹은 예측력은 국가를 경영하는 데 있어 장기적 계획을 세우고 다가올 문제 상황에 대한 대비책을 세우는 데에 아주 중요한 능력이다.

내가 국가최고지도자가 된 경우에는 아시아 통일과 세계 통일을 쉽게 이룰 수 있다고 말하는 것도 전 세계를 머릿속에 두고 무엇을 어떻게 하면 된다는 것이 일목요연하게 정리되어 통일 계획과 구체적 방안이 모두 강구되어 있기 때문이다. 일반인의 눈에는 과장되게 생각될지 몰라도 나의 두뇌와 통찰력으로는 모든 계산이 빈틈없이 이루어져 아주 현실성 있게 계획되어 있다.

이 외에도 내게는 여기서는 밝히지 않은 많은 능력들이 있다. 내 이름의 위력도 그중 하나이다. 일례로 우유에 내 이름 '허경영'을 부르면 우유가 썩지 않는다. 이는 누구든지 실험을 통해 확인할 수 있는 사실이다. 우유뿐이 아니다. 하늘궁에 있는 대형 케이크는 내 지지자 중 한 사람이 창당 이전 선물한 것인데 내 이름을 불러 준 후 2년이 훨씬 지났는데도 수분 증발에 따른 약간의 형태 변화를 제외하고는 썩지 않고 여전히 그대로이다. 이 사실은 하늘궁에 오면 직접 확인할 수 있다. 상식적으로 이해하기 어려운 이러한 것들 때문에 사람들이 나를 이상한 사람으로 보기도 한다는 것을 모르는 바 아니지만, 때가 되면 대부분 사람들이 내게 이런 신비한 현상이 왜 있는지, 내가 강연을 통해 수없이 말하고 있는 것들, 예를 들면 신인(神人)이라든가 여러 영적인 능력 등에 대해서도 자연스럽게 이해하게 될 것이라고 생각한다. 신인으로서 내가 가진 여러 영적인 능력은 내가 세상에 군림하기 위해서가 아니라 내가 누구인지를 알려 인간 세상에 공의를 세우고 인류가 공존공영할 수 있도록 하는 등 나의 소명을 이루기 위한 것이다.

2

소명을 받은 민족

우리 국민은 세계 최고의 IQ를 자랑한다. 이것은 나만의 생각이 아니라 이미 과학적으로 연구된 결과이다. 영국과 핀란드의 대학에서 세계 185개국 국민의 평균 IQ를 조사했다. 조사 결과 홍콩이 107로 1위이고 우리나라가 106으로 2위, 그다음 3위는 일본과 북한이 105로 동등했다. 그러나 홍콩은 중국에 속하기 때문에 중국인의 평균 IQ인 100과 합쳐서 계산해야 하므로 우리보다 훨씬 낮다. 한국인의 지능이 세계 최고인 셈이다. 우리보다 한참 못사는 북한 사람들 역시 머리만큼은 같은 한민족답게 우수하다. 일본 사람들도 똑똑한데 그것은 한민족의 피가 섞였기 때문이다. 그러나 한반도에 자리 잡은 한국인을 따라오지는 못한다. 일본 최고 재벌은 손정의 회장으로 한국계이다. 한때 중국 최고 재벌이었던 알리바바의 마윈이 사업을 시작할 때 손 회장이 2,000만 달러를 투자했으니, 한국계가 중국의 최고 재벌도 만들어 주었다고 볼 수 있다.

내가 한민족의 IQ가 세계 최고라고 자랑을 늘어놓은 이유는 따로 있다. 이런 머리 좋은 민족의 능력이라면 세계 경제의 중심에 설 수 있고, 국제적인 지도 국가로서 우뚝 설 수 있는 충분한 능력이 있다는 것을 말하고 싶어서이다.

우수한 민족, 한민족

실제로 우리 민족은 대단히 우수한 민족이다.

세종대왕이 만든 한글은 세계인이 인정하는 세계 최고(最高)의 글자로, 유네스코 세계기록유산으로 등록되었다. 발성 기관을 본뜨고 천지인(天地人)을 응용한 창제(創製) 원리가 놀랍도록 과학적이다. 실용성도 탁월하여 표현할 수 없는 말이 없으며 배우기도 아주 쉽다. 또 컴퓨터 자판(字板)으로 세계에서 가장 빨리 칠 수 있는 글자로서 한자보다 60배 빠르고 영어보다도 두 배가 빠른, IT 시대 최적의 글자이기도 하다. 유네스코(UNESCO)에서는 해마다 세계에서 문맹 퇴치에 공이 큰 이들에게 '세종대왕 문맹퇴치상(King Sejong Literacy Prize)'을 주고 있다. 이 상의 명칭에 세종대왕이 들어간 것은 세계 문자 가운데 세종대왕이 만든 한글이 가장 배우기가 쉬워 문맹자를 없애기에 좋은 글자라는 것을 세계가 인정했다는 뜻이다.

우리 민족의 우수성은 온돌문화에서도 발견할 수 있다. 온돌은 철기 시대부터 사용해 온 우리나라 고유의 난방 장치이다. 먼저 방바닥 밑에 불기운이 들어올 수 있는 통로를 만들고 그 위에 크고 편편한 돌을 까는데, 부엌의 아궁이에서 불을 지피면 불기운이 들어와 이 돌판을 데우고, 돌판이 오랫동안 열기를 지니며 난방이 되도록 하는 것이다. 돌판으로 이루어진 부분을 구들이라 하고 돌판 한장 한장을 구들장이라고 한다. 또한 불길이 들어오는 통로를 고래 혹은 방고래라고 하는데 고구려나 고려라는 나라 이름은 바로 이 고래에서 비롯된 것이다. 온돌은 유럽의 벽난로보다 훨씬 효율적이고 위생적이며, 당대로서는 그 어떤 난방장치보다도 뛰어난 우리 민족만의 고유한 난방 기술이었다.

오늘날 우리 민족은 6.25전쟁의 잿더미에서 한강의 기적을 이루고 세계 10위권의 경제대국을 자랑하고 있다. 전 세계에 한류 열풍을 일으키는가 하면 IT 강국으로서 세계를 선도하고 있다. 우리 민족은 두뇌가 명석할 뿐 아니라 국가최고지도자를 잘 만나면 엄청난 저력을 발휘하는 민족이기도 하다. 6.25전쟁의 잿더미와 보릿고개 속에서 변변한 자원 하나 없던 우리나라가, 탁월한 지도자 박정희 대통령을 만나 비약적인 발전을 이루어 경제대국의 초석이 된 것이 그 실례이다. 그러나 현재 우리 민족은 전통적 빈곤, 절대적 빈곤에서는 벗어났으나 자본주의의 병폐와 부패한 정치인들로 인해 부익부 빈익빈가 심화되어 상대적 빈곤과 풍요 속 빈곤을 겪으며, 중산층은 몰락하고 서민들의 생활은 날로 피폐해 가는 상황에 놓여 있다. 우리 민족은 다시금 위대한 지도자가 필요한 시점이다.

한민족은 머리만 우수한 것이 아니다. 널리 세상을 이롭게 하고 인간의 도리를 지키려고 애쓴 수준 높은 민족이다. 『천부경(天符經)』과 『삼일신고(三一神誥)』, 『참전계경(參佺戒經)』은 아주 오래된 민족 경전으로, 하늘의 가르침으로 인간 세상을 교화하려는 내용을 담고 있다. 그 내용을 보면 일찍이 우리 민족이 왜 '동방예의지국'이라는 별명을 얻었는지 그 이유를 짐작할 수 있다.

또한 고조선의 건국이념인 '널리 인간을 이롭게 한다'는 홍익인간(弘益人間) 이념은 유사(有史) 이래 세계 그 어떤 민족이나 국가도 제시하지 못한 놀랍도록 수준 높은 건국이념이다. 우리가 잘 알고 있는 영국의 역사학자 아놀드 토인비는 우리나라의 홍익인간 이념에 놀라움을 금치 못하고 미래 세계를 이끌어 갈 핵심 사상이 되어야 한다고 했다.

『25시』라는 작품으로 노벨문학상을 수상한 루마니아의 작가 콘스탄틴 게오르규도 우리나라의 홍익인간 이념에 매료되어 뜰에 무궁화를 심어 놓고 한국을 생각할 정도로 한국 사랑이 대단했다고 한다.

'효제충신예의염치(孝悌忠信禮義廉恥)'는 우리의 8대 민족정신으로 우리 민족은 부모에 효(孝)하고, 형제 간에 우애하며, 나라에 충(忠) 하고 사람 사이에 신의를 지키려 애썼다. 또 겸손과 예의를 중시했으며, 불의에는 단호히 맞섰고, 스스로 잘못을 저질렀을 때는 부끄러워할 줄 아는 민족이었다. 공자까지도 동방예의지국인 우리나라에 와서 살고 싶다고 할 정도로, 우리나라는 예의를 숭상하는 민족이었다. 숱한 외침을 받으면서도 먼저 남의 나라를 침략하지 않는, 평화를 사랑하는 민족이었으나 나라가 풍전등화(風前燈火)의 위기에 놓이면 목숨을 초개같이 버리며 분연히 일어날 수 있는 의로운 기상을 지닌 민족이기도 했다. 이렇듯 우리 민족은 효제충신예의염치(孝弟忠信禮義廉恥)를 지키고, 자라나는 세대에게도 그것을 심어 한민족의 아름다운 정신과 얼을 면면히 계승해 온 수준 높고 생명력 강한 민족이다.

특수한 지정학적 위치

우리나라가 자리한 지정학적 위치도 특별하다. 쟁쟁한 강대국들이 주변에 포진하고 있는데 동으로는 일본과 미국, 서로는 중국, 북으로는 러시아가 그들이다. 이처럼 우리나라는 강대국들의 틈바구니에 끼인 형국이라 흔히 고래 싸움에 새우 등 터지는 격이 되기 쉬운 위치라 하여 좋지 않다는 식으로 바라보기도 한다. 물론 그러한 측면이 없잖아 있다. 자칫 강대국들의 전쟁터가 되거나 거래 대상이 될 위험이 있다. 우리가 일본의 식민지가 되었던 것은 당시 강대국들의 정치적·군사적 거래가 한몫을 했고, 분단이 된 것도 강대국들의 이해관계 때문이었다.

6.25전쟁은 국제사회에서 한국전쟁(the Korean War)으로 지칭된다. 비록 북한의 남침으로 시작된 동족상잔의 전쟁이지만 단순히 남북한만의 전쟁이 아니라는 것은 모두 알고 있다. 북한의 김일성 뒤에는 소련의 스탈린이 있었다. 전쟁이 나자 당시 미국의 맥아더 장군과 친분이 있었던 이승만 대통령은 미국의 빠른 개입과 강력한 지원을 요청했다. 미국은 한반도의 공산화를 우려해 발 빠르게 유엔의 안전보장이사회 소집을 요구했고, 안전보장이사회는 회원국들로 이루어진 유엔군 편성을 결의했다. 그 결의에 따라 편성된 유엔군이 우리나라에 들어오게 됨으로써 6.25전쟁은 국제전의 모습을 띠게 되었다.

한반도는 지금도 전쟁터가 될 위험이 다분하다. 강대국 미국과 중국의 패권 다툼 속에서 전쟁터가 될 위험이 도사리고 있고, 양국 사이에서 우리의 정치적 입장이 곤란한 경우가 많다.

그러나 나는 한반도의 지리적 위치가 불리하다고만 생각하지 않는다. 오히려 여섯 가지 어부지리(漁父之利) 형국으로, 외교만 잘하면 굉장히 유리한 위치에 있다고 본다. 첫 번째는 중국과 러시아 사이의 어부지리이고, 두 번째는 중국과 일본 사이의 어부지리이며, 세 번째는 러시아와 일본 사이의 어부지리이다. 네 번째는 미국과 중국 사이의 어부지리이고, 다섯 번째는 미국과 러시아 사이의 어부지리이다. 마지막으로 여섯 번째는 미국과 일본 사이의 어부지리이다.

황새가 조개를 먹으려고 하면 조개가 오히려 황새의 부리를 꽉 물어 먹지 못하는 것은 물론이고 부리를 빼낼 수가 없다. 이럴 때 어부가 나타나 조개와 황새를 다 잡아 간다는 것이 '어부지리'이다. 이들 강대국 간에 대립이 생겼을 때 우리나라가 그것을 잘 이용하면 오히려 큰 이익을 얻을 수 있다. 단, 그렇게 되기 위해서는 지혜로운 지도자가 필요하다. 외교적으로 유능하고, 특히 나라를 잘 이끌어 갈 수 있는 지혜롭고 강력한 지도자가 나온다면 우리나라는 강대국을 컨트롤하고 리드할 수 있는 위치에 설 수 있다. 그렇지 못하고 마치 구한말의 고종 황제처럼 정세 파악도 제대로 하지 못하고 어느 한쪽만을 편든다든지 하면서 우유부단한 모습을 보이면, 반대편 나라의 공격을 초래하여 나라가 위기에 처할 수도 있다.

우리나라는 이처럼 뛰어난 지도자를 요하는 묘한 위치에 자리하고 있다.

세계의 핵(核), 한반도

우리나라는 지정학적 위치뿐 아니라 전통적인 풍수지리적 측면에서도 아주 특이한 모습을 하고 있다. 우리나라를 중심에 놓고 세계 지도를 펼치면 좌청룡(左青龍)의 위치에 일본과, 미국 등이 위치한 아메리카 대륙이 있고 우백호(右白虎) 자리에 중국과 유럽 및 아프리카대륙이 있어 좌우로 날개처럼 우리나라를 감싸고 있다. 한반도 아래쪽을 보면 제주도에서 시작하여 대만, 필리핀을 비롯한 동남아시아, 호주 대륙이 차례로 놓여 있어 안산(案山)을 이루며 한반도를 보호하고 있다.

난세의 영웅, 허경영을 아십니까?

실제로 일본은 태평양에서 오는 쓰나미를 막고, 안산에 해당하는 섬과 나라들은 적도 부근에서 발생하여 북상하는 태풍을 차례로 가로막아 그 세력을 약화시켜 한반도를 보호하는 구실을 한다. 말하자면 한반도는 지구의 자궁과 같은 형세를 갖추고 주변으로부터 보호를 받는 완벽한 천하 대명당의 풍수적 위치에 놓여 있다. 자궁은 새 생명을 잉태하고 자라게 하며, 세상으로 내보내기 전 준비하는 자리이다.

또 한반도는 지구의 핵(核)이다. 지구의 기운인 지기(地氣)가 가장 강력하게 집중된 곳이다. 인삼 가운데 고려인삼의 약효가 가장 뛰어난 것도 한반도의 땅기운 때문이다. 우리나라 토종 식물이 강한 생명력을 가지고 있다는 것은 외국 사람들도 인정하는 사실이다. 한반도에서 태어난 한민족 역시 그렇다. 한민족은 세계 어디를 가도 강한 생활력과 부지런함으로 잘 살아 나간다. 핵(核, Core)은 절대 크지 않다. 중국이 오랫동안 세상의 중심이라는 중화(中華)사상에 젖어 자신들을 중심에 놓고 주변 민족들을 오랑캐로 여겨 왔으나, 사실상 큰 나라는 핵이 될 수 없다.

이렇게 한반도가 묘한 지정학적·풍수적 위치에 자리한 것은 이유가 있다. 그것은 세계 역사에서 장차 한민족이 맡게 될 사명 때문이며, 그 민족을 이끌 지도자가 나타날 자리이기 때문이다.

우리나라는 풍수적으로 여성의 자궁 자리에 위치할 뿐 아니라 주역(周易)의 방위상으로도 간방(艮方)에 놓여 있다. 간방은 동북방을 의미하며 시작과 끝이 맞물린 방위이다. 인류가 약육강식(弱肉强食)의 생존경쟁 속에 펼쳐 온 오랜 투쟁의 역사를 끝내고 인간의 생존법칙인 공존공영(共存共榮)의 시대로 나아갈 때, 그러한 새 시대가 시작되는 곳이 지구의 자궁이자 간방에 위치한 한반도이다. 마치 호랑이가 고슴도치를 삼컸다가 다시 내뱉을 수밖에 없는 것처럼 긴 역사를 거쳐 오는 동안 비록 숱한 외침을 받고 이민족의 지배를 받는 수모도 당했으나, 마침내 이 땅을 지키고 도로 찾을 수 있었던 것도 이 땅과 한민족이 부여받은 소명 때문이다.

우리 선조들은 한반도의 위쪽 끝과 아래쪽 끝에 있는 산 이름에 한민족의 소명을 넣어 놓았다. 북쪽에 있는 백두산(白頭山)은 백의민족이 우두머리가 되는 산이란 뜻이다. 남쪽의 한라산(漢拏山)은 한(漢)을 잡는다는 뜻으로, 한(漢)은 중국 한(漢)나라, 한족(漢族)으로 대표되는 강대국들, 세력이 강한 민족들을 뜻하므로 한라산은 강대국을 잡아 이끄는 산이란 의미이다. 말하자면 백두산과 한라산은 백의민족인 한민족이 세계의 으뜸이 되어 강대국들을 이끌어 나가는 민족이 될 것이라는 예언이자 한민족의 소명을 담은 이름이다.

역학(易學)이나 풍수지리(風水地理), 성명학과 같은 동양 학문에는 천지인(天地人)에 관한 우주적 철리(哲理)가 들어 있다.

'한국이 세계 지도국이 될 것'

21세기에는 우리 민족과 한국이 세계를 이끌어 가는 지도국이 될 것이라고 예언하거나 그렇게 되어야 한다는 사람들이 많다.

『역사의 연구』라는 방대한 저서를 남긴 영국의 역사학자 아놀드 토인비는 1973년 1월 1일 「동아일보」와의 인터뷰에서 "21세기에 세계가 하나되어 돌아가는 날이 온다면 그 중심은 동북아시아일 것이며, 그 핵심 사상은 한국의 홍익인간 사상이 되어야 한다고 확신한다"고 말했다.

조선 중기의 학자로 풍수학의 대가였고 역학, 천문 등에 조예가 깊었던 격암(格菴) 남사고(南師古)가 남긴『격암유록(格菴遺錄)』에는 "섬 같기도 하고 아닌 것 같기도 한 곳에서 사람 같기도 하고 아닌 것 같기도 한 신인(神人)이 출현하여 지상낙원을 건설한다. 세상 사람들이 이 성스러운 임금을 보고도 알지 못하니 한심한 일이다"라고 나와 있다. 섬 같기도 하고 아닌 것 같기도 한 곳은 두만강과 압록강에 의해 대륙에서 분리되어 있는 듯하여 섬 같기도 하면서 섬이 아닌 한반도를 지칭한다.

인도의 시성(詩聖) 타고르는 일본을 방문했을 당시「동아일보」기자로부터 한국 방문을 요청받았는데, 응할 수 없자 이에 미안한 마음을 대신하여「동방의 등불」이란 시를 지어 주었다고 한다. 그 시에서 타고르는 "일찍이 아시아의 황금 시기에/ 빛나던 등불의 하나인 코리아/ 그 등불 다시 켜지는 날/ 너는 동방의 밝은 빛이 되리라" 하고 노래하며 우리나라가 동방의 밝은 빛이 될 것이라 하였다.

또 독일의 사상가이자 신지학(神智學)의 대가이며 인지학(人智學)의 창시자인 루돌프 슈타이너는 "인류 문명이 크게 바뀌는 전환기에는 새로운 삶의 방식을 제시하는 성배(聖杯)의 민족이 반드시 나타나게 되어 있다. 그 민족은 개인적으로나 집단적으로 영성을 지닌 민족으로 외세의 침략과 내부의 억압으로 인하여 삶과 세상에 대해 꿈과 이상을 마음속에 가진 민족이다. 로마가 지배하던 지중해 문명 시대의 전환기에는 그 성배가 유대 민족에게 있었다. 그러나 그때보다 훨씬 더 근본적 전환기가 될 현 시대에는 그 민족이 극동아시아에 있다. 그 민족을 찾아라"라고 제자들에게 말했다고 한다. 제자들 가운데 일본인이 있었는데 그는 일본과 한국의 역사를 연구한 후에 그 민족이 한국인이라고 결론 내렸다고 한다.

이외에도 한민족과 우리나라가 세계를 선도해 갈 것이라는 많은 예언이 있고 그것을 환상으로 보는 사람도 있다. 그들은 우리나라에 대해 특별히 잘 알지도 못하는 상태에서 그렇게 예언하거나 보는 것으로 전해지고 있다.

우리 민족은 뛰어난 두뇌와 홍익인간이라는 고귀한 정신세계를 가지고 세계를 주도해 갈 수 있는 능력과 자질을 갖추고 있으며, 우리나라 또한 지정학적·풍수지리적인 면에서 특수한 조건을 갖추고 세계를 바꿀 수 있는 핵(核)으로 준비되어 있다. 이러한 사항은 보이지 않는 세계에서 주도한 일이며, 세계의 유명한 학자나 예언가들이 한국이 장차 세계의 중심국으로서 미래를 이끌어 갈 나라임을 예언하고 있는 것도 모두 보이지 않는 세계가 작용하는 까닭이다.

물론 나는 오래전 이미 우리 민족의 소명을 알고 있었다. 그런데 소명을 펼쳐야 할 시기가 지금인 것은, 이 시대가 윤리와 도덕이 땅에 떨어지고 동물의 생존 법칙인 약육강식 원리가 인간세계를 지배하여, 그대로 두어서는 아비규환이 될 수 있을 뿐 아니라 인간의 이기심으로 인해 지구환경이 회복되기 어려운 수준으로 파괴되기 일보 직전에 놓여 있기 때문이다. 인터넷의 발달로 말이나 글, 영상이 순식간에 전 세계로 전달될 수 있는 기술적 여건이 되어 전하고자 하는 것을 온 세상에 쉽게 전할 수 있는 것도 이 시기가 소명을 수행할 적기임을 말해 준다.

단군 시조가 밝혔던 홍익인간의 이념을 전 세계에 펼쳐 나가고, 건강한 지구환경 속에 개개인은 개성이 있어 서로 다르지만 아름다운 조화를 이루어 하나가 되는 화이부동(和而不同)의 통일 세계를 열어 가는 것이 하늘이 부여한 민족의 소명임을 우리 민족이 하루빨리 깨닫고 긴 잠에서 깨어나기를 학수고대(鶴首苦待)한다.

3

아버지의 꿈, 나의 꿈

아버지의 꿈

사실 나에게는 아버지가 낯설다. 얼굴도 기억하지 못할뿐더러, 내가 태어나고 6개월도 채 되지 않아 세상을 떠나셨기 때문이다. 아버지가 돌아가시기 전의 우리나라는 2차 세계대전의 종전으로 해방을 맞고 얼마 되지 않았을 때였다. 농토가 중요한 재산이자 생산수단이었던 시기, 아버지는 고향 마을에서 만석꾼 부자였다. 논밭은 소작을 주어 소작인이 농사를 지었다. 당시 소작농들은 열심히 땀 흘리며 농사를 지어 봐야 소출의 절반을 지주에게 내야 해서, 보릿고개가 오는 시기쯤이면 한 끼 끼니를 걱정해야 할 정도로 생활이 힘들었다. 아버지는 그런 소작인들을 안쓰럽게 생각하셨던지 그들에게 땅을 나누어 주셨다고 한다. 당시 정황을 그려 보면 일이 이렇게 진행되었던 것 같다.

아버지가 땅을 소작농에게 그냥 나누어 주고 있다는 이야기는 삽시간에 이웃 마을들에까지 퍼져 갔다. 소문을 들은 지주들이 달려와서 아버지를 말렸지만, 아버지는 듣지 않고 그대로 밀고 나갔다. 그렇게 되자 다른 소작농들이 동요하기 시작했다. 자신들에게도 땅을 달라고 지주들에게 요구하기 시작한 것이다. 다급해진 지주들은 아버지를 공산주의자라고 고발했다. 공산주의 사상에 물들어 사회질서와 건전한 풍토를 망가뜨리고 있다는 것이었다. 결국 아버지는 체포되어 투옥됐고, 대법원에서 사형선고를 받고 서울 형무소에 수감되었다.

아버지는 수감 중에도 세상의 변화를 꿈꾸셨던 것 같다. 자신이 못다 이룬 꿈을 '허경영'이라는 이름으로 나에게 남기셨으니 말이다. 아버지는 선하고 의로운 분이셨다고 생각된다. 얼마든지 편하게 떵떵거리며 살 수 있었으나 힘들게 사는 가난한 사람들의 처지를 생각하며, 그들도 인간답게 살 수 있는 조건을 만들어 주려고 하셨다고 생각된다. 자신이 가진 이로운 것을 남을 위해 베푼다는 의미의 자리이타(自利利他)의 행(行)을 몸소 실천하셨다고 여겨진다. 그러나 아버지의 이러한 좋은 뜻과 행동은 당시 좌우의 이념대립과 혼란 속에서 오히려 생을 마감시키는 것으로 끝나고 말았다. 만약 아버지의 생각과 실천이 용인(容認)되는 사회였다면 아버지는 아마 고향 마을에서 덕망 있는 사람으로 추앙받으며, 마을 사람들에 의해 마을 어귀에 공덕비가 세워졌을지도 모른다.

이념을 넘어

나는 이제 아버지를 이어 세상의 변화를 위해 헌신하는 길에 서 있다.

그러나 나는 아버지와는 달리 타고난 소명을 이루기 위해 이 길에 들어섰고 그 방법도 전혀 다르다. 그리고 더욱 큰 목적과 목표로 인간이 살아가는 방식과 세상 돌아가는 시스템을 완전히 바꾸려고 한다. 나는 이데올로기, 이념 같은 것을 좋아하지 않는다. 그래서 가끔 우스갯말로 "나는 좌파도 아니고 우파도 아닌 허파"라고 자신을 소개하기도 하지만 여기에는 이념을 넘어서서 모두를 아우르며 모두를 이롭게 하겠다는 나의 정치철학이 내포되어 있다. 사람들이 소중히 하는 이념이나 신념은 그것이 아무리 대단해 보일지라도 인간 자체의 불완전성으로 인해 완벽한 경우는 거의 없다. 그러므로 자신이 가진 신념만이 절대적으로 옳고 상대방의 생각은 잘못되었다고 판단하는 것은 바람직하지 않다.

해방 직후 우리 사회를 혼란으로 몰아넣었던 좌우의 이념대립, 그것은 남북에 전혀 다른 정치·경제체제를 수립시켰고 결국 민족 분단을 더욱 공고히 한 6.25전쟁이라는 동족상잔의 비극으로 이어지지 않았던가? 우리가 믿고 실천하는 것이 세상에 이로움을 주어야지 증오와 대립과 분열, 급기야 살상까지 불러서는 안 된다.

나는 사람들이 서로를 바라볼 때 좀 더 사랑의 마음을 갖고 관용을 베풀었으면 하는 마음이다. 내 생각과 믿음이 소중하면 마찬가지로 타인의 생각과 믿음도 그에게는 소중한 것임을 서로 인정하면서 살았으면 한다. 비단 정치적 신념뿐만이 아니라 종교적 신념도 마찬가지이다. 서로 다른 사람들이 가진 종교도 존중하며 인정해 주는 자세를 가졌으면 좋겠다. 그러한 자세를 모두가 갖는다면 이 사회는 보다 너그럽고 평화로우며 따뜻해질 것이다.

난세의 영웅, 허경영을 아십니까?

개헌이 아닌 제헌이 필요한 때

지금 우리 헌법은 이데올로기가 가장 먼저 명시되어 있다.

> 제1조 ① 대한민국은 민주공화국이다.
> ② 대한민국의 주권은 국민에게 있고
> 모든 권력은 국민으로부터 나온다.

그러나 지금은 이념이 중요한 시대가 아니다. 그 나라가 내세우는 이념이 무엇인가가 중요한 것이 아니라 실제로 그 나라 국민의 삶의 질이 어떤가, 국민의 행복지수가 얼마나 높은가가 중요하다. 지구상에 민주국가라고 내세우지 않는 나라는 거의 없다. 그런데 그 누가 보아도 민주국가라고 보기 어려운 나라들은 쉽게 찾아볼 수 있다. 이념이 국민의 삶과는 동떨어진 형식적 구호에 불과한 것임을 말해 준다.

나는 우리나라 헌법 제1조에 이념 표방 조문인 '대한민국은 민주공화국이다' 대신 대한민국은 모든 국민이 중산층 이상의 생활을 보장받는 중산주의 국가라는 내용으로 바꾸었으면 한다. 충분히 중산층 이상의 생활이 가능한 경제 수준을 지닌 국가에서 국가의 주인인 국민이 당연히 그러한 수준의 삶을 누릴 수 있어야 한다고 보기 때문이다. 여기서 중산주의 국가란 모든 국민이 제도적으로 중산층 이상의 생활을 보장받을 수 있는 국가를 뜻하는 말로 내가 명명해 본 것이다.

한낱 구호에 지나지 않는 이념적인 내용은 배제하고 국민의 생활, 국민의 삶의 질을 높이고 보장하겠다는 의지를 표명하는 것이야말로 국민을 가장 소중히 여기는 국가, 국민을 위한 국가라는 것을 천명하는 것이 아니겠는가?

그리고 중산주의 국가가 될 수 있는 기본 조건으로서 대한민국은 주식회사로서 주주인 국민에게 배당금을 지급하고 의식주를 보장한다는 내용이 그다음으로 들어갔으면 한다.

내가 그렇게 바라는 이유는 다음과 같은 나의 신념에 기초한 것이다. 국가란 개인들의 계약으로 이루어진 하나의 집합체이다. 나는 그것을 주식회사로 규정할 수 있다고 본다. 그렇게 되면 구성원인 국민은 주주로서 국가의 실질적인 주인이라고 볼 수 있다. 국민은 대한민국 주식회사의 주주, 국가 최고지도자인 대통령은 CEO, 공무원은 회사원, 직원이 되는 셈이다. 국가의 총재산은 수천 년에 걸쳐 우리의 선조들과 지금의 우리가 일으키고 축적해 온 것이다.

대한민국을 주식회사로 규정하는 것은 단순히 법조문을 바꾸는 문제가 아니다. 대한민국을 주식회사로 규정하는 순간 국가가 해야 할 역할이 달라지고, 국민의 행복추구권이 강력한 실체적 권리가 된다. 회사가 이익을 내면 주주는 당연히 배당금을 받게 되어 있다. 이것이 주식회사의 기본 원리이다. 국가를 주식회사로, 국민을 주주로 규정하면 국가는 당연히 국민에게 배당금을 주어야 한다.

현재 대한민국의 총재산은 대략 7경 원에 이른다. 주주가 5,000만 명 정도이니 총재산을 5,000만으로 나누면 1인당 약 14억 원 정도의 재산 지분을 갖게 된다. 이 지분은 태어나자마자 할당되며, 매매나 양도, 상속, 압류는 불가하다. 그리고 사망과 함께 소멸된다. 국민은 이 지분에 대하여 일정 나이가 되면 배당금을 받을 수 있다. 헌법에 민주공화국이라고 명시해 놓은들 실제로 국민이 진정한 주인 대접을 받지 못한다면 무슨 소용이겠는가? 사실 지금까지는 아무리 국가의 경제 규모가 커지고 세수가 늘어도 코로나19와 같은 재난을 당한 경우 외에는 세수 중의 일부라도 국민 전체에게 당연한 지급금으로 들어온 적이 없었다. 국가를 주식회사로, 국민을 주주로 규정하여 배당을 해줄 때 국민은 명실상부한 주인이다.

국가를 국민에게 중산층 이상의 생활을 보장하는 주식회사로 규정하면 헌법의 기타 조항도 바뀌어야 한다. 결국 개헌 정도로는 안 되고 제헌 수준으로 헌법이 바뀌어야 할 것이다. 제헌의 내용 가운데는 국가가 국민에게 배당을 하는 주식회사라는 것과, 이에 국가는 차질 없이 주식회사로서의 역할을 수행할 수 있어야 하므로 그것을 가능하게 해 주는 조항들이 들어가야 할 것이다. 또 제헌 헌법에 맞추어 신속히 법률 개정도 이루어져야 할 것이다. 특히 지속적이고 점증적인 배당을 가능하게 하기 위해서는 경제적 부가 늘어나야 하므로 개인과 기업이 상부상조하며 국가경제를 크게 발전시킬 수 있는 방안들이 조문화되어야 할 것이다.

중산주의 구현이라는 새로운 패러다임으로 헌법이 제헌되면 국민의 위상은 진정한 나라의 주인으로 정립될 것이다. 그리고 이 헌법은 공의롭고 풍요로운 세상을 열어 가는 기초가 될 것이다.

4

국민 사랑이 바탕이 되다

어머니, 나의 어머니

내가 태어난 곳은 서울의 중랑교 밑 가마니로 만든 움막 안이었다. 어머니는 그곳에서 혼자서 산통을 겪으며 나를 낳으셨다. 양력으로 1950년 1월 1일(저간의 개인적 사정으로 호적에는 1947년 7월 13일생으로 되어 있으나 실제로는 1950년 1월 1일이 내가 태어난 날이다.), 삭풍이 몰아치는 엄동설한이었다. 모진 추위를 가마니 몇 장이 막아 내기는 불가능했을 것이다. 살을 에는 추위 속에 아기를 낳다가 혼절한 산모와 갓 태어난 피투성이 아기. 누군가의 보살핌이 없었다면 산모도, 갓난아기도 무사하지 못했을 것이다.

어머니가 가마니 움막에서 지내게 된 것은 아버지 때문이었다. 아버지의 고향인 지수면 인근 마을의 조씨 가문 부잣집 딸로 부유한 집에 시집와 부러울 게 없으셨을 어머니. 한학을 배우고 글씨를 잘 써 동네 사람들에게 지방문 같은 것을 대신 써 주기도 하셨다는 어머니. 그런 어머니가 아버지로 인해 하루아침에 불쌍한 신세가 되고, 남편 옥바라지를 위해 천 리 길도 마다치 않고 상경(上京)하여 가마니 움막에 몸을 의탁하고 계셨다. 어머니는 급하게 챙겨 온 얼마간의 돈과 몸에 지닌 패물은 기약 없는 아버지의 옥바라지에 쓰기 위해 아끼시면서 스스로는 인근 농가에서 일을 해 주면서 끼니를 해결하고 아버지 면회를 다니셨다. 자신의 운명을 바꾸어 버린 아버지의 행동. 그러나 어머니는 아버지를 원망하지 않고, 자신에게 내려진 가혹한 운명을 묵묵히 받아들였다. 어머니는 차가운 감옥에서 겨울을 보내는 남편을 걱정하며 밤마다 촛불을 켜 놓고 기도를 했다. 일을 해 주는 농가에서는 그곳에서 기거하라고 권했어도 굳이 가마니 움막으로 온 것도 남편을 위한 기도를 하기 위해서였다. 아버지는 이미 대법원 판결까지 난 기결수로 특별 사면 외에는 법적으로는 어떻게 할 도리가 없는 최악의 상황이었으나 어머니는 천우신조(天佑神助)의 기적을 기다리며 눈물로써 기도에 매달릴 수밖에 없으셨다.

어머니는 낮에는 농사일을 돕고 밤에는 움막에서 기도를 하며, 기회가 될 때마다 아버지를 찾았다.

신비로운 꿈을 꾸고 난 이후 뱃속에 자리 잡은 새 생명은 점점 자라 배가 불러 왔고, 엄동설한 동짓달 열사흗날 새벽녘에 산통이 시작되었다. 산통의 주기가 점점 짧아지면서 호흡이 가빠졌다. 움막 안은 가마니 틈 사이로 들어온 냉기가 살을 에는 듯하였다. 가쁜 숨을 몰아쉬며 아랫배에 힘을 주다가 어머니는 이내 혼절하고 말았다.

동녘 하늘에 먼동이 트고 철길 위로 사람들이 오가기 시작했다. 어디선가 우렁찬 아기 울음소리가 들려왔다. 막 철길에 들어서던 한 사람이 발걸음을 멈추고 아기 울음소리에 귀를 기울였다. 철교 아래로 내려가니 가마니 움막에서 소리가 나고 있었다. 가마니를 젖히니 한 여인이 반듯이 누워 쓰러져 있고, 아기는 배 위에 엎드린 채 울고 있었다. 움막 안은 온기가 있었고 산모와 아기 위로는 이불이 덮여 있었다.

어머니는 찬바람과 인기척에 눈을 떴다. 배 위에 엎드려 울고 있는 사내 아기. 탯줄은 잘려져 있고 아기는 깨끗했다. 어머니는 가마니를 열고 들어온 낯선 아낙의 부축으로 몸을 일으켰고, 아기와 함께 마을 농가로 옮겨졌다. 그렇게 나는 어머니의 몸을 빌려 세상에 오게 되었다.

농가 사람의 도움으로 어느 정도 몸을 추스르자 어머니는 갓난아기인 나를 안고 다시 철길 아래 가마니 움막으로 돌아오셨다. 그리고 다시 아버지를 위해 기도를 시작하셨다. 어느 날 어머니는 나를 안고 아버지 면회를 가셨다. 나는 아버지가 처음 나를 보고 어떤 반응을 보이셨는지 알지 못한다. 다만, 내가 들은 것은 아버지가 내 이름 '허경영'을 지어 주며 그 뜻을 말씀하셨다는 것과 내게 큰 기대를 하셨다는 정도이다.

아버지가 사형대에서 돌아가시자 어머니는 아버지의 시신을 찾기 위해 백방으로 수소문했지만 뜻을 이루지 못하셨다. 그리고 6.25전쟁이 터지면서 서울이 혼란에 빠지자 어머니도 어린 나를 안고 피난길에 올랐다.

고향에 돌아오신 어머니는 산후병이 심하셨다. 나를 낳을 때 한겨울의 냉기가 뼛속까지 스며든 데다 산후 조리도 제대로 할 수 없었기 때문이었다. 마을 사람들은 어머니의 병이 전염병일지도 모른다고 생각하여

난세의 영웅, 허경영을 아십니까?

나를 어머니와 격리해 옆방에 재우며 어머니 근처에 가지 못하도록 했다. 밤에는 동네 아주머니들이 돌아가면서 젖을 물렸고 아침에 농삿일을 하러 갈 때에는 나를 기다란 명주 끈으로 기둥에 묶어 놓고 어머니에게 가지 못하도록 했다. 이런 상황에서 세상의 어느 어머니가 눈물을 흘리지 않을 수 있었을까? 마을 사람들은 그때 어머니가 가끔 하셨던 말을 오래도록 기억하고 있었다.

> "어린 자식을 기둥에 묶어 두다니,
> 내가 빨리 죽어야 네가 마음대로 뛰놀 텐테…."

어머니는 당신의 병보다도 내가 마음대로 뛰놀지 못하는 것을 더 마음 아파하셨던 것이다. 내가 네 살 무렵 어머니는 일부러 음식을 입에 대지 않다가 조용히 세상을 떠나셨다.

남의 어려움을 외면하지 않는 마음

나는 애끊는 마음으로 멀리서 어린 자식을 지켜볼 수밖에 없으셨을 어머니의 마음을 헤아리며 어머니에 대해 늘 미안한 마음과 감사한 마음이 교차하곤 한다. 그리고 나도 자식을 향한 어머니의 마음처럼 어려움에 빠진 사람을 보면 애틋한 마음이 일어나 도와주지 않고는 배기지를 못한다. 야간 중고등학교를 다니던 시절, 나는 등록금을 내지 못해 교실에서 숱하게 쫓겨났기에, 등록금을 마련하기 위해 볼펜 같은 것을 팔거나 피를 뽑아 주고 돈을 받는 매혈을 하기도 했다.

그날도 가까스로 마련한 등록금을 가지고 학교로 가던 중이었다. 성당 앞을 지나는데 맨발에 냄새가 진동하는 한 걸인이 쓰레기통에 있는 것을 주워 먹다가 엎드려 토하는 것을 보았다. 그런데 지나가는 사람은 물론이고 성당에서 나오는 사람들 누구도 그를 거들떠보지 않았다. 나는 걸음을 멈추고 걸인에게로 다가갔다. 오랫동안 씻지 않은 몸과 썩어 들어가는 발에서 냄새가 진동했다. 나는 힘들게 그를 들쳐 업고 가까운 병원으로 달려갔다. 가까스로 마련한 등록금이 병원비로 다 사라진 것은 물론이었다.

나는 어린 시절 동네 아주머니들이 엄청나게 고생하며 살던 모습을 지금도 잊지 못한다. 새벽부터 공동 우물에 가서 물을 길어 오는 일부터 시작해 열 명도 넘는 대식구의 삼시 세끼 밥이며 빨래며 농사일까지 잠시도 쉴 틈이 없었고, 거기다가 밤늦도록 길쌈을 하여 옷을 짓는 등 일 속에 파묻혀 살던 그 모습이 아직도 가슴속에 짠하게 남아 있다. 칭얼대는 아이를 등에 업고 절구를 찧고, 시린 손을 달래 가며 냇가 얼음물에서 빨래를 하고, 그 큰 가마솥에서 대식구 밥을 짓고, 없는 찬거리를 어떻게든 만들어 내던 그 모습을 생각하면 지금도 가슴이 먹먹해진다. 나는 그때 다짐했었다. 이 아주머니들이 이렇게 고생하지 않아도 되는 세상을 꼭 만들겠노라고.

측은지심(惻隱之心), 어려움에 처한 사람을 애처롭게 여기는 마음. 나는 이것이야말로 위정자들의 근본 마음이 되어야 한다고 생각한다. 바로 이것이 근본이 되지 않고는 어떤 정치적 활동, 정책도 의미가 없다고 생각한다. 이러한 마음이 빠져 있다면 그 어떤 명분에도 불구하고 그들의 행동은 자신들의 욕심과 명예심의 발로에 불과하다고 생각한다.

나는 정치라는 것은 위정자들이 국민을 사랑하는 마음을 바탕으로 하

난세의 영웅, 허경영을 아십니까?

여 국민이 고통받지 않고 행복한 삶을 살아갈 수 있도록 나라 살림을 잘 하는 것이 그 목표가 되어야 한다고 생각한다. 국가의 경제발전을 도모하는 것도 국민의 삶을 윤택하게 하기 위한 것이어야 한다고 본다. 국가경제는 나아졌으나 분배정책이 잘못되어 일부 국민은 그 혜택을 입지 못하고 여전히 힘들게 생활한다면 그것은 정치에 문제가 있는 것이다. 국민 전체가 어느 정도 고르게 잘 살도록 해 줄 책임이 정치를 하는 사람들에게 있다. 국방, 치안과 같은 국가의 기능도 궁극적으로는 국민의 생명과 안전을 보장하기 위한 것으로 국가의 존재 이유가 국민의 안전과 행복한 삶을 담보하기 위한 것이라고 할 수 있다. 따라서 정치를 하는 사람들은 국민의 안전을 보장하고 국민의 삶을 안정시키고 편안하게 하며, 국민이 삶의 수준을 높여갈 수 있도록 조건을 만들어 주는 것이 최고의 목표가 되어야 한다고 본다. 그것이 정치를 하는 목적이 되어야지 권력을 잡아 자신들의 부를 이루거나 이름을 세상에 떨쳐 보겠다든지 하는 사사로운 마음이 정치의 동기가 된다면 그것은 빗나간 목적이고 동기라고 하지 않을 수 없다.

국민들이 어려움에 처하지 않도록 법과 정책을 마련하고 곤경에 빠진 국민을 구하는 정책을 만들어 시행하는 것이 정치를 하는 사람들이 해야 할 일이다. 그러므로 위정자는 국민에게 봉사하는 사람이라는 인식이 필요하고 측은지심에 바탕을 둔 애민정신을 가져야 한다. 역사에서 요순 임금이나 세종대왕이 추앙받는 이유는 그분들이 백성이 편안하고 안정된 삶을 사는 것을 가장 큰 목표로 삼고 정치를 했기 때문이라고 할 수 있다.

나는 오래전부터 국가최고지도자의 길에 도전하고 있지만 어떤 권력을 탐하거나 개인적 야망이 있어서가 아니다. 나는 결코 인기를 얻어 개인의 영달이나 명예를 위해 권력을 잡으려는 그런 사람이 아니다. 솔직히 나는 하늘궁에서 나를 필요로 하는 사람들에게 도움이나 주면서 그렇게만 살아도 된다면 그렇게 하는 것이 더 편하고 행복하다. 그러나 나는 태어나면서부터 내 어깨에 지워진 소명을 저버릴 수 없고, 사람에 대한 연민과 유독 인정이 많은 내 성정(性情)상 편한 길을 택하고 싶어도 도저히 택할 수가 없다. 망국으로 치닫는 우리나라의 앞날이 훤히 내다보이고, 산더미 같은 짐을 지고 견딜 수 없는 고통 속에 스스로 목숨을 끊는 사람들이 눈앞에 아른거리는 것을 외면할 수가 없다. 제대로 된 물조차 없는 아프리카 어느 마을에서 뼈만 남은 아이들이 배만 볼록 나온 채 굶어 죽어가는 것을 모른 척하며 내 편한 것만 바랄 수 없다. 가난한 자식을 바라보는 어머니의 심정, 이것이 내가 사람들을 바라보는 마음이다. 권력에 대한 욕심 따위는 추호도 없다. 다만, 목표를 실현시키려면 지도자의 위치가 필요하기 때문에 국가최고지도자가 되려고 하고 세계 지도자도 되려는 것뿐이다. 지금까지 우리나라와 세계의 지도자들이 국민 모두가 잘 살 수 있고 생계로 고통받는 사람이 없도록 해 왔더라면, 굶어 죽는 사람이 없도록 하고 세계에 평화를 정착시키고 환경 지키기에 발 벗고 나서서 그런 문제들을 해결했더라면 굳이 내가 나설 이유도 없었을 것이다.

삶의 질적 변화를 꾀할 수 있는 금액

나는 국민을 중산층 이상으로 모두가 잘 살게 하기 위한 방안으로 경제를 발전시켜 나가는 시스템을 구축하고 그 시스템의 지원 아래 매월 일정 금액을 고정적으로 국민에게 지급하는 방안이 좋다고 생각한다. 그런데 이러한 지원금을 주는 것이 궁극적으로 목표하는 것은 국민의 삶을 안정시키는 것 이상으로 '삶의 질적인 변화'를 꾀하는 것이다. 변화에서 중요한 것은 그냥 변화가 아니라 질적인 변화를 이룰 수 있어야 한다는 점이다. 예를 들어 부부에게 1인당 50만 원씩, 부부 합산 100만 원을 한 가정에 준다고 해 보자. 100만 원으로는 2인 가구 생활비에 턱없이 부족하므로 반드시 일거리를 찾아야 한다. 그러면 노동에 얽매여야 한다. 따라서 그 정도는 삶의 질적 변화를 꾀할 수 없는 금액이다. 여전히 아빠는 아이들의 얼굴 볼 시간이 없고 아내와 마음 편히 여행 한 번 떠나지 못한다.

혹여 완전한 실업자가 되어도 앞으로 살아갈 일에 두려움을 느끼지 않을 만큼의 돈, 설사 몸이 아파 일을 하지 못해도 결코 불안에 떨지 않도록 만들어 줄 만큼의 돈, 그것은 1인당 150만 원, 부부 합산 300만 원 정도는 되어야 한다. 그 정도의 금액이라야 어떤 상황에서든 생활이 보장되고 개개인에게 발생할 수 있는 리스크를 견디게 해 줄 수 있다. 그 정도는 되어야 직장을 잃어도 마음이 덜컥 내려앉지 않는 사회, 부모님이 아파도 돈 걱정부터 하지 않는 사회, 자녀가 취직을 못해도 "그래, 네가 하고 싶은 일을 하면서 살아라" 하고 여유 있게 말할 수 있는 사회를 실현시킬 수 있다. 바로 이런 사회가 될 때 국민들은 과거와는 다른 삶의 '질적인 변화'를 체감할 수 있을 것이다.

정치를 하는 사람들은 누구든 국민에게 초점을 맞추고 국민의 삶에 질적 변화를 가져다주려는 따뜻한 마음을 바탕으로 법을 만들고 정책을 수립하였으면 하는 마음이다.

누가 불신을 부추기는가?

간혹 국민들을 생각하고 우리의 난제들을 해결하려는 나의 방안, 특히 고정적 지원을 하는 방안에 대해 이렇게 반문하는 사람도 있다.

"그만한 돈을 주면 일을 안 해도 얼마든지 생활이 되는데 누가
일을 하겠는가? 그러면 공장이 돌아가고 경제가 돌아가겠느냐?"

얼핏 일리가 있어 보이는 말이다. 그러나 나는 그분에게 이렇게 물어
보고 싶다.

"지금 우리나라에 그럴 사람이 많을까요?
아니면 그러한 지원이 필요한 사람이 많을까요?"

후자가 훨씬 더 많을 것은 말할 나위도 없다. 또 어떤 이는 「국민기초
생활 보장법」에 의해 이미 복지 혜택을 받고 있다고 말할지도 모르겠다.
그러나 그 법의 범위에 들지도 않으면서 어려운 이들이 얼마나 많은지
모른다.

약간 다른 얘기지만 「국민기초생활 보장법」 같은 선별적 복지제도는
수급자로 선정되거나 되지 못하는 경계선에서 약간 위에 있는 사람들에
게는 역차별이 될 수도 있는 제도이다. 우리나라의 복지제도나 약자에
대한 차별을 없애기 위해 좋은 취지에서 시행되는 제도들도 사실 형평
성 문제를 가져올 수 있는 것이 상당히 많다. 국민배당금제와 같은 방안
은 이러한 형평성 문제도 생기지 않는다. 제도의 혜택으로부터 소외되
는 사람이 없기 때문이다.

물론 그와 같은 방안을 시행하면 간혹 일을 안 하고 게으름을 피우며
노는 사람도 있을 수는 있다. 그러나 그런 사람은 그러한 지급금 유무
를 떠나 언제 어디서든 있기 마련인 정도에 불과할 것이다. 그러한 돈이

나온다고 해서 그 숫자가 급격히 불어나는 일은 없을 것으로 본다. 지금도 부자들이 부자라고 일을 안 하는 경우는 거의 없다. 사람은 근본적으로 무엇인가를 하지 않으면 불안을 느끼는 존재이다. 그래서 무슨 일이든 찾아서 하려는 속성이 있다. 물론 처음 그러한 지원금을 받았을 때는 사람에 따라서는 그동안의 지긋지긋한 일의 억압에서 벗어나 쉬고 싶은 마음이 들 수도 있다. 자고 싶었던 잠도 실컷 자 보고, 가고 싶었던 여행도 하면서 일에서 해방되어 편안한 시간을 보내려고 할 수 있다. 그러다가 두 달, 석 달, 이렇게 시간이 지나면 뭔가 해야 되겠다는 마음이 일어나게 마련인 게 사람이다.

사람에게는 향상(向上)하려는 욕구와 의지가 있기 때문이다. 좀 더 큰 집으로 이사 가고 싶다든지, 근사한 자동차를 뽑고 싶다든지, 멋진 카페를 내어 운영해 보고 싶다든지, 요양 시설을 만들어 어르신들을 돌보는 일을 해 보고 싶다든지 그런 욕구들이 꿈틀거리게 된다. 그래서 나름대로 일을 하게 된다. 다만, 적성에도 맞지 않은 일을 먹고사는 문제 때문에 억지로 하는 일은 없게 될 것이다. 자신이 하고 싶은 일, 소질과 적성에 맞는 일을 하는 사람이 많아지리라 생각한다. 그래서 많은 사람이 꿈꾸어 왔지만 하지 못했던 일에도 쉽게 도전하게 될 것임에 틀림없다. 예를 들어 멋진 화가가 되고 싶었지만 당장 생계 때문에 접어야 했던 그 꿈을 다시 펼칠 수가 있을 것이다.

일부 사람들은 국가에서 국민들에게 고정적으로 돈을 지급하면 물가가 오를 것이라고 걱정하기도 한다. 그러나 걱정할 필요가 없다. 기존 국가예산 지출을 70% 정도 절약하여 시행하는 방안이므로 다른 곳을 통해 풀릴 돈이 국민을 통해 풀리는 것일 뿐 시중에 늘어나는 돈은 별 차이가 없다. 또 돈이 생겼다고 생긴 즉시 다 쓰는 사람은 별로 없다. 어느 정도 소비도 하겠지만 상당 부분은 저축을 할 것이라 생각한다. 기존 국가예산을 다 쓰면서 추가로 국민에게 지원금을 준다면 물가가 오를 수는 있어도 국가 경영 예산을 절약하여 국민 호주머니에 들어가게 하는 것으로는 물가가 오를 이유가 없다.

난세의 영웅, 허경영을 아십니까?

5

박애(博愛) 정신

소의 죽음

열다섯 살 되던 해, 나는 서울로 올라갈 결심을 하고 결행에 옮겼다. 일곱 살 때 만났던 스님의 "반드시 서울에 올라가야 한다"라는 말을 잊지 않고 있었을 뿐 아니라, 초등학교 6학년이었던 열세 살 때 그동안 한문과 유학을 가르쳐 주셨던 서당 훈장님이 돌아가신 데다 초등학교 졸업 후 중학교에 들어가지 못해 학업이 중단된 상태였기에, 서울로 올라가 배움을 계속해야 한다는 생각이 늘 뇌리를 떠나지 않고 있었다.

그러던 어느 날, 20리 길을 걸어 중학교를 다니는 마을의 초등학교 동기생들이 논두렁에서 쇠꼴을 베고 있는 나를 찾아왔다. 그들은 6년간 전교 1등을 하고도 중학교에 못 가고 이슬에 흠뻑 젖은 채 다 떨어진 옷을 입고 새벽 일찍부터 밭두렁과 논두렁에서 풀을 베다 그들과 마주치곤

하는 내 모습을 안타깝게 생각하였던지 서울에 올라가 공부할 것을 종용하며 내 손에 들려 있던 낫과 지고 있던 지게를 뺏고는, 다 같이 모았다면서 신문지에 싼 돈을 내밀었다. 나는 고맙기도 하고 부끄럽기도 하여 눈물이 핑 돌았다. 그런데도 나는 일손이 부족한 양아버지가 걱정되어 쉽게 떠나지 못했다. 그러다가 마침내 그곳을 떠나기로 결심하게 되었는데 그것은 어릴 적부터 키운 소의 죽음 때문이었다.

어느 날 양아버지가 비쩍 마른 송아지 한 마리를 사 오셨다. 그런데 소죽을 끓여 주어도 먹지 않고 일어서지도 못했다. 나는 양부모님 몰래 내 보리밥을 절반 정도 덜어 소죽에 넣어 송아지에게 주어 보았다. 그러자 송아지는 밥이 섞인 소죽을 맛있게 먹기 시작했다. 이후 나는 밥을 먹을 때마다 내 밥을 덜어 송아지에게 주었으며, 나중에는 아예 잠자리도 송아지가 있는 외양간으로 옮겨 송아지의 목을 끌어안고 잠을 잤다. 싸늘한 내 방보다 지푸라기를 도톰하게 깔아 놓은 외양간에서 송아지의 목을 끌어안고 자는 것이 훨씬 따뜻하고 편안했다. 그리하여 송아지와 나는 친구처럼 서로 마음이 통했고 서로를 의지하며 지내게 되었다.
송아지는 무럭무럭 자라 어른 소가 되어 농사철이면 쟁기를 끌어 논밭을 갈았다. 양아버지가 소한테 빨리 가라고 잡은 줄로 엉덩이를 때리면 소는 마치 자신을 구해 달라는 듯 나를 흘끗 쳐다보았다. 나는 어린 마음에 가슴이 아팠으나 어쩔 도리가 없었다.

농번기가 지나면 소를 끌고 산으로 들로 풀을 먹이러 갔다. 친구들도 저마다 소를 끌고 나왔다. 소를 풀밭에 풀어 놓고 나는 나무를 했다. 해가 뉘엿뉘엿 넘어갈 무렵이면 나는 소를 불렀다. 그러면 소는 한달음에 달려왔다. 친구들도 각기 소를 불렀으나 그 소들은 못 들은 척 딴청을

난세의 영웅, 허경영을 아십니까?

부리며 잘 오질 않았다. 나는 내 소를 앞세우고 나뭇짐을 진 채 유유히 집으로 돌아왔다.

문제는 우리 소가 송아지를 낳은 것이었다. 그날도 나는 풀밭에 소를 풀어 놓고 나무를 하고 있었다. 그런데 소 엉덩이에서 뭔가가 떨어지는 게 아닌가. 나는 소가 죽는 줄 알고 발을 동동 굴렀다. 알고 보니 떨어진 것은 송아지였다. 언제 임신을 했는지 송아지를 낳은 것이다.

얼마 지나지 않아 양아버지는 송아지만 남기고 어미 소를 팔려고 하셨다. 소를 끌고 대문 밖으로 나가려 하자 소는 버둥대며 나가지 않으려고 했다. 다리에 힘을 준 채 송아지를 쳐다보며 '음메' 하고 울었다. 새끼를 두고 자신이 팔려 간다는 것을 안 것이다. 많이 맞아야 비싼 값을 받는다며 양어머니가 부지깽이를 가져와 사정없이 소 엉덩이를 때렸다.

나는 소를 끌고 가는 양아버지 뒤를 몰래 따라갔다. 소가 끌려간 곳은 도살장이었다. 두 사람이 나와 소를 맨 줄을 건네받아서는 큰 기둥에 바짝 묶었다. 나는 기회를 봐서 소를 풀어 주려고 건물 뒤에 몸을 숨기고 숨을 죽이며 지켜보았다. 그런데 두 사람은 어딜 가지 않고 도끼를 가져오더니, 한 사람은 소를 붙들고 다른 한 사람은 도끼로 우리 소의 머리 가운데를 내리쳤다. 소는 피를 흘리며 그 자리에 풀썩 주저앉더니 그대로 쓰러졌다. 충격을 받은 나는 마구 달리기 시작했다.

집으로 돌아온 후 나는 떠나기로 마음먹었다. 일손이 부족한 양아버지를 두고 차마 떠날 수가 없어서 차일피일 미루고 있었는데 이제 아무런 미련이 없었다.

정든 시골을 떠나던 마지막 날 저녁, 나는 외양간으로 가서 죽은 소의 새끼인 송아지의 목을 끌어안고 소리 없이 울었다. 죽도록 주인을 위해 논밭을 갈며 송아지까지 낳아 주었는데 새끼와 함께 살지도 못하고 도살장으로 팔려 간 소의 운명과 인간의 배은망덕이 원망스러웠다. 나와의 이별을 모르는 채 나를 물끄러미 쳐다보는 송아지와 영원한 이별을 하며 나는 처음으로 사람의 비정함을 느꼈다. 나무를 하러 갔다가 절에서 읽은 글귀가 생각났다. 동물을 죽여 그 피로써 신의 제단에 제사를 지내는 자를 보며 석가가 말했다.

"그대가 행복해지기 위해 다른 생명을 불행하게 하는 것은
옳지 않습니다. 모든 생명은 그대와 같이 살아 있기를 원합니다.
자기를 위해 남을 해치는 것은 이기주의입니다. 그러한 자는
일생 동안 불행한 결과를 받게 됩니다. 짐승의 피를 요구하는
신은 좋은 신이 아닙니다. 만일 그대가 모든 것을 향해 사랑과
친절로써 대하면 신은 저절로 그대를 돕게 될 것입니다."

아픔을 묻고 서울로

나는 집을 나섰다. 어둠이 짙게 깔린 저녁 8시쯤, 굽이치며 흘러가는 진주 남강이 끝없이 바라보이는 언덕에 어머니의 무덤이 자리하고 있었다. 그동안 공부한 한문책과 독학으로 배우기 위해 샀던 중학교 교과서와 일기장이 전부인 보따리를 어머니 산소 옆에 놓고 절을 하고 무릎을 꿇은 채 어머니의 무덤을 바라보았다.

나도 모르게 눈물이 흐르기 시작했다. 어머니의 무덤이 마을에서 가까운 데다 나무하러 산으로 갈 때나 내려올 때나 꼭 지나야 하는 산길 옆에 있다 보니 일곱 살 때부터 하루도 빠지지 않고 절을 하러 매일 들르던 곳이었다. 그 초라한 무덤을 두고 천 리 먼 곳 서울로 떠나려니 도저히 자리에서 일어설 수가 없었다.

난세의 영웅, 허경영을 아십니까?

친구들과 나무를 하러 가고 올 때마다 친구들을 기다리게 해 놓고 어머니 무덤에 절을 하는 것을 보고 친구들이 흉을 보기도 했지만 나는 꼭 살아 계신 어머니를 보는 것처럼 즐겁기도 하고 우울하기도 했다. 비석도 없이 묘의 봉분이 다 가라앉다시피 했으나 나는 진달래, 철쭉 등 온갖 꽃들을 어머니 산소 주변에 심었으며 때때로 잡초를 뽑았다. 어머니가 추울까 봐 어머니의 무덤 주변에 갈잎나무로 울타리도 만들었다. 나무를 해 오다 잠깐 무덤 앞에 앉아 멀리 노을에 물들어 가는 지리산을 굽이굽이 감싸며 흘러가는 진주 남강과 끝없이 펼쳐진 하얀 백사장 옆 파란 대나무 숲과 마을에서 올라오는 저녁연기를 바라볼 때면, 갈잎나무에 둘러싸인 무덤에서 어머니가 금방이라도 나를 부르며 저녁 밥상을 들고 나올 것만 같았다. 그때마다 나는 이곳이 어머니가 살아 계신 내 집이면 얼마나 좋을까 싶은 생각이 들어 마을로 내려가기가 싫었다.

나는 어머니 무덤 앞에 앉아서 꼬박 밤을 새우고 날이 밝자 6년간 받은 우등상장을 어머니 산소 앞에 묻은 뒤 무덤의 흙을 조금 파서 보자기에 쌌다. 서울에 가서 무엇을 하든 어머니를 생각하기 위해서였다. 20여 리 떨어진 반성이라는 곳에 기차역이 있었다. 전날 저녁과 아침밥까지 굶고 반성을 향해 걸어가면서 나는 정든 고향의 산천과 어머니 무덤 쪽을 수없이 뒤돌아보았다. 눈이 부어서인지 눈물 때문인지 앞이 잘 보이지 않았다.

박애 정신이 필요하다

내가 세계를 통일하겠다고 하면 '굳이 왜 세계 통일까지?' 하며 의아해 하는 사람들도 있을 것이다. 그런데 나는 사람들이 좀 더 자비심을 가졌으면 한다. 넓은 사랑의 마음, 박애 정신을 가졌으면 한다. 사람들의 마음이 좀 더 따뜻하다면 나는 어릴 때 친구처럼 의지하고 아끼며 지냈던 정든 소가 그토록 무참하게 도살되는 것을 목격하지 않아도 되었을지 모른다.

사실 우리는 너와 내가 따로 있는 것이 아니라 하나의 울타리 속에 서로 영향을 주고받으며 살고 있다. 그러므로 서로 귀하게 여기고 서로 도우며 가난하고 어려운 자, 약한 자에게 자비심을 베풀어야 한다. 이러한 사랑의 이타행(利他行)은 궁극적으로 자신에게도 복이 되어 돌아온다. 석가모니는 '천상천하(天上天下) 유아독존(唯我獨尊)'이라고 하였다. 우주에는 오직 '나'밖에 없으며 그 '내'가 존귀하다는 뜻이다. 곧 우주에는 내가 아닌 것이 없으니 모두를 귀하게 여겨야 한다는 말이다. 가끔 이것을 온 우주에 오직 부처만이 홀로 존귀하다고 해석하는 사람이 있으나 그것은 잘못 해석하는 것이다. 성인(聖人)인 석가가 어떻게 그런 오만한 말을 했겠는가?

우리 민족의 오래된 경전 『천부경(天符經)』에도 나와 있듯이 우주의 만생만유(萬生萬有)는 하나에서 나왔고, 하나가 분열에 분열을 거듭하여 만생만유로 펼쳐진, 거대한 하나의 우주를 이루고 있다. 하나의 우주를 이루는 그 속의 모든 존재는 하나같이 다 존귀하다. 눈과 코와 귀, 팔과 다리가 연결되어 하나의 몸을 이루고, 그 몸이 소중한 만큼 그 몸을 이루는 눈과 코와 귀, 팔과 다리가 모두 소중하듯이 말이다. 나도 귀하고 너도 귀하고 모든 생명체가 다 귀하다는 것이 석가모니 부처의 '천상천하(天上天下) 유아독존(唯我獨尊)'의 가르침이다. 남을 자신처럼 여기고 자비로 대할 것이요, 이타심(利他心)으로 바라보고 행동하라는 가르침이다.

예수가 "너희가 너희 중 가장 작은 자에게 한 것이 곧 내게 한 것"이라고 한 것도 비슷한 뜻이다. 내 자식이 잘되기를 바라거든 자식만을 위해 무릎 꿇고 기도하기보다는 가난하고 어려운 이웃을 찾아 봉사하는 것이 낫다. 그것이 진짜 기도이기 때문이다.

누군가에게 뛰어난 능력이 있고 많은 재물이 있다면 혹은 힘이나 권력을 얻었다면 그것은 자신만을 위해 쓰라고 주어진 것이 아니다. 그것은 남을 위해 봉사도 하라고 주어진 것이다. 남을 도울 수 있는 위치에 오른 것은 다른 수많은 사람이 있기 때문이다. 파도가 치는 것은 바닷물이 있기 때문인 것처럼 학업 성적이 1등이라면 2등부터 꼴찌의 다른 학생들이 있어서 그러한 영예를 얻을 수 있고, 재산을 많이 축적했다면 그것이 가능하도록 팔아 주거나 상대적으로 잃은 사람이 있기 때문이다.

우리가 이러한 마음 자세로 다른 사람들에 대하여 자비와 사랑, 이타심으로 대할 때 세상에는 증오와 무관심, 갈등과 분쟁 대신 사랑과 화합과 평화가 오게 되며, 상대가 잘됨으로써 나도 잘되는 상생의 세상이 열리게 된다.

내가 가정 살림을 책임지고 있는 여성들의 불안감과 가난하고 힘들게 사는 사람들을 생각하며 권리로서의 고정적인 국가의 지원금 같은 것이 있어야 하겠다는 생각을 한 것은 박애의 마음이 바탕이다.

또 부채에 시달리는 국민의 부채를 해결해 주는 방안이나 신용불량자들에게 20년 무이자·무담보 대출 지원으로 신용회복 기회를 주는 방안 등을 마련할 필요가 있다고 생각한 것도 모두 국민에 대한 사랑의 마음, 박애의 마음이 바탕을 이루고 있다.

아울러 한국의 지도자가 된 뒤 아시아를 통일하고 세계를 통일하겠다는 포부를 밝히는 것도 이 지구촌에 한 해에도 엄청난 수의 사람들이 먹지 못하고 질병에 그대로 노출된 채 굶어 죽고, 지구촌 곳곳에서 일어나는 끊임없는 전쟁으로 수많은 사람들이 아무런 잘못도 없이 죽거나 터전을 잃고 난민이 되어 비참한 생활을 하는 일이 계속되고 있으므로 이를 종식(終熄)시키려고 하는 것으로 근본정신은 박애(博愛)이다.

제3장

고통으로 단련된 시기

오랜 역사에서 숱한 시련과 고통을 겪어 온 한민족은 이제 대붕(大鵬)이 될 시기가 되었다. 이 조그만 땅덩어리에서 전 세계를 향해 힘차게 날아올라 멋진 세상을 이루어 낼 위대한 민족이 되는 것이다. 공의롭고 선한 세상을 구현해야 하는 사명을 지닌 나 역시 긴 시간 숱한 시련과 고통의 담금질을 거쳐야만 했다.

1

죽음, 사랑 그리고 생명

사랑 속에서 자라난 아이

나는 어렸을 때부터 유독 죽을 고비를 많이 넘겼다. 내가 살았던 집 뒤쪽은 200m쯤 떨어진 곳까지는 밭이고 그다음부터는 논이 죽 펼쳐져 있었는데 논 옆에 작은 웅덩이가 하나 있었다. 다섯 살 되던 해의 여름, 나는 혼자 그 웅덩이에서 물장난을 치다가 그만 깊은 곳으로 빠져들고 말았다. 이때 그곳에서 1km 정도 떨어진 정자나무 아래에서 우리 동네 의 머슴이던 김영기라는 청년이 나무를 하러 가다 지게를 옆에 놓고 잠 시 낮잠을 자고 있었다. 그런데 어떤 여자가 애절하게 그 청년의 이름을 부르면서 잠을 깨웠다. 눈을 떠 보니 여자는 보이지 않고, 계속해서 한 방향에서 여자가 이름을 부르길래 그 청년은 소리가 나는 쪽을 향해 논 두렁길을 한참 갔다. 사람이 다니지도 않는 들판 한가운데를 걸어가며 여자가 부르는 곳으로 1km쯤 가니 작은 웅덩이에 어린아이가 배가 불룩한 채 떠 있었다. 그는 아이를 급히 물에서 끄집어내고는 물을 토하게 하여 겨우 살려 냈다.

그 아이가 바로 나였다. 그런데 그가 나를 발견한 그 순간부터 여자의 음성이 들리지 않았다고 한다. 그 김영기라는 청년은 1년 전 내 어머니가 돌아가시자 어머니의 시신을 마을의 앞산에다 묻어 준 일꾼이었다. 그 일 이후 그 청년이 들었던 애절한 여인의 목소리가 나의 어머니였다는 소문이 마을에 퍼져 나가 마을 아주머니들은 나만 보면 어린것이 고생한다면서 머리를 쓰다듬어 주고 돌아가신 어머니, 아버지 이야기를 하며 눈물을 글썽이곤 했다. 그러면서 먹을 것도 주고 위로도 하며 관심을 보여 주어 나는 누구 못지않게 많은 사랑 속에 자랄 수 있었다.

죽음의 고비마다 나를 구한 힘

몇 살 때였는지 기억이 나지 않지만, 산에 나무를 하러 간 어느 날이었다. 솔방울을 따러 키 큰 나무에 올라갔다가 그만 발을 헛디뎌 나무에서 떨어지고 말았다. 그 순간 의식을 잃었는데 잠시 후 정신을 차리고 보니 복부 쪽에 길게 상처가 난 상태로 윗도리가 부러진 나뭇가지에 걸린 채 몸이 대롱대롱 매달려 있었다. 피가 나고 있었지만 상처는 다행히 그렇게 깊지는 않았다. 만약 나뭇가지에 걸리지 않고 그대로 땅에 떨어졌더라면 다리가 부러지거나 하여 심한 부상을 입었을 것이다. 나는 간신히 손을 뻗어 나무를 붙들고 옷을 나뭇가지에서 떼어 낸 다음 나무에서 내려올 수 있었다.

아홉 살 때는 솔방울을 한 가마니 주워서 짊어지고 험한 절벽 길을 아슬아슬하게 걸어 내려오는데, 갑자기 돌풍이 불어 지게를 진 채 날아가 절벽 아래로 굴러떨어졌다. 다행히 지게가 먼저 곤두박질쳐서 몸은 크게 다치지 않았다. 몸이 먼저 돌에 부딪혔거나 지게에 깔리면서 내동댕이쳐졌더라면 중상을 입거나 목숨이 위태로웠을 사고였다. 이 외에도 밭두렁에서 소에게 풀을 먹이던 중 소가 미끄러지면서 물고랑에 떨어져 뒤집힌 것을 두 손으로 일으키다가 소 밑에 깔려서 죽을 뻔하기도 했고, 산에서 풀을 베다가 풀 속에 숨어 있는 독사를 풀과 함께 잡았다 물려서 정신을 잃고 두 시간 만에 깨어나기도 했다. 또 몰고 가던 소가 벌집을 밟는 바람에 수백 마리의 벌이 날아와 나를 집중 공격한 적도 있었다. 그때 수백 미터를 도망가 개울물 속으로 뛰어들어 갔지만, 벌들이 옷 안에서 온몸을 쏘아 일주일 동안 사경을 헤매기도 했다.

서울에 와서도 나는 죽음의 문턱을 수없이 오르내렸다. 서울에 처음 와서 야간 중학교에 들어갈 학비를 마련하기 위해 남대문시장에서 구두를 닦을 때였다. 하루는 영화 엑스트라로 출연하면 용돈을 벌 수 있다고 해서 도봉산에서 촬영하는 전쟁영화에 엑스트라로 나갔다. 아군 복장을 하고 산을 오르는 중이었는데 갑자기 내 얼굴 바로 앞에서 폭약이 폭발하는 게 아닌가. 몸이 10m쯤 하늘로 떴다가 땅에 곤두박질했다. 의식을 잃었음은 물론이다.

또 목사님 양아들로 있을 때였다. 낮에는 원효로4가에 있는 폐타이어 공장에 다니고 저녁에 야간 고등학교에 다녔는데 하루는 공장 마당에 높이 쌓아 놓은 폐타이어가 갑자기 무너지면서 그만 그 밑에 깔리고 말았다. 사람들의 도움으로 간신히 빠져나오긴 했으나 중상을 입은 뒤였다. 이후 목사님의 소개로 서울역 부근에 있는, 금반지를 만들어 수출하는 공장에 들어갔다. 금과 신주로 14k, 18k 등을 만드는데 여기에는 두

가지 금속과 청산가리를 넣고 끓여서 녹이는 과정이 있었다. 이 일을 내가 맡았는데, 일을 하다 보면 청산가리 냄새를 맡지 않을 수 없었다. 오래도록 청산가리를 취급하다 보니 코피를 쏟고 청산가리 냄새에 질식하여 죽을 뻔한 적도 수차례였다.

홍제동 판자촌 꼭대기에 천막을 치고 살던 야간 고등학교 3학년 시절에는 내복이 없어서 교복 밑으로 온몸에 신문지를 감고 추위에 떨며 잠을 잤다. 신문지를 감고 있으면 그나마 덜 추웠고 또 이가 생기지 않아 좋았다. 그런데 신문지를 감은 채 학교에 갔다가 체육 시간에 친구들한테 들켜서 망신을 당하기도 했다. 그러던 어느 날 밤 천막 안에서 자는데 갑자기 배가 아프기 시작했다. 추위에 떨며 이를 악물고 고통을 견디다가 이틀 후 학교에 가려고 길을 나섰는데 길에서 의식을 잃고 쓰러지고 말았다. 눈을 떠보니 기독교 재단에서 운영하는 병원이었다. 맹장이 터져 이물질이 복막에 퍼진 상태로, 시간이 너무 지나 복막염이 심해져서 살리기가 무척 힘든 상황이었다고 한다. 다행히 수술이 잘되어 기적적으로 살아났다고 했다. 그런데 무료로 해 준 수술이어서 3일밖에 병원에 머무르지 못하고 퇴원을 해야 하는 상황이었다. 이를 불쌍히 여긴 간호사들이 일주일만 더 입원할 수 있게 해 달라고 병원 측에 호소하였지만 받아들여지지 않자, 간호사들은 눈물을 글썽이며 다시는 천막 속에서 살지 말라며 돈을 모아 내 손에 꼭 쥐어 주었다.

복막염 수술을 받고 퇴원한 뒤 한 달간 야간학교를 쉬면서 155번 시내버스 정비공으로 잠시 일을 했었다. 늦은 시각 버스 운행이 끝나면 운전기사가 차 수리를 하고 내가 보조하는 일을 했다. 수리가 끝나면 한밤중이어서 잠은 버스 안에서 잤는데 추위를 면하기 위해 자동차 수리할 때 비추는 전등을 끌어안고 잤다. 그날도 나는 전등을 끌어안고 자다가 그만 전등 과열로 덮고 자던 모포와 시트에 불이 붙고 말았다. 불은 내 옷에까지 붙었고 버스 안은 연기로 자욱했다. 나는 불길과 연기 속에 죽을 뻔하다 간신히 빠져나왔다.

어느 날은 타고 가던 차가 맞은편에서 달려온 차와 정면충돌하는 사고가 일어났는데 나 혼자만 살아나기도 하고, 명동의 빌딩 공사장에서 벽돌을 지고 빌딩 4층으로 올리는 일을 하다가 2층에서 지게를 진 채 떨어져 의식을 잃은 적도 있다.

역시 고등학교 3학년 시절, 학비를 마련하기 위해 청량리 위생병원에서 피를 뽑아 돈을 받는 매혈을 했는데 한 번 뽑는 데 3,000원을 받았다. 그러나 그 돈으로는 등록금이 모자라 사흘간 세 번을 연속 찾아가 피를 뽑다가 결국 위생병원 잔디밭에서 의식을 잃었다. 혼수상태가 되어 죽음의 문턱까지 갔다가 이상한 현상에 의해 깨어났는데, 잔디밭에 내가 누워 있고 위생병원 안에 있는 교회에서는 저녁 종소리가 울려 퍼지고 있었다. 추운 겨울 어느 날 밤에는 홍제동 꼭대기에 쳐 놓은 천막 안에서 자는 중에 눈보라에 천막이 날아갔다. 가서 그 천막을 찾아 헤매다가 절벽에서 떨어져 의식을 잃었으나 다리만 부러지고 살아나기도 했다.

이처럼 나는 죽을 고비를 참 많이 겪었으나 그때마다 사람들의 도움으로 목숨을 잇거나 그 무엇인가에 의해 기적적으로 살아나곤 했다.

나는 남을 구해 주려다가 죽을 고비를 당한 적도 많다. 하루는 서울 흑석동에서, 강남에서 의사로 일하는 한 교수와 그 어머니가 탄 택시가 다른 차와 정면충돌한 사고가 일어난 것을 목격한 적이 있다. 이 사고로 두 사람 모두 큰 부상을 입은 채 의식을 잃고 택시 안에 방치되어 있었다. 그때 갑자기 그 택시에 불길이 일었다. 불길이 택시의 LPG 탱크 쪽으로 번지자 주변에 있던 많은 자동차와 사람들은 모두 도망을 쳤다. 흑석동 원불교회관 앞 삼거리에서 차를 몰고 가던 나는 그 광경을 보자마자 죽을 각오를 하고 택시 쪽으로 다가갔다. 여기저기서 택시가 폭발한다며 빨리 물러나라고 소리를 질렀지만 나는 차를 택시 옆에 세우고 안에 있던 사람들을 모두 내 차로 옮겨 태웠다. 그러고는 1.5km쯤 떨어진 강남성모병원으로 차를 몰고 달려갔다. 응급실의 의사가 조금만 더 피를 흘렸더라면 모두 죽었을 것이라고 하는 말을 들으면서 긴장이 풀린 나는 의식이 몽롱해졌다.

나의 이러한 구사일생의 사건들은 나를 더 강하게 단련시켜 주었고 남의 고통을 좀 더 깊이 이해할 수 있도록 하였다. 타고나기를 남의 어려움을 그냥 지나치지 못하는 성격이기도 하지만, 내가 직접 겪어 온 고통과 죽음 직전의 체험은 다른 사람의 고통을 공감하고 그들을 도와주고자 하는 행동의 원동력이 되었다.

내게 큰 영향을 주었던 세 여인

나는 버스 정비공으로 일하다 다시 천막으로 돌아왔으나 아직 몸이 완전히 회복되지 않은 상태였다. 그런 몸으로 천막 안에서 살다 보니 점점 배가 부어오르고 아픈 증상이 나타났다. 할 수 없이 밤이면 교회 강당에 들어가 쉬기도 하다가 어느 날 북한산성 부근의 노고산에 있는 홍국사를 찾아갔다. 거기서 몸을 추스르며 절에 땔감을 해 주고 밤에는 학교에 갔다.

내가 머문 곳은 대문 옆에 있는 한 평 정도의 작은 문간방이었다. 낮에 나무를 하고 밤에 학교에 다니는데 학교가 끝나고 절이 있는 곳까지 가려면 시간이 늦어 절에서 저녁을 먹을 수가 없었다. 그래서 저녁밥을 굶는 날이 많았다. 그런데 내 방과 마주 보는 건너편 별채의 넓은 방에 한 부잣집 딸이 요양(療養)을 하고 있었다. 대학 3학년이었던 그 누나는 폐결핵 3기였다.

학교가 끝나면 구파발역 버스 종점에서부터 불빛 하나 없는 길을 4km 정도 걸어 흥국사 계곡으로 올라가야 했는데, 내가 멀리서 절이 있는 쪽을 바라보면 그 누나 방에 켜 놓은 불빛이 보였다. 불빛은 마치 캄캄한 밤에 항해하는 배에게 길을 알리는 등댓불 같았다. 그 불빛을 보며 용기를 내어 절에 도착했는데, 언제부터인가 누나가 내가 먹을 저녁밥을 누나 방 이불 속에 묻어 두었다가 갖다 주었다. 낮에 땔감을 하러 빨갛게 낙엽 진 숲속에서 나무를 하고 있으면 누나가 옆에 와서 시를 읽어 주기도 했다. 나는 누나가 읽어 주는 시를 듣다가 자연스레 100여 편의 시를 암송하기도 했다.

아름다운 선녀와도 같던 그 누나는 결국 그해 겨울 눈이 발목까지 오던 날 조용히 숨을 거두었다. 나는 누나의 병을 알고 있었다. 어릴 적 내게 젖을 주던 아주머니들은 나를 보기만 해도 병이 나았다고 한다. 그러나 누나의 병만큼은 나도 어쩔 수가 없었다. 누나의 명(命)이 그것밖에 되지 않은 탓도 있었지만, 나 스스로 이별의 아픔을 비롯하여 인간이 겪는 수많은 고통을 몸소 체험하며 자신을 단련할 뿐만 아니라 인간의 온갖 감정과 고통을 이해하고 공감함으로써 장차 소명을 펼치기 위해서 나 자신을 준비하는 시기에 있었기 때문이었다.

누나의 죽음을 맞닥뜨리면서 나는 말할 수 없는 상실감과 병을 고쳐 주지 못한 데 대한 깊은 무력감을 느꼈다. 무력감과 자책감 속에서 그동안 그 누나에게 받았던 어머니의 품과 같이 따뜻한 사랑을 나는 잊을 수가 없었고, 그것은 시간이 갈수록 진한 그리움이 되어 가슴속에 자리했다. 누나가 생을 달리한 이후 학교가 끝나고 절로 돌아올 때면, 등댓불 없는 칠흑같이 캄캄한 산골짜기를 걸으며 나는 소리 없이 눈물을 흘리곤 했다. 저녁밥을 굶은 채 절간의 문간방에서 자정이 넘도록 공부를 할 때마다 금방이라도 누나가 밥상을 들고 들어올 것 같아 나도 모르게 문쪽을 바라보기도 하였다.

어머니는 나를 낳은 지 3년 6개월 만에 돌아가셨다. 어머니의 상여가 나갈 때, 동네 아주머니들이 "너네 엄마, 꽃가마 타고 서울 간다"라고 하자 철없던 나는 그 말을 그대로 믿고 춤을 추면서 아이들에게 자랑을 했다고 하며, 그 모습을 보고 온 동네 사람들이 울었다고 한다. 개천 변에서 어머니가 덮고 자던 이불과 옷가지들을 불태우느라 누런 연기가 하늘 높이 올라가던 그때, 나는 불구경을 하며 영문도 모른 채 즐거워했다. 네 살의 어린 나이, 그때는 어머니의 죽음을 채 알지도 못하고 어머니를 떠나보냈다.

그러나 낙엽 진 산사의 계곡을 거닐면서 외로운 한 소년에게 아름다운 시를 가르쳐 준 그 누나의 죽음 앞에서 비로소 나는 많은 것을 느끼게 되었다. 남은 자들이 다시는 그 모습을 이생에서는 볼 수 없는 죽음, 그것이 가져다 주는 인간들의 깊은 슬픔과 상처, 이별의 아픔과 그리움. 어린 송아지를 두고 눈물을 흘리며 도살장으로 팔려 간 어미 소와 낙엽처럼 죽어 간 누나를 살릴 수 없었던 그때의 기억은 어머니에 대한 그리움과 함께 참으로 형언할 수 없는 가슴의 상처로 남았다.

누나가 세상을 떠난 얼마 뒤 나는 그 절을 떠나 다시 홍제동의 천막으로 돌아왔다. 누나가 없는 그 절을 떠나면서 어머니가 나를 낳았다는 중랑교 밑에서 하룻밤을 지내며, 다 떨어진 책가방을 끌어안고 많은 눈물을 흘렸다. 새삼스럽게 어머니가 더욱 그리웠다.

초등학교 3학년 때 부임해 온 김명숙이라는 여선생님은, 내가 부모가 없다는 이유로 수업이 끝날 때마다 선생님 옆에 나를 세우고 내 손을 잡고는 학생들로부터 경례를 받곤 하셨다. 그리고 나를 교무실로 데리고 가서 선생님 옆자리에 앉혀 놓고 일을 시키며 많은 이야기를 해 주셨다. 그런데 내가 열한 살 때 그 여선생님이 갑자기 멀리 다른 학교로 전근을 가게 되었다. 다른 선생님들의 배웅을 받으며 마을 동구 밖으로 떠나가는 선생님의 뒷모습을 골목 귀퉁이에 숨어서 바라보며 나는 소리 없이 눈물을 흘렸다.

떠나기 이틀 전 선생님은 나를 데리고 마을의 강변 언덕에 앉아서 저 강물이 언젠가 바다에서 서로 만나듯 다시 꼭 만나게 될 거라며, 공부를 포기해서는 안 된다며 내 손을 꼭 잡고 눈물을 흘리셨다. 부모 없이 남의 집에 얹혀서 머슴처럼 살며, 초라한 옷차림으로 학교에 나오는 한 소년에게 사랑과 용기를 주셨던 그 선생님. 누나의 죽음 이후 그 선생님은 어디서 어떻게 살고 계실까 하는 궁금증과 아련한 그리움이 밀려왔다.

네 살 때 떠난 어머니와 열한 살 때 떠난 김명숙 선생님, 열여덟 살 때 떠난 누나. 이후 나는 그 세 여인을 생각할 때마다 그들이 언제나 나를 지켜보고 있는 것 같고, 그들의 사랑과 기대에 보답해야 한다는 생각에 내가 받은 것 이상으로 어려운 사람을 돌아보며 사랑을 주고 세상에 좋은 일을 해야 한다고 마음먹곤 했다.

청소년 시절까지의 이러한 여러 경험은 내게 있어 장차 내가 해야 할 사명을 이룰 수 있는 준비로서 인간이 겪을 수 있는 모든 것을 겪도록 예정된 과정이었다. 이 기간 동안은 나 자신도 나의 정체성을 잘 알 수 없도록 설정되어 있었지만 동시에 여러 경험을 통해 서서히 그 정체성을 깨달아 갈 수 있도록 설정된 시기이기도 했다.

생명, 그 지극한 소중함

나는 죽을 고비를 숱하게 겪고 또 다른 사람들의 죽음을 목격하면서 생명의 소중함을 생각했다. 생명은 풀이하면 생존(生存) 명령(命令)이다. 이 땅의 모든 생명체는 살라는 명령을 받고 살고 있다. 생명체마다 삶의 의지가 심어져서 살려는 쪽으로 생각하고 행동하도록 설계되어 있다. 그러므로 살아 있는 모든 생명체는 죽기를 싫어한다. 인간은 물론이고 동물이나 지렁이 같은 하등동물도 생명이 위협에 처하면 살기 위해 몸부림친다.

그런데 요즘은 생명 경시(輕視)가 도(度)를 넘고 있다. 타살(他殺)도 그렇지만 그 '살라'는 명령을 스스로 어기는 자살(自殺)이 끊이지 않는다. 생활고를 비관하여 자살하는 사람, 사업이 망하거나 과도한 카드빚을 감당하지 못해서 자살하는 사람, 우울증으로 자살하는 사람, 입시 지옥의 스트레스 속에서 학교 성적을 비관하거나 학교폭력에 시달리다 자살하는 청소년, 인터넷 악플에 시달리다 목숨을 끊은 유명인은 물론이고 심지어 정치인들까지 비리가 들통나거나 사회적 비난에 몰리면 자살 카드를 꺼낸다. 생명을 거스르는 현상이다.

물론 이러한 현상은 개인만의 잘못에 있지 않다. 국가와 사회의 책임이 없다고 할 수 없다. 예전에는 사회적으로 부도덕한 일을 했다가 사회적 압력에 못 이겨 자살하는 경우나 젊은 청춘이 사랑에 실패한 경우,

생(生)에 대한 실존적 회의감에 삶의 의욕을 상실하여 자살하는 경우처럼 개인적인 잘못이나 성향으로 인한 자살이 많았다면 지금은 사회적인 문제로 자살하는 경우가 대부분이다. 생활고, 감당하기 어려운 빚, 학교 성적과 폭력, 사회적 스트레스, 인터넷 악플 등 모두가 사회와 국가에 책임이 있는 자살 원인이다.

내가 늘 말해 온 것처럼 자살하는 사람들이 많아지는 것은 우리나라의 정치에 가장 큰 책임이 있다. 정치인들이 정치를 잘한다면, 나라 살림을 제대로 한다면 개인을 자살로 내모는 사회가 만들어질 수 없다. 통계에 따르면, 실업률이 증가할수록 자살률도 높아진다고 한다.

빚을 도저히 감당하지 못해서 자살하는 국민은 또 얼마나 많은가? 개인이 감당하기 어려운 빚도 개인만의 문제가 아니다. 국가가 부동산값을 안정시키지 못하므로 계속 오를 집값을 염려하여 대출을 내어서라도 집을 사느라고 빚을 진다. 국가가 국민에게 아무런 생계 걱정 없이 전셋집이라도 마련하고, 아이들 키우고 시집, 장가보내고 노후 걱정 없이 살 수 있을 정도의 생활을 보장해 준다면 특별한 경우가 아닌 이상 국민이 무리하게 빚을 끌어다가 투자하고 심지어 도박 수준의 사업을 벌이는 일은 없을 것이다.

경제정책을 잘 세우면 설령 국민이 빚을 내서 벌인 사업일지라도 흑자를 낼 수 있다. 몇 년을 못 버티고 폐업으로 문을 닫는 상황은 벌어지지 않는다. 기업에 부담을 주고 실업자를 양산하는 경제정책이 기업과 국민 모두를 벼랑으로 밀어내며 채무 불이행자로 만드는 것이고, 혹은 부익부 빈익빈을 심화시키는 경제정책이 국민을 빚더미로 내모는 것이다. 뉴스의 사회면에 간간이 올라오는 일가족 자살 같은 사건은 빚더미에 앉은 국민이 도저히 견딜 수 없어 행하는 극단적인 선택인 경우가 많다.

그뿐이 아니다. 왜 정치인들은 아이들이 즐겁게 배우며 창의력을 발휘하고 인성을 높이는 교육으로 교육개혁을 하지 못하고 아이들을 입시 지옥과 학교폭력 속에 방치하여 자살하는 청소년을 만들어 내는가? 이처럼 정치가 바로 서지 못하면서 부끄럽게도 우리나라는 OECD 국가 중 자살률이 가장 높은 나라가 되었다.

생명은 고귀하다. 절대로 함부로 끊으면 안 되는 것이다. 나의 목숨도 소중하고, 남의 목숨도 소중하다. 사람의 목숨도 소중하고, 동물의 목숨도 소중하다. 모두가 생존 명령을 받아 살아갈 권리와 의무를 갖고 있다. 개개인은 생명의 소중함을 각성하고 자신의 생명을 귀히 여겨야 한다. 정부는 국민이 생명까지 포기할 정도의 벼랑 끝으로 내몰리지 않도록 민생을 정책의 가장 중심에 두어야 한다. 이념이든 사상이든 국민의 생명을 가볍게 여기는 것은 바른 것이 아니다. 국민이 안정된 생활을 할 수 있도록 하는 것이 정치의 근본 목적이다.

교육제도를 바꾸어야 한다

청소년 자살 문제가 나온 김에 학교교육에 대해 언급해 보려고 한다. 우리나라 청소년 중 1년에 800명 정도가 자살한다. 800명은 자살을 시도하여 성공한 사람의 숫자이므로 자살을 하려고 했으나 성공하지 못한 숫자까지 생각하면 청소년 자살 시도자의 수는 엄청날 것으로 본다. 청소년 자살의 가장 큰 원인은 단연 지금의 잘못된 교육제도이다. 지나친 무한 경쟁 입시 위주의 교육제도로 인하여 아직 정신적 성장이 채 이루어지지 않은 아이들이 성적(成績) 스트레스를 이기지 못하고 극단적인 선택을 하는 경우가 많다. 학교폭력에 시달리다 자살을 선택하는 경우도 교육이 학교폭력을 근절할 수 있는 인성교육을 제대로 하지 못한 결과라고 본다.

교육(敎育)이 무엇인가? 인간은 선천적으로 자발적이고 창조적인 가능성을 가지고 태어나며, 이를 개발하고 발전시키려는 욕구를 가진 존재이다. 교육은 이러한 가능성, 타고난 소질을 육성하고 올바른 방향으로 나아가도록 돕고 이끄는 것이다. 한자 '敎育'의 '교(敎)'는 '본받는다', '가르친다' 등의 뜻이 담겼고, '육(育)'은 '기른다', '올바르게 자라나게 한다' 등의 의미를 지녔다. 인간의 소질과 품성, 자발적이고 창조적인 가능성을 충분히, 그리고 올바르게 피어나게 하는 것이 교육이다.

그런데 현행 우리나라의 교육은 그렇게 하고 있는가?
개인의 소질과 적성을 전혀 고려하지 않는 획일화된 교육 내용, 변화를 주려고 그동안 노력은 해 왔다지만 여전히 대세인 주입식, 암기식의 시험에 맞춘 수업 방식, 적성에도 맞지 않는 수많은 과목을 강제적으로 공부하고 시험을 보게 하며, 단 한두 번의 시험 성적으로 대학 진학 여부가 결정되는 입시제도. 그동안 정권이 바뀌고 교육부 장관이 바뀔 때마다 수차례 입시제도가 변경되었지만 이러한 기본적인 틀은 크게 바뀐 적이 없다.
이러한 교육제도 속에서 아이들은 치열한 경쟁 속에 내몰려 인간성을 상실하며, 저마다의 소질과 개성을 잃어 간다. 아이들의 창의성을 여지없이 억압하고 획일화된 내용을 반복 주입하여 아이들을 마치 공장의 물건 만들 듯이 한다. 주입이 잘된 학생이 입시에 성공할 확률이 높다. 그러다 보니 학습 내용을 외우는 요령을 가르치고 수학조차도 공식을 잘 정리하고 문제 푸는 요령을 알려 주며, 시험에 자주 출제되는 내용을 골라서 알려 주는 선생님이나 학원이 인기를 얻는다.

아이들은 경쟁에 이기고 입시에 성공하기 위해 밤늦게까지 학교나 학원을 전전하느라 체력을 단련하고 친구와 뛰놀며 우정을 쌓을 시간도 없다. 아이들의 기본 교육은 가정으로부터 시작되는 것인데 아이들이 부모와 대화는커녕 서로 얼굴 보기도 어렵다. 한 여론 조사기관에 따르면 우리나라 청소년이 부모와 대화를 나누는 평균 시간은 하루에 고작 13분 정도라고 한다. 이러니 언제 제대로 가정교육을 할 수가 있겠는가? 또 자식 교육을 위해 자식과 엄마는 외국으로 떠나고 아빠는 국내에 남아 열심히 일을 해서 돈을 부쳐 주는 '기러기 아빠' 현상이 우리나라에서는 흔한 일이 되어 있다. 우리나라의 잘못된 교육제도가 낳은 가족 해체 현상이 아닐 수 없다. 현행 교육제도가 학교교육만 망치는 것이 아니라 가정을 해체하기까지 하는 것이다.

현행 교육이념의 지(智)·덕(德)·체(體)라는 순서도 잘못되어 있다.

지(智)·덕(德)·체(體)는 지식 교육을 우선으로 하고, 다음으로 덕성, 인성교육을 중시하며, 마지막으로 체육, 신체를 단련한다는 것인데 이것은 반대로 바꾸어야 한다. 지식이 아무리 많다 한들 몸이 부실하고 건강에 문제가 있다면 그 지식은 무용지물이다. 신체를 건강하게 하는 체육교육이 우선되어야 한다. 아이들이 운동장에서 자유롭게 뛰놀고 체육활동을 할 수 있어야 한다.

다음으로 지식만 있고 인성이 빠진 교육, '인격 없는 교육'도 큰 문제다. 인성교육은 예로부터 가장 중시된 교육이다. 인격 완성을 교육의 가장 중요한 목적으로 생각했기 때문이다. 인성이 결여된 교육은 진정한 교육이라고 볼 수 없으며, 인성교육이 빠진 지식만의 교육은 사회에 오히려 해악을 끼칠 수도 있다. 오늘날 우리 사회에 만연한 이기주의는 인성교육을 제대로 하지 못한 교육의 책임이 크다. 인성교육이 얼마나 엉망인지는 아이들의 대화를 들어 보거나 버스나 지하철을 타 보면 누구나 느끼리라 생각한다. 교육의 근본 목적과 방향을 잃고, 아이들의 올바른 성장을 돕는 것이 아니라 오히려 아이들을 죽이고 그르치는 우리나라 교육제도는 하루빨리 바꾸어야 한다.

나는 대안으로 수능시험을 폐지하고, 중등 교육 과정에서 본인이 원하는 한 과목의 6년간 누적된 모의고사 성적을 통해 대학을 갈 수 있도록 해야 한다고 생각한다. 그리고 다른 과목은 수업만 받도록 하여 청소년들이 과도한 시험 스트레스에 시달리지 않고 건강을 유지하고 친구들과 우정도 쌓으면서 즐거운 학교생활을 할 수 있도록 해야 한다고 생각한다. 또 체육 교육을 중시하고 인성교육 방법에도 획기적인 변화를 도모해야 한다고 본다. 한 과목만 시험을 보면 학교생활이 즐거워진다. 소질이 있고 좋아하는 과목에만 집중할 수 있으므로 특기와 재능 개발로한 분야의 전문가가 될 수 있다. 아이들 간에 특화하는 과목이 다를 수있으므로 과도한 경쟁을 벌일 필요가 없다. 학업 스트레스로 인한 자살충동은 자연히 사라질 것으로 본다.

나는 교육과정(敎育科程)에서도 초등학교에서부터 한문 교육이 들어가야 한다고 생각한다. 중국, 일본과 더불어 한자문화권에 속한 우리나라에서 한자를 제대로 가르치지 않는 것은 문제이다. 역사적으로 한민족의 기록 문화는 많은 부분이 한문으로 되어 있으며, 한자와 한문을 떼어 놓고는 우리 문화를 제대로 이해하기가 어렵다. 우리말을 글로 표현할 때도 소리글자인 한글로만 표기하면 여러 뜻을 가진 글자의 경우 뜻을 명확히 전달하기 어렵다. 사실 오랜 역사에서 한자는 한민족의 글자이기도 하며 한글이 소리글자인 데 반하여 뜻글자로서 한글과 음양을 이룬다.

한자 속에는 역사와 문화가 담겨 있는데 예를 들어 한자 '배 선(船)' 자는 성경의 노아의 방주를 연상시킨다. 배(舟)에 8명(八)의 식구(口)가 탔다는 의미가 담긴 글자이기 때문이다. 즉, '배 선(船)'이라는 한자를 통해 아시아의 동쪽 끝과 서쪽 끝 사이에 민족의 이동이나 문화의 전파가 있었다는 사실을 유추할 수 있다. 그리고 한자를 아이들이 배우다 보면 어른스러워지는 장점도 있다.

더구나 앞으로는 중국과 일본과의 교류가 더욱 활발해질 것이 예상된다. 공통 문화인 한자를 모르고서는 서로 간의 소통에 문제가 생길 수 있다. 글로벌한 시대를 살아가는 미래세대의 청소년들은 영어 외에도 중국어나 일본어도 꼭 배워야 하는데, 이를 배우는 데도 한자와 한문을 아는 것은 매우 유리하다.

나는 미래세대가 동양의 학문과 사상에 대해서도 배울 수 있도록 장려해야 한다고 생각한다. 한자와 동양의 학문과 사상은 우리 민족의 뿌리다. 뿌리를 망각한 민족은 단결이 어렵고, 다른 민족에게 동화되어 흔적도 없이 사라질 수 있다. 또한 동양의 학문과 사상을 배우는 것은 그 자체가 인성교육이라고 할 수 있다. 충(忠)이나 효(孝), 예(禮)는 시대가 바뀌어도 인간이 지켜야 할 변할 수 없는 덕목이다.

일본에서는 초등학교에서부터 『주역(周易)』을 가르친다. 『주역』을 배우다 보면 세상의 이치를 알게 되고 인생의 목표를 정하거나 중대한 결정을 할 때 도움을 얻을 수 있다. 서양에서도 동양의 『주역』을 배워 중대한 결정에 활용하고 있다. 나사(NASA)가 우주선을 띄운다든지 하는 중대한 결정을 할 때 『주역』이 활용되는 것은 물론이다.

서양의 학문만을 최고로 생각하고, 깊은 지혜가 담긴 우리의 전통사상과 학문을 등한히 하는 것은 옳지 않다. 서양의 과학을 대단한 것으로 생각하나 과학도 일종의 가설이며 사실과 다른 경우가 많고, 새로운 학설로 대체되는 경우가 허다하다.

　교육은 백년대계(百年大計)이다. 우리의 아이들이 제대로 교육을 받아 건강하게 자라고 창의성을 말살당하지 않으며, 아름다운 미풍양속을 지킬 수 있는 미래세대로 자랄 때 우리나라는 희망이 있다. 교육이 제대로 서면 4차 산업 시대에도 창의성을 바탕으로 국가의 동량(棟梁)이 될 인재들을 배출하여 미래 사회를 선도할 수 있는 대한민국을 열어 갈 수 있다.

2

시련 속에서도 밝고 선한 마음으로

고생으로 시작된 서울 생활

어머니의 무덤이 있는 고향을 떠나 서울로 올라가는 길은 고통스럽고 조마조마한 고행의 시간이었다. 나는 처음에는 친구들이 준 돈은 서울에서 써야 한다는 생각에, 기차를 타지 않고 서울까지 걸어서 가야겠다고 계획을 세웠다. 그래서 반성역에서 기차를 타지 않고 서울 가는 방향이라고 생각되는 쪽을 향해 걷기 시작했다. 때로 평지를 달리기도 하고 산을 타기도 했다. 산을 타는 중에 검정 고무신이 찢어져 결국 맨발로 걸었다.

그렇게 이틀을 절뚝절뚝 걸어서 도착한 곳이 마산이었다. 발바닥에서 피가 나고 부어올라 도저히 그 이상은 걸을 수가 없었다. 기차표를 사려고 봤더니 가진 돈이 대전까지밖에 갈 수 없는 돈이었다. 할 수 없이 대전까지 가는 표를 끊고 서울행 완행열차에 올라탔다. 대전 이후부터는 무임승차라 의자 밑으로 들어가 몸을 숨겼다. 역무원이 검표를 하며 지나갈 때마다 가슴이 조마조마했다.

결국 서울역에서 역무원들에게 붙들렸다. 무임승차로 붙들린 사람은 나 말고도 상당히 많았다. 역무원이 내 손에 든 책 보따리를 빼앗아서 풀어 보고는, 30여 권의 한문책이 나오자 아버지 책을 훔쳐 온 거 아니냐고 다그쳤다. 내가 내 책이라고 하자 역무원들은 "그러면 읽어 보라"고 했다. 내가 줄줄 외듯 읽어 보이자 역무원들은 놀라며 같이 있던 일기장을 읽기 시작했다. 거기에는 나의 지난 생활과 소감과 포부 같은 것이 적혀 있었다.

역무원들은 나를 대견한 듯 쳐다보더니 이번에는 어머니 무덤에서 가져온 흙 보따리를 풀었다. 흙이 나오자 "흙은 왜 가져왔느냐"고 물었다. 나는 "돌아가신 우리 어머니 무덤 흙인데 서울에서 공부하면서 어려운 일이 있을 때 이 흙을 보면서 마음을 다잡기 위해서 가지고 왔습니다"라고 했다.

옆에 있던 여자 역무원은 손수건을 꺼내 눈물을 훔쳤다. 그러고는 역무원들끼리 뭐라고 의논하더니 여자 역무원이 와서 "조금 있으면 경찰이 와서 무임승차한 사람들을 잡아 갈 텐데 너는 몰래 빼 주기로 했으니 저쪽으로 가라. 그리고 이 돈은 우리가 모은 것이니, 얼마 되지 않지만 밥이라도 사 먹고 어디 가서 잘 데를 찾아보아라. 우리 집에 데려가고 싶지만, 우리 집도 식구가 많아 어쩔 수가 없구나"라며 내 손을 꼬옥 잡고 돈을 쥐여 주었다.

기억도 나지 않는 아버지와 어머니가 마지막으로 헤어진 서울을 멍하니 바라보며 나는 빛바랜 책 보따리를 끌어안은 채 망부석처럼 서울역

광장에 서 있었다. 천리타향 서울에서 형장의 이슬로 사라진 남편을 잃은 어머니가 병든 몸으로 통곡하며 어린 나를 안고 전쟁 중에 떠났던 서울! 나의 이름에까지 남아서 나와 끊으려야 끊을 수 없는 숙명의 서울로 나는 다시 돌아온 것이다. 마을 사람들이 훗날 나에게 알려 준 어머니의 유언이기도 했지만, 나는 어머니가 찾지 못한 아버지의 유골을 찾아야 하며 그것을 찾지 못할 때는 아버지가 돌아가신 서울 형무소 자리에 반드시 아버지의 비석이라도 세우겠다며 어릴 때부터 다짐해 왔기에, 먼저 서대문형무소를 찾아가 형무소 정문을 향해 땅바닥에 엎드려 아버지에게 큰절을 올렸다.

그리고 어머니가 나를 낳으셨다는 중랑교를 물어물어 찾아가 보았다. 어머니가 기거하시던 움막 터의 정확한 위치는 알 수 없었지만 아무래도 물가의 넓은 공터였을 듯싶었다. 나는 그곳으로 내려가 어머니를 생각하며 한동안 서 있다가 흐르는 강물에 눈길을 주었다. 어느 날 청천벽력같이 나락으로 떨어진 어머니가, 어떻게 해서든 남편을 구하고 싶어서 밤마다 촛불을 켜 놓고 기도하며 흘리던 애절한 눈물이 강물 어디엔가 섞여서 흘러가는 것만 같았다.

나는 사람들이 많은 남대문시장 쪽으로 다시 와서 갈 곳을 찾다가 시장 입구에서 구두 닦는 일을 하게 되었다. 밤이면 구두를 닦는 아이들과 함께 무허가 합숙소에서 잠을 잤다. 그리고 광화문에 있는 협성고등공민학교라는 야간 중학교에 들어갔다. 그런데 합숙소에서 사람들이 얼마나 담배를 피워 대는지, 연기며 냄새 때문에 도저히 공부에 집중할 수가 없었다. 그곳을 나와 중국집 보이를 하기도 하는 등 여러 군데를 전전했지만 마땅치가 않았다.

고민 끝에 사찰에 찾아가 의탁해 보기로 하고 찾아간 곳이 바로 수유리 화계사였다. 그곳에서 만난 분이 숭산 이행원 스님이었다. 스님이 나를 양아들로 맞아 주어 나의 두 번째 양아버지가 되어 주셨다. 나는 그곳에서 밥 짓는 일을 했는데, 그곳에는 화계사 스님들 외에도 동국대학교 불교대학 기숙사인 석림회가 있어 석림회 승려 200여 명의 밥까지 하루에 1,000여 명 분량의 밥을 지었다. 그리고 밤에는 학교에 다녔다. 그렇게 나는 화계사에서 밥을 하며 야간 중학교를 졸업할 수 있었다.

그 절에서 틈틈이 불교의 『팔만대장경』을 읽어 중도(中道)사상을 비롯한 불교의 사상을 섭렵하게 되었다. 그곳에서 중학교 졸업 후 고등학교 과정인 협성상업전수학교에 입학했다. 그런데 그 무렵 숭산 스님이 포교 차 화계사에서 미국으로 떠나게 되었다. 스님은 나에게 "너는 공부를 해야 하는데 이곳은 일이 많아 공부하기가 어렵다. 그러니 너도 이곳을 떠나거라. 세검정으로 가면 청룡사라는 작은 절이 있으니 그리로 가라"라고 하셨다.

세검정 암자를 찾기 위해 산으로 오르는데 다섯 명의 아주머니가 산에서 내려오고 있었다. 내가 청룡사라는 절을 물었더니 "학생이 왜 절을 찾느냐?"라며 되묻길래 "절에 가서 낮에 일해 주고 밤에 학교를 다니기 위해서입니다"라고 했다.

그러자 그들은 "광화문에 있는 내수동 교회의 목사님한테 가면 잠도 자고 공부도 할 수 있다"면서 나의 책가방을 뺏다시피 하여 나를 교회로 데리고 갔다. 이렇게 해서 홍근섭 목사님이 나의 세 번째 양아버지가 되었다.

목사님은 북한에서 내려오신 분으로 무척 청렴한 분이었다. 당시 북한에서 가져온 이불이 딱 한 장 있었는데 나와 둘이서 그것을 덮고 함께 잤다. 그런데 자다가 추워서 깨어 보면 이불을 목사님이 끌어가서 나는 이불 밖으로 나와 있었다. 어떤 날은 내가 혼자서 덮고 있기도 했다. 자면서 자신들도 모르게 두 사람이 이불 쟁탈전을 한 모양이었다.

그곳에서 2년간 있으면서 낮에는 일을 하고 밤에는 학교에 다녔다. 틈틈이 기독교의 구약, 신약을 읽었고, 주말이면 마을 꼭대기에 올라가 북을 쳐서 아이들을 모으고는 교회로 데려와 주일반을 꾸리고 성경을 가르쳤다.

주경야독으로 섭렵한 인류의 지식과 사상

나는 서울에 올라오자마자 구두닦이를 하면서 중학교에 입학하여 학업의 꿈을 펼치기 시작했다. 비록 야간 중학교였지만 주간 중학교에 다니는 학생들 못지않게 열심히 공부했다. 기거하는 곳이 공부하기에 적합하지 않으면 다른 곳을 물색하여 그곳에서 일과 공부를 병행했다. 무허가 합숙소에서는 구두닦이 아이들이 피우는 담배 연기와 냄새 때문에 도저히 공부하기가 어려워 다른 곳을 전전하다 화계사로 옮겼고, 화계사에서는 일이 너무 많아 공부할 시간이 부족하여 숭산 스님이 떠나시던 때 같이 화계사를 떠났다.

내수동 교회에서도 할 일이 많기는 마찬가지였다. 목사님은 사람은 일을 하면서 살아야 한다며 일을 소개해 주셨다. 그리하여 잠시 폐타이어 공장에서 일하기도 하고, 폐타이어 공장에서 타이어 더미에 깔리는 사고 이후에는 교회 교인이 운영하는 동양당이라는 금반지 공장에서 일을 했다. 일을 끝내고 학교에 갔다가 밤에 교회 목사님 사택으로 돌아오면 거의 파김치가 되어 있었다. 그러나 나는 학교 숙제나 복습을 게을리하지 않았고, 학교 공부 후에도 성경을 읽는 일에 몰두했다.

초등학교 시절에는 유학 책을 섭렵하고, 북한산 자락의 화계사에서

대장경을 공부해 불교 사상을 통달한 데 이어, 이번에는 기독교 사상을 터득해 갔다. 예수님의 산상수훈 같은 것은 예를 들어 '심령이 가난한 자는 천국이 저희 것임이요'를 '영빈천국(靈貧天國)'식으로 4자 한문 성구로 만들어 외우기도 했다. 그리하여 이 무렵 나는 유교와 불교, 기독교의 사상을 섭렵하여 서로 비교 분석할 수 있는 수준에 이르렀다.

그런데 일이 너무 고되고 공부할 시간이 부족했다. 평일 낮에는 금반지 공장, 밤에는 학교 공부를 병행하고 일요일이면 주일반에서 아이들을 가르치니 그럴 수밖에 없었다. 그리하여 고등학교 3학년에 올라갈 무렵 나는 목사님과 의논하여 그곳을 떠나, 홍제동 산꼭대기에 천막을 치고 혼자 살게 되었다.

홍제동 무악산은 안산이라고도 불리는 야트막한 마을 뒷산이다. 당시에만 해도 산의 제법 위에까지 달동네가 형성되어 있었고 중턱에 있는 약수터에 사람들이 물을 길으려고 올라오곤 했다. 나는 군용 천막을 장만하여 겨울에는 약수터 근처에, 날씨가 풀리는 다른 계절에는 꼭대기에 천막을 쳤다.

천막 안에는 이불을 깔고 한쪽에 책이며 옷가지를 놓았다. 학교가 끝나고 돌아오면 늦은 밤이라 촛불을 밝히고 숙제며 공부를 했다. 초를 살 돈도 없는 날이면 눈이나 달빛에 의지하여 공부를 할 때도 있었다. 먹는 것은 학교 끝나고 돌아오면서 하루 두 개씩 호떡을 사다가 아침, 저녁으로 한 개씩 먹었다. 간혹 밤에 쥐가 와서 호떡을 먹어 버리는 날이면 아침밥은 굶었다. 어느 날 밤에는 자고 있는데 코끝이 따끔하여 눈을 떠보니 쥐 한 마리가 내 코를 갉아 대고 있었다.

나는 낮에는 시내로 나가 볼펜 같은 것을 팔고 저녁에는 학교에 다녔다. 그런데 낮에 일을 하고 돌아오면 동네 아이들이 내 천막이 있는 곳까지 와서 놀면서, 천막에 들어와 내 책을 찢어서 딱지를 만들어 놀다가 버리고 가기도 했다. 나는 안 되겠다 싶어, 김칫독보다 작은 독을 하나 구해다 천막 바닥에 땅을 파서 묻고 그 속에 책과 다음 날 아침에 먹을 호떡을 넣었다. 그리고 합판을 깔고 가마니와 이불을 덮어 놓았다. 그 이후로는 책이 뜯기거나 호떡이 없어지는 일이 없게 되었다.

시험 기간이면 그나마 입에 풀칠이라도 할 수 있던 볼펜 행상도 할 수 없었기에, 그런 때는 효자동, 옥인동, 궁정동, 내수동, 사직동 등의 동네를 찾아가 한옥집 대문을 두드리고, 사람이 나오면 내 사정을 이야기하고 밥을 얻어먹었다. 그 당시만 해도 인심이 좋은 편이어서 대부분 문을 열고 밥을 주었다. 이 중에는 늘 대문을 열어 둔 집이 한 곳 있었는데 나중에 알고 보니 고(故) 정주영 회장님 댁이었다. 그곳은 찾아가면 언제나 아주머니가 직접 나와 나를 불쌍하고 대견하다며 밥을 먹게 해 주었을 뿐 아니라 주머니에 용돈을 넣어 주기까지 했다.

그렇게 나는 혼자 힘으로 살아가면서 풍찬노숙(風餐露宿), 형설지공(螢雪之功)으로 공부했고, 때로는 탁발승처럼 남의 집에 가서 밥을 얻어먹으면서도 학업을 모든 일의 중심에 두었다. 그리하여 인류가 쌓아 온 지식과 사상을 섭렵함으로써 인간 사회의 정치와 경제, 종교, 역사와 과학, 문화를 이해하고 그 정수(精髓)를 파악하였다. 이 모든 것은 인간세계와 문화를 이해하여 그것을 방편으로 장차 세상에 내 뜻을 펼쳐 가는 데에 도움을 줄 것들이었다.

고생이 재산

나는 인생에서 고생도 하고, 실수도 하며, 실패해 본 것이 재산이라고 사람들에게 말한다. 옛말에도 젊어 고생은 사서도 한다고 했다. 고생과 실패는 깨달음을 주고 성장시켜 성숙된 사람으로 인도하는 최고의 스승이다. 자신이 고생을 해 보아야 어려운 처지에 있는 사람들을 이해하게 되고, 어떤 성공을 거두었을 때도 그렇지 못한 사람들을 위해 진정으로 도움을 주고자 하는 마음을 가질 수 있다.

실패와 실수는 사람을 겸손하게 만들며 관대하게 만들 수 있다. 실수하거나 실패한 타인에 대해서도 함부로 판단하고 재단하는 것을 피하고 이해하려는 속 깊은 마음을 가질 수 있다.

나는 어려서부터 부모 없이 자라게 된 것부터 고생이요 시련이었지만, 내가 겪는 고생이나 어려움에 대해서는 한 번도 그 누구를 원망하거나 탓을 해 본 적이 없다. 어머니의 무덤 흙을 바라보며 언제나 긍정적인 마음과 선한 마음으로 앞을 향해 달려갔고, 그 어떤 시련 속에서도 웃음을 잃지 않았다. 이상하게도 나는 어려운 고비에 처할 때면 주변에서 따뜻한 사랑을 베풀어 주는 사람을 만나는 경우가 많았다. 그래서 지금도 내 마음속에는 감사의 마음을 갖고 살아가는 여러 은인이 자리하고 있다.

가난하고 힘들었던 어린 시절은 내가 힘들게 살아가는 사람들에게 관심을 갖게 하고 그들을 위해 뭔가를 하게끔 하는 원동력이 되었다. 훗날 내게 거액의 돈이 생겼을 때, 그 돈을 10년 넘게 여러 개의 고아원을 운영하면서 1만 5,000여 명의 고아와 걸인을 위해 다 쓴 것도 그러한 어린 시절이 있었기 때문이다.

산업화가 심화되면서 부익부 빈익빈이 커지자 나는 가난한 서민들을 생각했고 그것을 해결하여 서민들도 잘 살 수 있는 방안을 구상했다. 그것이 바로 예산을 절약하여 일정 나이에 이른 모든 국민에게 150만 원 정도를 지급하는 방안이었다.

결과적으로 이루 말로 다할 수 없는 고생과 시련을 겪으며 내가 살아온 길은 내가 앞으로 해 나가야 할 일, 내 소명을 이루어 가기 위한 행로에 정확한 방향을 잡을 수 있도록 해 주었을 뿐 아니라, 구체적인 정책을 구상하고 이것의 실현을 위해 나아갈 수 있도록 탄탄한 초석 역할을 하였고, 또 앞으로도 그러리라고 믿고 있다.

청년 취업과 중소기업

서울에서의 생활은 내가 자영업체나 회사라는 곳에서 일하는 경험을 쌓고 그 세계를 알게 해 준 시기이기도 했다.

지금은 많이 나아졌지만, 그 시절만 해도 공장이나 제조업체의 근무 환경은 무척 열악했다. 교회에서 머물며 다녔던 금반지 공장은 위험천만하기 짝이 없는 환경이었다. 값비싼 금을 취급하다 보니 도난을 우려해 창문을 모두 폐쇄했고, 이 때문에 공장 안의 공기는 말할 수 없이 탁했다. 금속을 녹이는 과정에서 넣게 되는 청산가리는 유독성 물질로, 탁한 공기 속에서 이런 독극물을 다루다 보니 건강이 형편없이 나빠질 수밖에 없었다.

당시는 대부분의 중소기업 환경이 열악했다. 이러한 악조건에서 일을 했던 나는 장차 우리나라가 좀 더 형편이 나아지면 기업의 근무 환경을 개선하여 사람들이 건강을 지키면서 일할 수 있도록 해야겠다는 생각을 하게 되었다.

한편, 지금 우리나라는 일자리가 없어 취업을 못 하는 청년들이 수두룩하다. 사실은 일자리가 없다기보다 원하는 일자리가 없다는 표현이 정확하다. 중소기업은 열 곳 중 일곱 군데가 일할 사람이 없어 발을 구르고 있기 때문이다.

 그러면 왜 청년들은 중소기업에 일자리가 있어도 가려고 하지 않고 실업자가 되어 있는가?

 어떤 이는 청년들이 고생을 해 보지 않아서 그렇다며 청년들을 나무란다. 물론 옛날을 생각하면 아주 틀린 말이라고는 할 수 없으나, 그것은 우리 청년들을 내 자식처럼 생각하고 이해하려는 배려가 없는 차가운 말이다. 그 청년이 힘든 입시지옥을 뚫고 대학 공부를 한, 혹은 그 이상의 공부를 한 내 자식이라고 생각을 해 본다면 그런 가혹한 말을 쉽게 못 한다.

 내 자식이라면 몇 년씩 공무원 시험에 매달리는 것도 이해할 수 있고, 수십 차례 떨어졌는데도 또다시 대기업 입사시험에 응시한다고 하면 이제 그만하고 적당한 곳에 가라고 말할 수가 없다. 오히려 좀 시간이 걸리더라도 좋은 곳에 들어가기를 바라고, 공부하는 자식을 뒷바라지하게 된다. 따라서 청년 취업 문제는 차가운 논리와 합리성으로만 접근할 것이 아니라 청년들을 내 자식처럼 잘되기를 바라는 따뜻한 시각으로 해결책을 모색하는 것이 필요하다.

 그러면 왜 청년들이 중소기업의 많은 일자리를 마다하고 대기업을 선호하는가에 대해 생각할 필요가 있다. 첫째는 임금 격차가 너무 크기 때문이다. 비슷한 학력과 스펙을 가졌는데 대기업에 들어간 친구는 고임금에 여러 가지 복지 혜택을 받지만, 자신은 급여도 적고 복지 혜택도 별로 없는 중소기업에 들어가려고 하니 자존심이 허락하지 않는 것이다. 게다가 중소기업은 대기업에 비해 브랜드 이미지나 인지도도 낮다. 한마디로 중소기업에 다니는 것은 '폼'이 나지 않는다. 괜히 대기업에 다니는 또래 친구를 보면 주눅이 들고, 남자의 경우 여자들도 중소기업에 다니는 남자를 선호하지 않으니 결혼 상대를 찾을 때도 심리적으로 위축된다. 당장은 그렇더라도 장래성이라도 있어야 하는데 아무리 봐도 그럴 것 같지도 않다고 생각된다. 이런 이유들 때문에 중소기업에 일자리가 남아돌아도 청년들이 선뜻 마음을 내지 못한다고 봐야 한다.

청년 실업 문제를 해결하고 취업을 지원하려는 정책 입안자들은 청년들의 이러한 심리를 제대로 파악하고 대책을 강구해야 한다. 청년들을 중소기업에 들어가게 하려면 중소기업 취업 시 만족스러울 정도의 혜택을 주고 장래성이 보장되도록 해 주어야 한다. 당장 급여 액수도 중요하지만, 그곳에서 일함으로써 장래가 보장되는 희망이 있다면 망설였던 청년들뿐 아니라 중소기업이라고 거들떠보지도 않았던 청년들까지 중소기업으로 끌어들일 수가 있다.

나는 중소기업과 청년들의 입장을 생각하며 그들을 따뜻하게 바라보는 시각에서 중소기업의 구인난을 해소하고 청년들의 중소기업 취업을 촉진하기 위해서는 다음과 같은 방안이 좋다고 생각한다. 즉 중소기업에 취업하는 청년들에게 국가에서 몇 년 동안 매월 100만 원 정도를 직접 지원하고, 거기서 2~3년을 더 근무한 사람들이 이후 자신의 사업을 꿈꾸는 경우 무담보, 무보증, 무이자로 3억 원 정도를 창업 지원금으로 지원하는 방안이다.

몇 년간 매월 100만 원 정도를 지원한다면 대기업과 중소기업 간의 임금 격차가 많이 줄어든다. 국가지원 기간 후에는 국가 지원금은 없지만, 그동안 임금 인상도 있고 2~3년 정도 더 근무하면 창업 자금을 지원받을 수 있다는 희망으로 더 일하는 사람이 상당할 것으로 본다. 물론 퇴직하지 않고 계속 근무할 자도 없지 않을 것인데 회사 내에서 관리자의 직책 정도를 가질 수 있는 연차이다. 이 정도라면 청년들을 중소기업으로 끌어들일 수 있는 충분한 조건이 될 수 있다.

이러한 방안이 추진되면 청년 실업 문제뿐 아니라 중소기업의 인력난도 상당히 해소될 것으로 기대할 수 있다. 중소기업 입장에서도 고도의 기술이나 전문성을 요(要)하지 않는 업무인 경우, 신규 인력이 계속 들어오고 4~5년 정도 근무하다가 퇴직하는 형태로 인력 교체가 일어나는 것이 인건비 절감 면에서 더 유리하다.

청년들에게 창업의 꿈은 중요한 의미를 지닌다. 지금 당장 버는 돈도 중요하지만, 그곳을 다니면서 후일 더 큰 꿈을 펼칠 수 있는 희망까지 가질 수 있으면 중소기업 취직을 삶의 도약을 꾀하는 발판으로 삼을 수 있기 때문이다.

대기업에 취직한 경우와 비교를 해 보아도, 대기업의 경우 처음 입사했을 때는 좋지만 점차 승진 스트레스를 받다가 나이가 들면 퇴직을 해야 한다. 그런데 퇴직 후 창업을 하고 싶은 경우 사업성 있는 아이템이 있어야만 창업 자금을 대출받을 수 있다. 대기업에 다닌 것은 창업 지원 면에서는 아무런 이점(利點)이 없다. 전적으로 자신의 힘으로 창업 자금을 구해야 한다.

그런데 나의 방안에 따르면, 중소기업에 일정 기간을 근무한 사람은 창업 자금으로 무담보, 무보증, 무이자로 3억 원까지 지원을 받을 수 있으니, 비록 월급은 대기업보다 조금 적어도 미래에 하고 싶은 일을 할 수 있는 보장이 생긴다. 급여가 적어서, 근무 환경이 나빠서, 혹은 '폼'이 안 나고 자존심이 상해서 기피했던 중소기업을 기피할 이유가 없게 된다. 청년 취업과 중소기업의 인력난 해결이라는 두 마리 토끼를 다 잡는 길이 바로 따뜻한 사랑의 마음으로 다가간 내가 제시하는 방안과 같은 것이라고 생각한다.

3

"남의 부모라고 도와주지 않을 테냐?"

이병철 회장의 양아들이 되다

고통과 시련의 연속이던 나의 인생은 고등학교 3학년 때를 기점으로 완전히 달라졌다. 달라져도 너무 급격히 달라졌기에 나는 그러한 변화를 인간의 관점으로는 이해하기 어렵다고 생각한다. 그것은 하나의 드라마틱한 비상(飛上)이었으며, 삶의 조건이 극적으로 완전히 반전된 일이었다. 바로 우리나라 최고 재벌 이병철 회장을 만남으로써 그분의 양아들이 되어 더 이상 공부와 일을 병행하는 고달픈 생활을 하지 않아도 되었을 뿐만 아니라 굴지의 기업 회장에게 기업 경영을 조언하며 나아가 박정희 대통령의 비선 정책 보좌역으로서 국가경영을 조언하는 데까지 이르게 되었기 때문이다. 이전의 나의 책에서 이러한 일들에 대해 소개를 했을 때 이를 믿지 않는 사람이 적지 않았으며 사정은 지금도 마찬가지라고 생각한다. 그도 그럴 것이 그것은 상식적으로는 도저히 일어나기 힘든 기적 같은 일이기 때문이다.

어느 날, 한참 천막 속에서 잠을 자고 있는데 갑자기 얼굴에 차가운 것이 계속 떨어져서 눈을 떴다. 나를 보호해 주던 천막이 사라지고 내가 눈보라 속에서 그대로 눈을 맞고 누워 있는 게 아닌가. 심한 눈보라에 천막이 날려가 버린 것이었다. 눈보라로 눈을 뜨기도 어려운 한밤중에 천막을 찾느라 이리저리 돌아다니다가 그만 바위 언덕에서 미끄러져 아래에 있는 판잣집의 화장실 위로 굴러떨어지고 말았다. '아차' 할 시간도 없이 오른쪽 다리가 부러지고 말았다.

한 달간 등교는 고사하고 꼼짝도 못한 채 싸늘한 눈을 먹으며 천막 속에서 다리가 나을 때를 기다렸다.

나는 누워서 내 미래를 그려 보았다. 어린 시절 탁발승은 내게 세상을 이끌 지도자가 될 것이라고 했고 아버지도 세상을 편안히 하는 지도자가 되라는 기대를 담아 내 이름을 지어 주었다. 나도 어느 날부터 내가 누구이며 왜 이 고생을 하며 여기에 서 있는가를 알고 있었다. 그래서 나는 그 사명을 이룰 수 있는 준비를 해야 한다고 생각하고 세상의 학문과 사상과 종교를 샅샅이 공부해 왔다. 친구들이 담배를 피워도 한 번도 담배를 피워 본 적이 없고, 술도 한 번 입에 대어 본 적이 없었다. 항상 어머니 무덤에서 가져온 흙을 보면서 마음을 다잡고 공부에 전념하면서 꿈을 이루려는 사명감에 차 있었다. 살아가야 하고 학비를 마련해야 했으므로 낮에는 일을 하고 저녁이면 학교에 가서 공부를 했고, 그 사이의 약간의 틈도 허비하지 않고 책을 읽었다. 내 머릿속에는 세상의 모든 종교와 철학과 사상, 정치와 경제, 세계정세까지 정리가 되어가고 있었다.

한 번 본 것은 그대로 머리에 입력이 되어 머릿속에서 자동으로 분석되고 이전 것과 통합되어 저장되었다. 50여 년도 더 지난 지금도 나는 초등학교 시절부터 공부했던 한문책과 불교나 기독교의 경전의 내용, 학교에서 배우고 때로 독학으로 공부했던 정치와 경제, 사상 등에 대한 내용을 거의 다 기억하고 있다. 또 누나가 읽어 주던 수많은 시와 버스 안에서 들었던 흘러간 노래들도 거의 그대로 기억하고 있다.

한 달이 지나 다리뼈가 붙고 걸을만 해지자 나는 마을로 내려갔다. 판자촌에서 부업으로 실내용 슬리퍼를 만들어 파는 집이 있었다. 그 집의 주인이 비쩍 마른 몸으로 눈이 퀭하여 내려오는 나를 보더니 슬리퍼 10켤레를 내밀며 팔아서 다시 학교에 가라고 하였다. 나는 고맙다는 인사를 하고 그것을 받아 책가방에 넣고 실내용 슬리퍼를 신을 만한 동네를 물색하다가 장충동으로 갔다. 거기서 어느 집 대문 앞에 앉아서 책을 보며 대문이 열리기를 기다리고 있는데 어느 순간 대문이 열렸다. 대문 안을 바라보니 처음 보는 고급 승용차 한 대가 서 있고, 운전기사인 듯한 남자가 나를 등지고 서서 열린 차 문을 붙들고 있었다. 열린 차 문 안으로는 아주머니가 걸터앉아 신발을 갈아신고 있었고, 중년쯤 되어 보이는 다른 남자는 내가 있는 대문 쪽을 보고 있었다. 나는 책가방에서 슬리퍼 하나를 꺼내 들고 얼른 모자를 벗으며 쏜살같이 달려가 나를 향해 서 있는 어른에게 슬리퍼를 보이며 말했다.

"저는 고학생인데 이 슬리퍼를 다 팔아야 학교에 갈 수 있습니다. 제게 공부할 시간을 좀 주십시오. 꼭 은혜는 잊지 않겠습니다."

그러자 그 어른은 내 얼굴을 유심히 바라보더니 내 손을 붙들고는 잠

난세의 영웅, 허경영을 아십니까?

시 들어가서 이야기를 좀 하자고 했다. 그러고는 신발을 갈아 신고 있던 아주머니에게 "여보, 오늘 외출은 취소하고 방에 좀 들어갑시다"라고 했다. 외출하려던 것을 그만두고 나를 끌다시피 하여 방으로 들어간 어른은 집안일을 해 주는 아주머니들을 부르더니 밥상을 차려 오라고 했다.

　그때는 몰랐지만 그 어른이 바로 우리나라 최고 재벌 기업 삼성의 창업자 고(故) 이병철 회장님이었고, 신발을 갈아 신고 있던 아주머니는 그분의 부인이었다. 밥상이 차려져 나오자 그분은 밥을 갑자기 먹으면 목이 막힐 수 있으니 달걀프라이부터 먹으라는 등 세심하게 배려를 하시며 내가 밥 먹는 것을 지켜보셨다. 내가 밥을 다 먹고 나자 그분은 내 이름과 사는 곳과 누구와 사는지 등을 물었다. 나는 혼자 산에서 살면서 낮에는 물건을 팔고 밤에는 야간 고등학교에 다니고 있다고 했다. 이야기를 다 듣고 나자 그분은 나더러 자신의 양아들이 되어 달라고 했다. 나는 뜻밖의 제안에 당황하며 곤란하다는 뜻을 비쳤다.

> "저는 부모님이 돌아가시고 비록 지금 혼자 살고 있지만
> 늘 가슴에 부모님을 모시고 있고, 앞으로도 그렇게 살아야
> 한다고 생각하고 있습니다. 그러니 다른 사람의 양아들이
> 되는 것은 곤란합니다."

　그분은 성은 바꾸지 않아도 좋고 그냥 양아들로 자신의 집에 와서 살면 된다며 나를 설득했다. 그리고 자신이 신발을 다 사 줄 테니 시간을 두고 좀 생각해 보라며 슬리퍼 열 켤레 값으로 2,000원을 내 손에 쥐어 주었다. 한 시간이 넘도록 내가 거절 의사를 굽히지 않자 그분이 나에게 이렇게 물었다.

"만약 내가 길바닥에 쓰러져 있는데도
너는 내가 남의 부모라고 도와주지 않을테냐?"

나는 그 말에 고개가 수그러졌다.

"좋습니다. 그럼 제가 제 성을 그대로 갖는 걸로 하고
어르신의 양아들이 되겠습니다."

그리하여 나는 지독히도 가난한 고학생에서 한국 최고 재벌의 양아들이 되었다. 고등학교 3학년, 다리가 부러져 스스로 깁스를 하고 한 달여 동안 산 중턱에서 눈을 주워 먹으며 견디다가 걸을 정도가 되자 야윌 대로 야윈 몸으로 동네 사람의 온정이 깃든 슬리퍼를 팔러 갔다가 기적처럼 일어난 일이었다. 내 나이 열아홉 살 때였다.

나는 슬리퍼 값으로 받은 2,000원을 도로 내놓으며 "제가 양아들이 되었으니 이제 이 돈은 필요 없습니다. 도로 받으십시오"라며 돌려 드리려 했다. 그분은 필요한 데 쓰라며 극구 받지 않으려 하시다가 나의 완강함에 어쩔 수 없이 받아 넣었다. 그러고는 운전기사를 불러 내가 있는 곳에 같이 가서 짐을 싣고 오라고 했다. 나는 혼자서도 버스에 싣고 가져올 수 있다고 했으나 이번에는 그분도 완강하여 결국 운전기사와 함께 차를 타고 가서 짐을 정리하여 왔다. 운전기사를 딸려 보낸 것은 나만 보냈다가 혹시 내가 오지 않을지도 모른다는 염려에서였다.

그날 이후 나는 양아버지인 회장님과 시간이 날 때마다 많은 대화를 나누었다. 나는 지난날 내가 공부했던 유교, 불교, 기독교 등의 종교

와 동서양의 사상은 물론이고 주역, 천문, 풍수지리, 관상 등의 동양학과 천부적인 천이지(天而智)를 토대로 여러 문제들에 대한 해결책을 제시하며 많은 말씀을 해 드렸다. 회장님은 매우 진지하게 나의 말에 귀를 기울였다. 회장님은 그룹의 인사와 경영에 대해서도 물으셨고, 나는 성심성의껏 내 생각을 말씀드렸다. 근로자와 관리자 간에 수시로 근로·관리자 회의를 열어서 노사가 함께 기업을 이끌고, 기업은 근로자에게 최상의 대우를 하여 기업에 대해 근로자들이 충정과 주인의식을 갖고 회사 일을 할 수 있게 해야 기업이 갈등 없이 더욱 발전해 갈 수 있다는 것과 또 신입 사원을 채용할 때 중요하게 고려해야 할 사항 등 12가지의 회사 경영 비결, 미래 유망 사업인 반도체 사업을 추진할 것 등을 말씀드렸다. 회장님은 내 말을 신뢰하고 실제 적용하여 아주 좋은 성과를 얻었고, 이로 인해 나는 양아버지로부터 더욱 큰 신뢰를 얻게 되었다.

세계적인 기업을 키우려면

우리나라가 발전하려면 우선 경제적으로 일어서야 하고, 자원이 별로 없는 우리나라에서 경제를 발전시키려면 인재 교육과 기술 발전이 중요하다. 그리고 무엇보다도 경제의 중요한 주체의 하나인 기업이 잘되어야 한다.

나는 양아버지 이병철 회장님을 성심껏 보필하면서 점차 기업 경영에도 참여하게 되었다. 나는 기업이 잘되기 위해서는 경영자의 경영 능력이나 마인드도 중요하지만, 경영자와 근로자가 서로 화합하여 회사를 잘되게 하는 것이 관건이라고 보았다. 그래서 용어도 공산주의에서 유래한 계급적 용어인 '노동자' 대신 좀 더 격상된 느낌의 '근로자'라고 하는 것이 좋고, '경영자'는 조금 낮추어 '관리자'라고 하여 용어에서 오는 서로 간의 격차를 줄이는 것이 좋겠다고 생각했다.

그리고 근로자에게 좋은 대우를 해 주어, 회사가 잘되면 자신도 잘된다는 공동체 의식과 주인의식을 갖도록 하는 것이 중요하다고 여겼다. 또 이들 근로자와 관리자가 공동의 주인으로서 한자리에 모여 회사 일을 의논하고, 회사를 발전시킬 수 있는 방안을 모색하는 회의를 자주 갖도록 하는 것이 필요하다고 생각했다. 나의 이러한 생각은 우리나라의 기업을 발전시켜 나라 경제를 발전시킬 수 있는 방안으로 지금도 변함이 없다.

일부에서 말하듯 기업에는 반드시 노동조합이 있어야 한다는 주장에는 나는 생각을 달리한다. 노조는 산업혁명의 어두운 그늘이 낳은 역사적 산물이다. 어두운 그늘을 없앤다면 굳이 노조가 있을 필요가 없다. 노사갈등은 많은 에너지와 시간을 소모함으로써 기업이 발전해 나가는 데 방해 요소밖에 되지 못한다.

노조가 없어도 근로자들이 충분히 좋은 환경에서 일하고, 아무런 경제적 어려움 없이 살 수 있도록 할 수 있다. 근로자 대표와 경영자가 참여하는 기업가족협의회를 구성하여 기업을 운영하게 하고 근로자와 경영자라는 이분법을 기업가족으로 통일함으로써 불필요한 노사갈등을 완전히 없앨 수 있다.

우리나라는 잘못된 교육제도 때문에 학력 자체가 동경과 존경의 대상이 되는 경우가 있다. 그러다 보니 정치인들 역시 자신의 학력을 내세우는 경우가 많다. 국내의 어느 대학, 혹은 해외의 어느 대학에서 공부한 것을 자랑처럼 내세운다. 그러나 과연 학력이 민생을 보살피고 정치적·경제적 난제(難題)들을 풀어 나가야 하는 고위 공직자나 정치인들에게 중요한 자격 요건일까?

그보다는 어려운 서민들의 생활을 몸소 경험하고, 회사를 운영하면서 기업 경영의 어려움을 알고 있는 실전 경험자가 정책을 세우고 추진해 나가기에 더 적합한 적임자가 아닐까? 물론 어느 정도 공부를 한 사람이 안 한 사람보다는 유리한 것이 사실이다. 그러나 정책의 대상에 대해 아무런 현장 경험 없이 오로지 책상에 앉아 공부만 한 사람이 법을 만들거나 중요한 정책들을 결정하고 추진해 나가는 것은 한계가 있을 수밖에 없다.

현실 정치는 정치적 신념과 외국 학자들이 내세운 그럴듯한 정치·경제 이론만으로 가능한 것이 아니다. 현장 경험과 현장에 대한 이해가 있어야 한다. 정책 효과에 영향을 주는 사람들의 경제 심리도 현장에서 터득할 수 있다.

현실감각이 결여되면 정책 수립에 오류를 범하고 결과적으로 실정(失政)을 하게 되는 원인이 된다. 그러므로 정책을 수립하는 사람은 전문가뿐 아니라 정책의 대상이 되는 기업과 국민의 다양한 소리를 경청해야 하고, 현장을 직접 돌아다녀 보아야 한다. 정책을 결정할 때는 어느 한쪽으로 치우쳐서도 안 된다.

부익부 빈익빈을 해결해야 하겠지만 부자를 죄인처럼 취급하거나 강압적인 증세(增稅)를 단행하는 것은 문제가 있다. 근로자의 소득을 증대시킨다고 최저임금을 높이면 중소 자영업자의 고용 부담이 증가하여 결과적으로 근로자의 해고가 발생하고 실업률의 증가로 귀결된다.

기업에 대한 규제 일변도의 정책은 기업을 옥죄어 기업 활동을 위축시키며 경제의 활력을 떨어뜨린다. 기업이 해외로 빠져나갈 우려도 있다. 노조 편만 들어서도 안 되고, 사용자 입장만 생각해도 곤란하다. 현정부가 그동안 집값을 안정시킨다고 각종 규제 정책을 내놓았지만 결과적으로 소기의 목표와는 정반대 결과를 초래했다.

정책을 세우고 추진하는 것은 이처럼 난해하고 복잡한 문제를 풀어나가는 과정으로, 절대 책상에서 공부한 것만으로는 제대로 된 정책을 추진하기가 쉽지 않다. 학력으로만 될 일이 아니다. 그보다는 현실감각과 전체를 꿰뚫어볼 수 있는 통찰력과 분석력, 창의력을 포함한 문제해결 능력이 더 중요하다.

최근 삼성 이건희 회장의 작고로 삼성의 상속세 문제가 이슈가 되었다. 자그마치 약 11조 원이라는 천문학적 액수의 상속세가 부과되었다. 그동안 국가혁명당은 삼성 살리기 상속세 폐지 운동을 벌여 왔다. 상속세로 인해 최대 주주가 바뀌어 대한민국의 대표 기업이 외국자본에 넘어갈 수도 있다는 우려에서였다.

많은 국민이 호응하여 상속세 폐지 운동에 동참했다. 그런데 삼성에 대해 비우호적인 감정을 가진 사람도 상당하다. 상속세라도 받아서 삼성을 견제하여 우리나라가 '삼성공화국'이 되는 것을 막아야 한다거나 세습 재벌이 싫다는 의견, 삼성을 쪼개서 작은 기업을 많이 만드는 것이 평등 실현 차원에서 나라에 유익하다는 의견까지 제시한다고 한다. 나는 국민의 이러한 정서를 이해한다. 극심한 빈부격차 속에서 상대적 박탈감에 시달리는 국민의 심정이 그렇게 표출된다고 여겨지기 때문이다.

그러나 그러한 생각은 굉장히 우려스러운 것이다. 상속세를 그대로 방치해 왔기 때문에 우리나라에는 오래된 기업이 별로 없다. 사업을 접거나 해외 사모펀드에 매각되어 해외로 넘어갔기 때문이다. 유니더스, 쓰리세븐 등의 기업이 모두 그런 운명을 맞았다.

우리나라의 상속세율은 최고 50%이며, 최대주주의 경우에는 20%의 할증률을 적용한다. 일본의 경우에는 상속세율은 높지만, 자식이 가업을 그대로 승계하는 경우 상속세가 면제되므로 업종 그대로의 오래된 기업이 대단히 많다. 스웨텐은 다국적 기업인 이케아가 상속세를 피하려고 해외 이전을 추진하려 하자 상속세를 즉시 폐지했다. 기업이 해외로 본사를 이전하면 국내로 들어오던 세금이 본사가 있는 곳으로 가게 된다. 국가로서는 이만저만한 손실이 아니다.

삼성은 국내 세수의 상당한 비중을 차지하고 있다. 삼성은 초창기에는 국내를 무대로 성장했지만, 반도체 산업을 일으켜 해외 수출에 주력함으로써 해외에서 달러를 벌어와 국가경제에 큰 역할을 하는 세계적인 기업이다. 국내에서보다는 수출을 통해 해외에서 돈을 벌어 오는 비중이 훨씬 높다. 세계 각지에서 돈을 벌어 우리나라에 세금을 내는 것이다. 삼성 브랜드는 대한민국을 대표하는 브랜드로 전 세계 사람들에게 알려져 있다.

삼성으로 인해 우리나라 이미지가 격상된다. 국가경제 규모가 커지고 세수가 증가하는 것은 물론이다. 삼성이 낸 세금이 누군가의 가정에 도움을 주고, 어려운 누군가에게 힘이 되고 있을 수 있다.

하나의 기업을 세계적인 기업으로 키우는 일은 하루아침에 되는 일이 아니며 결코 쉬운 일이 아니다. 자국의 기업을 세계적인 기업으로 키우기 위해 엄청난 지원을 하는 국가가 많다. 국가 입장에서 세계적인 기업이 있다는 것은 여러 가지로 이익이기 때문이다. 어떤 이는 기업은 전문 경영인이 이끌어 가야지 경영권을 세습해 가는 것은 좋지 않다고 말하지만 그 견해에도 동의하기 어렵다. 자식이 부모로부터 경영권을 물려받은 경우가 전문 경영인이 채용된 경우보다 훨씬 더 투철한 사명감과 책임감, 주인의식을 가지고 일할 수 있다. 전문경영인으로 채용된 경우에는 급여를 받는 사람이기 때문에 아무래도 주인의식이 약할 수밖에 없다.

세습이라는 것에 거부감을 가질 필요도 없다. 솔직히 작은 사업이라도 자신이 열심히 노력해서 일군 것이라면 자손에게 물려주고 싶은 것이 인지상정(人之常情)이다. 규모가 크든 작든 인간의 이런 마음을 무시하는 것은 바람직한 태도가 아니다.

우리는 다른 사람이 잘되는 것에 박수를 보낼 줄 아는 넓은 마음을 키워야 한다. 그런 마음으로 일을 하다 보면 내가 하는 일도 잘되는 것이 세상 이치이다.

국가경제 발전에 지대한 공헌을 하는 삼성기업이 천문학적인 상속세로 위기를 맞고 있다는 사실을 국가는 냉철하게 생각하고 소탐대실(小貪大失)의 우(愚)를 범하지 않아야 한다. 11조 원의 상속세를 탐하다가 세계적 기업을 다른 나라에 빼앗길 수도 있다는 점을 잊지 말아야 한다.

우리의 토종 기업이 외국 자본에 잠식되어 소유권을 잃을 수도 있는 위험을 안겨 주는 상속세는 하루속히 폐지해야 마땅하다고 본다.

4

초연하고 영롱한 눈동자

박정희 대통령과의 만남

1969년 10월 15일 저녁 8시. 이날은 지금도 잊히지 않을 만큼 생생하게 내 기억 속에 남아 있다. 이병철 회장의 양아들이 된 이후, 그분과 함께 처음으로 국가의 최고지도자를 만난 날이기 때문이다. 그와 동시에 지난 세월 내가 공부해 온 모든 것이 국가의 경영에 접목되기 시작했으며, 나의 사상과 철학, 신념이 세상을 향해 날아오른 날이기도 했다. 내가 양아버지와 함께 현관으로 들어서자 박정희 대통령께서 방에서 몇 발자국을 걸어 나와 우리를 맞았다. 인사를 나눈 후 양아버지는 나를 만나 양아들로 삼게 된 경위, 나의 자문으로 기업 경영에 많은 도움을 받고 있다는 이야기 등으로 나를 소개했다.

"제가 이 아이를 처음 만난 날은 집사람과 함께 외출할 일이
있어서 기사에게 차를 대기시키도록 하고 차를 막 타려고
할 때였습니다. 그때 열린 대문 안으로 이 아이가 황급히
오는 것이 아닙니까? 자신은 고학생인데 신발을 다 팔아야
공부하러 갈 수 있다고, 공부할 수 있는 시간을 좀 달라고
하더군요. 은혜는 꼭 갚겠다고. 그때 저는 이 아이의 눈빛에
온통 마음을 뺏기고 말았습니다. 제가 살아오면서 그렇게
초연하고 영롱한 눈동자를 본 일이 없었습니다. 도저히 거부할
수 없는 어떤 힘에 압도당하는 느낌이었다고나 할까요?"

양아버지는 말을 계속 이어갔다.

"더구나 함께 있으면서 대화를 해 보니 유·불·기독교와 주역을
통달한 이 아이의 지혜는 막힘이 없었습니다. 천문지리와
천지조화의 원리를 꿰뚫고 있으며 미래를 내다보는 뛰어난
혜안은 한 번도 틀린 적이 없었고, 국내나 국제정세에도
국내 제일이라고 보시면 됩니다. 저는 이 아이의 말을 듣고
회사의 노조 문제를 해결하기도 했고, 여러 가지 제도를
고쳐 좋은 성과를 거두기도 했습니다. 이 아이는 자갈밭을
운전한 뒤에 아스팔트를 운전하는 사람처럼 어려서부터
고생을 많이 했음에도 불구하고 전혀 어두운 그늘이
없고 마치 인생을 다 깨달은 사람처럼 초연하고 표정이
밝습니다. 저는 이 아이만 보면 얼마나 마음이 든든한지
모르겠습니다. 그런데 요즘 각하의 고뇌하시는 모습을
보면서 제 자식놈을 소개해야겠다고 생각했습니다."

양아버지 말에 고개를 끄덕이시며 놀란 표정으로 듣고 있던 대통령이 물었다.

"이 아이가 국제정세까지도 잘 안다고 하셨습니까?"

"예! 각하. 이 아이에게 직접 한국의 주변 정세에 대해 한번 물어보십시오."

대통령 비선 정책 보좌역이 되다

대통령이 나를 향해 말을 시작했다.

"자네 부친인 이 회장의 말을 듣고 보니 신뢰가 가는군! 나는 요즘 국내외적으로 많은 어려움에 처해 있네. 야당과 미국 등에서 인권을 내세워 나를 어떻게 해 보려고 하네. 가난한 국민을 위해 마음 놓고 일해 보려고 해도 나를 데려가려는 사람이 너무 많아서 언제까지 목표를 세워 일을 해야 할지 때로는 걱정이 된다네. 그래서 국가 대사(大事)를 위해 오늘 자네와 함께 허심탄회하게 한 번 대화를 해 보기로 했네. 국민 개개인이 가난에서 해방되는 것이 곧 인권 보장이요, 민주주의가 가능해지는 첫걸음인데 경제는 내팽개치고 미국식 민주주의만 따라가면 제일이라는 야당의 주장을 보면 참으로 나라 장래가 걱정이야! 한국식 민주주의로 나라의 경제가 부강해지다 보면 중산층이 생기고 중산층이 많이 생기면 교육수준이 높아지고 민주주의는 자연스럽게

이루어지는 것이지. 미국 민주주의를 말로만 배울 수 있는
것이 아니며, 경제성장 없이는 얻을 수 없는 것이 아니겠는가?
야당 정치인들이 서구식 민주주의를 부르짖고 있지만 그것은
정권을 잡기 위한 하나의 구호일 뿐이지. 그들이 정권을 잡으면
서구식 민주주의를 할 수 있을 것 같은가? 결국 부정과 부패가
나라를 절단 내고 말겠지. 우리에겐 한국식 민주주의가 필요한
거야. 선(先) 경제건설 후(後) 민주주의가 나의 소신이네.
허 군, 자네는 이러한 나의 생각을 어떻게 생각하나?"

"각하께서는 수많은 가난의 경험과 조직관리의 경험과
대인관계의 실제 경험자로서 저에게는 스승입니다. 그러나
저는 천부적인 천이지혜(天而智慧)로 몇 말씀 드리겠습니다.
　각하가 훗날 비록 독재자라고 비난을 받더라도 경제발전
하나는 강력하게 추진해 이 땅에서 가난을 뿌리 뽑고, 중산층을
늘리고 교육수준을 높여야 합니다. '계리당계천하리
(計利當計天下利) 구명응구만세명(求名應求萬世名)'이라는
말이 있습니다. 이익을 구하려면 모든 사람에게 돌아가는
사업을 하고, 이름을 얻으려면 만세에 남을 이름을 구하라는
말입니다. 당장 국민과 야당으로부터 욕을 먹을지라도
가난한 우리 국민 모두에게 큰 이익이 돌아가는 일이라면
실컷 욕을 먹으십시오. 언젠가는 가난을 물리쳐서 온
국민이 잘살게 되고, 설령 독재자라고 불릴지언정 신뢰를
얻게 될 것이며, 이름이 만세에 남게 될 것입니다."

나는 이어서 말했다.

"대내외적으로 부딪친다 하여 조금도 의기소침하지 마십시오.
이미 각하는 용의 허리에 올라탄 기룡지상(騎龍之相)의
운명입니다. 백성들을 가난으로부터 구하겠다는 높은
이상인 용의 허리에 올라탔으므로 뛰어내리면 죽고
맙니다. 용이 목적지에 도착하기 전에 포기해서는
안 된다는 것이 기룡지상의 숙명입니다."

이 대화를 시작으로 나는 스무 살 약관(弱冠)의 나이에 한 나라 최고지
도자와 국내외 문제로 많은 대화를 나누게 되었다. 대통령은 나를 수시
로 불러 자문했고 이에 나는 성심성의껏 보좌했다. 말하자면 나는 그늘
에서 박정희 대통령의 고민을 들어 주고 해결책을 제시하는 비선 정책
보좌역이었다.

이 일은 박정희 대통령께서 돌아가시기 전까지 계속되었으며 그동안
새마을운동을 기획, 건의하여 실현시키고, 그 외에도 방송통신 교육제
도, 소련 내 한국핵미사일기지 인수 등 100여 가지가 넘는 정책을 건의
하여 실현시킴으로써 우리나라의 급속한 고도 경제성장과 농촌의 괄목
할 만한 변화에 일익을 담당하였다. 내가 박정희 전 대통령의 비선 정책
보좌역을 수행한 사실에 대해서는 당시 청와대 대통령실 수석비서관이
었던 고(故) 장국진 박사의 증언 영상과 고(故) 용태영 변호사의 법정 증
언 내용이 남아 있다.

용태영 변호사는 국가를 상대로 소송을 제기하여 석가탄신일을 공휴
일로 만든 유명한 변호사이다. 당시 그 변호사의 집이 청와대 옆에 있었
는데 집 건물이 청와대의 담장에 걸쳐진 형태로 되어 있어 청와대 검문
소를 통해야만 집으로 드나들 수 있었다. 이를 못마땅하게 생각한 차지

철 당시 경호실장이 청와대 경호 문제를 구실로 그 집을 철거시키려고
하였다. 박정희 전 대통령이 이 사실을 알고 차지철 경호실장이 용 변호
사를 괴롭힌 적은 없는지 등 내게 사정을 알아보라고 지시하여 내가 용
태영 변호사를 찾아간 적이 있었다.

박 전 대통령이 서거하고 상당한 세월이 지난 후 나는 나의 어린 시절
부터 청년 시절, 이병철 회장의 양아들이 된 일, 이병철 회장의 기업 경
영에 여러 가지로 도움을 준 일, 이병철 회장의 소개로 박정희 전 대통
령의 비선 정책 보좌역이 되어 대통령과 대화하고 많은 정책을 건의하
여 실현되게 했던 일 등 국가적 비사(祕事)들이 포함된 『무궁화 꽃은 지
지 않았다』(2000)라는 자서전을 펴냈고 이 책은 당시 많은 사람에게 큰
반향을 일으켰다.

그런데 훗날 법정에서 내 자서전의 내용이 진위 시비에 휘말리게 되
었다. 어떻게 그렇게 젊은 나이에 박정희 전 대통령의 비선 정책 보좌역
을 할 수 있었느냐는 것이었다. 이때 용태영 변호사가 자진하여 법정에
나와서 자신의 집 문제로 청와대에서 심부름을 나왔던 청년에 대해 말
하면서 그 청년이 허경영이 맞고, 그 청년이 차지철 경호실장보다 더 대
통령의 신임을 받고 있었던 것 같다고 말한 것이 바로 그 법정 증언 내
용이다.

부시 취임 축하 파티 참석

한참 훗날 이야기이지만 법정 시비와 관련하여 이곳에 확실히 밝혀
놓고 싶은 것이 있다.

2001년 1월 16일 당시 민주공화당 총재였던 나는 미국 대사대리의 전

화를 받고 당일 비자와 비행기 티켓을 받아 1월 17일 대한항공편으로 미국에 가서 1월 18일 워싱턴에서 부시 취임 축하 댄스파티에 참석하고, 20일 부시 취임식에도 참석했다. 취임 축하 파티는 3곳에서 개최되었는데 그중에서도 유니언 스테이션에서 열린 촛불 만찬은 전 세계 유명 인사 250명만 초청되는 A급 파티로 우리나라 정치인으로서는 유일하게 내가 초청받았다. 여기에는 부시 대통령 내외와 체니 부통령 내외도 참석했다.

당시도 그랬지만 지금도 우리 국민 중에는 이 사실을 의아하게 생각할 사람이 있을 것이다. 내가 박정희 전 대통령의 비선 정책 보좌역을 했다는 사실은 우리 국민은 대부분 모르고 있지만, 미국 정보당국은 이미 잘 알고 있는 사실이며, 내가 엄청난 두뇌의 소유자라는 것도 알고 있다. 당시 부시 대통령 측에서는 북한 핵을 어떻게 다루어야 하는지에 대해 내 의견을 물었고, 나는 미국이 하려는 CVPE 방식에 대해 그것은 북한으로서는 받아들이기 어려운 것이므로 FVID 방식으로 해야 성과를 거둘 수 있다고 조언했다. CVPE란 Completely, Verifiably, Permanently, Eliminate의 약자로 북한의 핵을 완벽하게, 검증 가능하게, 영구히 되돌릴 수 없게 미국이 직접 제거하는 방식이고, FVID란 Fully, Verifiably, Irreversibly, Dismantle의 약자로 북한 핵을 충분히, 검증 가능하게, 되돌릴 수 없게, 북한이 직접 해체하게 하는 방식이다.

이처럼 내가 부시 취임 파티에 참석했던 것은 엄연한 사실이다.

그런데 법정에서 검찰 측은 내가 조지 부시 대통령 취임 축하 파티에 참석했다고 한 것을 거짓말이라고 주장했다. 내가 부시로부터 초청받은 적도 없고 파티에 간 적도 없다는 것이 검찰 공소장의 요지였다. 우리 측에서 증거로 제출한 부시와 내가 나란히 찍은 사진은 합성이라는 것이었다. 물론 부시와 찍은 사진은 편집한 사진이었다. 그러나 그것은 내가 편집한 것이 아니라 미국의 한 한인 방송사에서 내가 부시 대통령 취임식 전날 축하 파티에 참석한 사실을 방송하기 위해 편집한 것이었다. 참석 여부를 확인할 수 있는 다른 많은 사진과 증거물을 제출했음에도 불구하고 편집된 사진 1장만 증거로 채택하여 나는 천하의 허풍쟁이요, 거짓말쟁이가 될 상황에 놓이게 되었다.

그 당시 나는 종로에서 국회의원 선거에 출마하려고 했다. '허경영 신드롬'이라는 말이 있을 정도로 내가 인기 절정이었던 때였다.

내가 구속되자 부시의 오랜 친구이고, ㈜영안모자 회장이었던 백성학 경인방송이사회 의장이 나를 위해 증언에 나섰다. 백성학 영안모자 회장은 내가 부시의 초청을 받아 비행기를 타고 가던 날 내 옆자리에 앉았던 사람으로, 나와 함께 취임 축하 파티에 초청받아 내가 참석한 것을 직접 본 사람이었다. 백성학 영안모자 회장의 증언 내용은 『신동아』 2008년 8월호와 법원 증언에 나와 있다.

당시 법정에서 나를 위해 증언을 해 준 분들에게 이 지면을 빌려 진심으로 감사드린다.

새마을운동을 창안하다

새마을운동이 우리나라 농촌을 몰라보게 변화시키고 나라를 발전시킨 하나의 동인이었다는 것을 부인할 사람은 별로 없으리라 생각한다. 당연히 돌아가신 박정희 대통령의 결단과 추진력으로 일구어 낸, 그분의 커다란 업적 중 하나다. 그런데 이 새마을운동에 대해 최초에 아이디어를 낸 사람이 나라는 것을 아는 사람은 드물다.

경부고속도로가 완공되어 갈 무렵 시원하게 뚫린 경부고속도로의 사진을 보았는데 잘 뻗은 고속도로에 비해 주변 마을의 집들이 낡고 초라한 것이 내 눈에 들어왔다. 나는 마을을 새롭게 바꾸는 운동을 하면 좋겠다는 생각이 번쩍 떠올랐다. 그래서 며칠을 고심하며 방안을 생각했다. 그리고 직접 대통령에게 내 아이디어를 제안했다.

그러자 그분은 무릎을 치며 어떻게 그런 생각을 다 하느냐며, 그걸 한번 연구해 보라고 했다. 나는 이미 생각해 둔 것이 있다며 이렇게 말했다.

"마을과 마을끼리 경쟁하게 하는 방법의 운동으로
이름은 신촌(新村) 운동, 즉 새마을운동으로 지어 봤습니다."

"새마을운동이라… 그거 좋은 이름이군.
그래, 새마을운동은 어떤 성격의 운동인가?"

"국민적 에너지를 결집하는 운동입니다. 지금 머리(head),
손(hand), 심장(heart), 건강(health)의 4H운동이 있지만 그것은
'도박하는 운동'과 같습니다. 농촌 사람들이 노름이나 하면서
노는 사람이 너무 많습니다. 새마을(신촌新村) 운동은 우리
국민이 힘을 모아서 마을을 바꾸고 나라를 바꾸는 운동입니다.
방법적으로는 국민은 노동, 국가는 재료를 무상으로 대 주고
마을과 마을끼리 경쟁하게 합니다. 북한은 천리마운동을
하고 있지만 그것은 경쟁이 없어 성공하지 못합니다.
　죽은 민물고기는 물살을 따라 떠내려가지만 살아 있는
민물고기는 물살을 거슬러 올라갑니다. 지느러미와 꼬리를

쉴 새 없이 흔들어 더 좋은 환경으로 펄떡 뛰어오르는 것처럼 우리 국민도 운동하게 만들어서 낡은 초가집을 새집으로 바꾸고 마을 환경도 새롭게 하고, 노름이나 하면서 게으르게 사는 낡은 정신을 새로운 정신으로 바꾸는 것입니다. 그래서 새마을운동의 3대 정신으로 '자조(自助), 근면(勤勉), 협동(協同)'을 정해 보았습니다. 3대 정신에는 일하는 소의 쟁기를 닮은 '힘 력(力)'이라는 글자가 6개 들어 있고 '열 십(十)' 자가 한 개 들어 있습니다. 이것은 6일간은 열심히 일하고 하루는 쉰다는 의미입니다. 6개의 '힘 력(力)'은 에너지로 새마을정신의 에너지, 힘을 강조했습니다."

나는 계속 말을 이어 갔다.

"성장주의, 복지주의, 양시주의, 총체주의는 새마을운동의 4대 이념입니다. 그리고 살기 좋은 고장, 보람 있는 일터, 건강한 사회, 자랑스러운 나라 건설은 4대 목표이고요. 또 새마을운동은 도민양산(韜民養産), 즉 민주화는 잠시 숨기고 산업화를 먼저 해야 성공할 수 있습니다."

듣고 있던 그분이 얼굴에 기쁨을 감추지 못하며 말했다.

"정말 좋군. 그런데 이름의 아이디어는 어디서 얻었는가?"

"참 많습니다. 어린 시절 머슴살이 체험과 서양의 실용 사상, 아담 스미스의 국부 사상, 막스 베버의 자본 사상, 기독교의

난세의 영웅, 허경영을 아십니까?

중립 사상 등 서양의 것을 '새(신新)'로 했습니다. 그리고 우리나라의 전통 사상, 유교의 중용(中庸) 사상, 불교의 중도(中道) 사상, 도교의 중화(中和) 사상 등 동양의 전통적인 것은 '마을 촌(村)'이 상징하게 했고요. 동양 것과 서양 것의 혼합이지요."

이렇게 하여 얼마 가지 않아 내 아이디어가 국가의 정책으로 채택됐다. 새마을운동이 일어난 것이다. 마을 주민들이 노동력을 대면 국가가 그만큼 시멘트를 무료로 주니 마을끼리 경쟁이 불붙었다. 일하지 않는 마을은 시멘트를 한 포도 주지 않았기에 다들 경쟁적으로 열심히 운동에 임했다. 집의 지붕, 도로, 하천의 보수부터 가축 사료에 이르기까지 새마을운동은 잠자던 농촌과 국민의 정신을 깨워 자신과 환경을 새롭게 바꾸어 갔다.

우리의 새마을운동이 대성공을 거두자 중국에서는 공산주의는 숨기고 산업을 양성한다는 도공양산(韜共養産), '빛'인 공산주의를 숨기고 '어둠'인 자본주의를 양성한다는 뜻의 도광양회(韜光養晦)를 내세우며 우리의 새마을운동을 따라 하기에 이르렀고, 차츰 새마을운동은 전 세계로 퍼져 나가기 시작했다. 이후 새마을운동은 전 세계 개발도상국에서 배우러 오는 것은 물론 유엔과 세계은행에서도 빈곤 극복을 위한 이상적 모델로 평가하며, 지금도 세계 각지의 개발도상국들에서 새마을운동의 경험을 전수해 달라는 요청이 계속되는 것으로 알고 있다.

제4장

혼돈과 절망을 넘어서

불공정이 판치면서 우리의 민주주의에 '민주'가 사라지고 있다. 나라의 실제적 주인 자리는 특권층이 차지하고 국민에게 남은 것은 주인이라는 빛바랜 깃발뿐이다. 빈부격차의 벽 앞에서 젊은이들이 날개를 접고, 민족의 장래가 바람 앞의 등불처럼 불안하다. 공의를 기초로 한 혁신적 변혁밖에는 방법이 없다.

1

민주주의는 최선의 정치체제인가?

고대 그리스 민주정치의 결과

오늘날 대다수 우리 국민은 민주정치가 지상 최고의 정치체제라고 믿고 있다. 사람들은 시민들이 세계사에서 왕과 귀족 위주의 특권층만을 위해 존재했던 구체제를 갈아엎고 자유권과 평등권을 성립시킨 프랑스대혁명, 미국독립혁명 그리고 이후의 지속적인 투쟁을 통해 마침내 모든 국민이 나라의 주인이고, 누구나 정치에 참여할 수 있는 참정권을 가지며, 자유와 권리를 누리게 된 오늘날의 민주주의를 이루어 낸 것이야말로 인류사의 기념비적 쾌거라고 생각한다. 우리나라의 현대 역사도 독재에 맞서 민주주의를 쟁취해 온 과정으로 이해한다. 학자들은 인류 역사에서 민주주의라는 제도를 만들고 발전시킨 것은 인류가 이룩한 업적 중 최고의 업적이라고 평가한다. 물론 차별과 억압이 심했던 봉건 신분제 사회에서 차별을 철폐하고 모든 사람이 존엄한 존재이며 자유와 평등, 행복을 추구할 권리를 가진 존재라는 점을 확립한 것은 큰 의미가 있다.

그러나 나는 오늘날 우리의 민주정치에 상당한 문제가 있다고 본다. 일단 오해하지 않기를 바라는 마음에서, 먼저 나 역시 누구보다도 모든 국민이 나라의 주인이라는 것과 그것을 실현하는 것이 공의로운 일임을 강조한다. 내가 국민은 국가라는 주식회사의 주주이므로 배당을 받을 권리가 있다는 말을 하는 것도 모든 국민이 나라의 주인이라는 국민주권주의(國民主權主義), 곧 민주주의에 기초하고 있으며, 형식이나 껍데기, 입으로만이 아니라 실제적으로 국민이 국가의 주인이 될 수 있도록 해야 한다는 취지에서이다. 그러나 정치의 영역에서만큼은 민주주의가 기득권 세력에 의해 농락당하거나 특정 세력의 교묘한 기만술에 국민이 넘어가, 겉으로는 민주정치이지만 실제로는 소수 기득권을 위한 그들만의 정치가 될 수 있는 치명적인 약점을 지닌 정치체제임을 지적하지 않을 수 없다.

사실 민주정치는 근대에 이르러 처음 생긴 제도가 아니다. 지금으로부터 2,500년 전에 그리스 도시국가, 아테네에서 이미 실시되었던 제도다. 물론 지금처럼 신분과 성별 차이 없이 모두가 동등한 권리를 가졌던 것은 아니다. 자유민보다 훨씬 숫자가 많았던 아테네의 노예는 시민이 아니었고, 여자도 참정권이 없었다. 10만 명 남짓한 인구 중 2만 명 정도의 남성 자유민만이 참정권이 있었다. 그리고 지금처럼 국민의 투표로 선출된 대표가 의사결정을 하는 간접 민주주의 방식이 아니라 자유민이 한자리에 모여 직접 정치적 의사결정을 하는 직접 민주정치였다.

그러나 고대 그리스 아테네의 민주정치에는 심각한 문제가 있었다. 자신의 주장을 관철하기 위해서는 그것을 펼치는 기술이 필요한데, 소피스트라는 궤변론자들이 나타나 상대를 이기는 언변술을 가르치는 일이 성행했다. 그러다 보니 절대적 가치나 진리 같은 것은 중요하지 않았고, 교묘하게 말을 잘하는 자가 정치적으로 성공할 수 있었다. 이런 사람의 연설에 현혹된 시민이 그 의견을 좇아가는, 이른바 중우정치(衆愚政治)가 횡행했다. 그러한 중우정치는 일종의 선동에 의한 정치라고 할 수 있다.

보편적 진리의 존재를 강조했던 소크라테스가 소피스트들과 싸우고, 그의 제자 플라톤이 철인정치(哲人政治)를 주장한 이유가 그것이었다. 소크라테스는 "훌륭한 스승을 지도자로 모셔야지, 그를 투표로 뽑으면 되겠느냐"고 일갈하다 결국 죽음을 맞이했다. 권력욕이나 특정 의도를 지닌 자들의 얄팍한 언변술에 현혹된 대중들에 의해 정치적 결정이 좌우되었던 아테네는, 종국에는 그리스의 또 다른 도시국가 스파르타와의 펠로폰네소스 전쟁에서 패하면서 고대 그리스의 중심적 도시국가 지위를 잃었다.

이처럼 아테네 민주정치는 민주주의의 특성상 피하기 힘든 중우정치로 흘러갔고, 이것이 나라가 쇠락하게 된 원인 중 하나였다. 민주주의가 민주주의라는 그 방식에 의해 망하고 만 것이다.

더 심각한 오늘날의 중우(衆愚)정치

오늘날 우리가 하고 있는 민주주의는 그것과 다르다고 할 것인가? 물론 직접 민주정치가 아니고 국민을 대신할 대표를 뽑으면 그들이 정치를 하는 간접 민주정치, 곧 대의정치(代議政治)이고, 여성도 남성과 동등한 참정권을 가졌다는 면에서 아테네의 민주정치와는 많이 다르다. 그렇다고 아테네와는 달리 우리가 하는 민주정치에는 문제가 없는 걸까? 나는 오늘날 우리가 하는 대의정치도 고대 아테네의 직접 민주정치 못지않게 문제가 많다고 생각한다. 아테네의 민주정치가 외부의 선동과 어수룩한 군중의 현명하지 못한 결정이 문제였던 것처럼 오늘날 우리 국민의 선거권 행사에도 심각한 문제가 있다고 할 수 있다.

대의정치 하에서 국민은 투표를 통해 자신의 의사를 정치에 반영해 줄 대리인을 선출한다. 그가 대통령이나 국회의원들이다. 그런데 선거 과정의 일부가 결코 공정하다고 볼 수 없다고 생각한다. 먼저 선거에 미치는 대중매체의 영향을 지적하지 않을 수 없다. 오늘날 신문, TV 등 언론·방송과 '네이버'나 '다음', '구글' 같은 인터넷 포털은 정보 제공에서 국민에게 거의 절대적인 영향력을 행사하고 있다. 그들이 무엇을 취재하고 어떤 시각으로 보도를 하는가, 또 인터넷 포털이 어떤 뉴스를 노출하느냐에 따라 사람들의 생각과 관심에 엄청난 영향을 준다.

대부분 사람은 언론·방송에 나오면 별다른 의심 없이 그것을 믿는 경향이 있다. 물론 이들 대중매체가 객관적이고 사실적인 보도만 하고, 인터넷 포털이 공정성을 유지한다면 그렇게 문제될 것이 없다. 그러나 실제로는 대중매체가 권력이나 특정 세력에 장악되는 경우가 적지 않았다. 인터넷 포털도 운영의 주체가 어떤 정치적 경향성을 띠는가에 따라 상위에 노출되는 기사가 달라질 수 있다. 이렇게 되면 심각한 문제가 발생할 수밖에 없다. 그들에 의해 조작된 여론이 형성될 수도 있다. 언론·방송은 얼마든지 자신들과 커넥션이 있는 정치세력의 후보나 선호하는 후보에게 유리한 정보를 쏟아 내고 다른 후보들에게는 악의적인 보도를 할 수 있다. 불공정하고 편파적인 보도가 버젓이 자행될 수 있다. 그것은 국민의 선택에 그대로 영향을 준다.

지금 우리나라의 언론·방송 중에도 그러한 보도 자세를 가진 곳이 적지 않다. 거대 정당의 특정 후보에 대해서는 선거 기간 전부터 엄청난 양의 기사를 쏟아 내고 언론·방송에서 수없이 보여 준다. 마치 언론·방송이 그들의 선거운동원 같은 착각을 일으키게 할 정도가 된다. 그러면서 군소정당과 무소속 후보에 대해서는 아예 언급조차 하지 않거나 부정적으로 보도하여 언론·방송만 의지하는 국민은 그들이 후보로 나왔는지도 모르고 알아도 부정적으로만 알게 된다.

언론·방송이 허위·왜곡 보도를 하는 경우도 적지 않다. 2018년 5월 5일 나는 당시 미국의 트럼프 대통령을 만난 적이 있다. 이전에 나는 당시 미국 콜로라도주 상원의원이자 상원 외교위원회 산하 동아시아태평양·국제사이버 안보정책소위원회 위원장이었던 코리 가드너(Cory Gardner)의 초빙으로 미국을 방문해 공화당 소속의 많은 사람이 함께 회의를 하는 자리에도 참석했다. 미국이 우리나라에 대해 굉장히 서운하게 생각하여 우리나라 의사와는 상관없이 북한의 핵무기와 장거리 미사일 도발에 대해 응징을 하려는 분위기가 고조된 상황이었다. 그들은 전투기와 잠수함 등 모든 것을 대기시킨 상황에서 북한 문제에 대해 마지막으로 내 생각을 들어 보려고 나를 부른 것이었다.

내가 이들을 만나게 된 데에는 임청근 한미동맹협의회 총재의 주선이 있었다. 임청근 총재가 우리나라로 인해 한미동맹이 갈수록 악화되는 것을 우려하고 있을 때 한미동맹의 악화를 해결할 사람으로 나를 천거한 이들이 있었고, 그렇게 해서 임청근 총재의 주선으로 나는 동아시아태평양·국제사이버 안보정책소위원회 위원장과 미국 대통령을 차례로 만나게 되었다. 그들과 만난 자리에서 나는 북한 폭격을 강력히 반대하고 북한이 받아들일 수 있는 방식으로 북한을 달래면서 북핵을 처리해야 한다는 의견을 피력했다.

여하튼 내가 트럼프 대통령을 만난 것은 너무나 분명한 사실이다. 유튜브에 '허경영 임청근'을 검색하면 증언 자료를 얼마든지 확인할 수 있다. 그런데 나중에 우리나라의 한 방송에서 트럼프 대통령과 내가 함께 찍은 사진은 합성한 것이라면서, 내가 트럼프 대통령을 만난 것은 거짓이라는 허위 왜곡 방송을 내보냈다. 그 방송을 하기 며칠 전 그곳 방송국의 기자가 나를 찾아와서 이것저것 질문을 하고 사진의 원본을 보고 갔음에도 불구하고 정작 방송에서는 복사한 사진을 내보내며 나를 거짓말쟁이로 몰아가며 음해하는 방송을 한 것이다.

언론·방송의 허위, 왜곡 보도는 사실에 기초하지 않은 터무니없는 여론을 형성하고, 그것이 후보와 관련된 내용인 경우 선거에 커다란 악영향을 끼친다. 이러한 모습은 고대 아테네의 중우정치와 다를 게 하나도 없다. 아니, 어쩌면 더 심각하다고 본다. 아테네는 야심을 가진 개인 몇몇이 화려한 언변술로 유권자들을 현혹했다면 지금은 엄청난 영향력과 파급력을 가진 대중매체가 편향된 시각으로 특정 후보를 띄우기도 하고 죽이기도 하면서 국민의 선택에 의도적인 영향을 주고 있다. 이것은 비단 우리나라뿐 아니라 민주주의 선진국이라는 미국 같은 나라도 예외는 아니다.

이러한 대중매체의 보도 자세와 행위는 일종의 대중 선동 행위라고 할 수 있다. 선동당한 대중들의 선택은 그것이 비록 그들의 자유로운 의사에 따른 것이라 여길지라도 이미 선동과 조작이 영향을 끼친 결과일 뿐이다. 그들의 투표권이나 선거권의 행사는, 보기에는 주권을 행사하는 민주주의 절차이지만 선동한 자가 이루고자 하는 것에 도장을 찍어 주는 들러리 역할에 다름없다고 생각한다.

원래 민주정치, 데모크라시(Democracy)는 '군중에 의한 정치'라는 뜻이다. 이러한 정치에 대해 일부에서는 집단지성에 의해 탁월한 선택이 이루어진다고 주장하나 그러한 경우는 극히 드물다. 대개는 선동이나 대중의 어리석음으로 인하여 중우정치, 우민(愚民)정치로 흐르게 된다.

이처럼 고대 그리스의 직접 민주정치든 오늘날 대의 민주정치든 군중에 의한 정치가 드러낸 한계는 명확하다. 민주정치가 중우정치로 흘러 나라를 망치고 국민 스스로 제 발등을 찍는 것이다. 비행기는 탁월한 조종 실력을 지닌 조종사가 몰아야 한다. 군중이 투표로 조종사를 뽑는다면 유능한 조종사가 뽑힌다는 보장을 할 수 없다. 형편없는 조종사가 뽑혀 비행기를 조종한다면 돌이킬 수 없는 재앙이 올 수도 있다는 것은 자명하다. 우리 국민은 이제 정치 영역에서만큼은 소크라테스와 플라톤이 주장했던 것처럼 진리와 선을 아는 철인(哲人)이 국가와 국민 모두의 이익을 위해 정치를 행하는, 지혜로운 정치 방식을 생각해 봐야 한다.

민주정치의 또 다른 심각한 문제점으로 지적할 수 있는 것이 부정선거 가능성이다. 이것은 기득권을 가진 정치세력이 자신들의 권력과 이익을 공고히 하기 위해 교묘한 술책으로 선거에 영향을 주려고 하거나 부정을 저지르는 것이다. 그래도 이전에는 기득권 세력이 조직을 동원하여 유권자에게 직접 현금을 살포하거나 투표함 바꿔치기 등의 단순한 수법으로 선거를 조작했기 때문에 비교적 탄로 나기가 쉬웠다.

그러나 지금은 발달한 과학기술을 선거에 활용하면서 부정선거의 가능성은 더 커졌고, 교묘한 방법을 구사할 수 있어 설령 부정이 있어도 쉽게 드러나지 않게 됐다. 선거에 활용되고 있는 과학기술은 개표와 집계를 훨씬 수월하게 할 수 있는 장점이 있다. 그런데 이렇듯 편리한 기술의 활용이, 조작의 가능성이 제기되면서 부정선거 의혹으로부터 결코 자유롭지 않은 것이다. 지금 선거 때마다 끊임없이 부정선거 의혹이 제기되는 것은 그런 이유 때문이다. 부정선거는 사전투표나 우편투표 실시 등 선거 제도의 허점을 통해서도 얼마든지 일어날 수 있다. 아마도 그 어떤 제도를 도입하더라도 부정선거 의혹을 완전히 배제할 수 없을 것이다. 정치세력이 부정선거라는 유혹을 뿌리치기 어려운 것은 민주주의라는 제도 자체가 가지고 있는 약점이라고 할 수 있다.

민주주의의 원리 중 하나인 다수결의 원칙에도 문제가 있다. 대통령 선거에서 A와 B, 두 후보가 대결을 벌여 51 대 49의 득표율로 A후보가 승리했다고 가정할 때, 49%나 되는 국민은 A후보와 그의 정책을 지지하지 않기에 A 임기기간 내내 불만스러울 수 있다. 특히 두 후보 사이의 정치적 신념이나 정책에 극명한 차이점이 있고, 지지층이 그것에 크게 좌우된 경우라면 문제는 매우 심각할 수 있다. 국민 분열이 심하게 초래되어 사회가 불안해질 수 있기 때문이다. 정권이 바뀔 때마다 정치 보복이 일어날 수도 있다. 실제로 이러한 현상이 우리나라에서 빈번하게 일어나고 있다.

이처럼 대표를 뽑는 간접 민주정치 방식이든 시민이 직접 정치적 결정에 참여하는 직접 민주정치 방식이든 민주정치는 문제가 발생할 수밖에 없는 불완전한 제도이다.

껍데기뿐인 오늘날 민주주의

국민이 권리를 주장하고 요구할 수 있는 근거는 주권재민(主權在民)이라는 민주주의의 기본원칙에 있다. 우리 헌법에도 '대한민국은 민주공화국이고 주권은 국민'에게 있다고 명시되어 있다. 그런데 과연 우리 국민이 진정으로 주인으로서의 대접을 받고 있는지 생각해 볼 필요가 있다.

단언컨대 나는 이것이 사문화(死文化)된 조항, 형식적 조문, 하나의 포장된 껍데기에 불과하다고 생각한다. 선거 때 투표권을 행사하는 그것으로 주인 대접을 받는다고 생각하면 순진한 것이다. 내가 투표한 사람이 나를 대신하여 정치를 해 주므로 내가 정치를 하는 것과 마찬가지이고 결국 내가 주인인 거라고 대의정치(代議政治)의 의미를 역설할 사람도 있겠으나, 우리 국민 중에 실제로 그렇게 생각하고 투표하는 사람이 얼마나 되는지 모르겠다. 그리고 앞서 언급했듯이 그러한 권리 행사가 기득권이나 언론 매체의 영향, 혹은 선동가의 선동에 커다란 영향을 받는다면 진정한 권리 행사라고도 볼 수 없다.

나라의 주인이라는 것은 정치적 권리를 행사하는 것만을 의미하지 않는다. 생존권, 소유권, 평등권, 청구권, 사회권, 자유권을 모두 누릴 수 있어야 한다. 경제적인 권리도 가질 수 있어야 한다. 기업 활동을 하거나 일할 수 있을 권리만을 말하는 것이 아니다. 국가가 부유해지면 그에 따라 주인인 국민도 부유해져야 제대로 주인 대접을 받는 것이라 할 수 있다. 부(富)에 대한 평등권, 국가가 일군 부를 국민이 공정하고 공평하게 나눠 받을 권리가 충족되어야 한다. 그러나 지금 우리나라는 국가는 부유해졌으나 그에 따라 대다수가 부유해졌다고는 볼 수 없다. 소수의 사람은 엄청나게 부유해졌으나 대다수 국민은 오히려 중산층에서도 탈락하고 생계마저 힘든 사람도 상당하다.

상황이 이러한데 과연 우리나라에 '국가의 주인은 국민'이라는 민주주의가 제대로 실현되고 있다고 볼 수 있는가? 껍데기만 국민이 주인인 민주주의 국가이지, 알맹이는 머리 좋고 계산 빠른 사람들이 가져가 특권 귀족층을 이루는 특권 귀족 국가라고 해야 하지 않을까? 우리 국민이 영국의 마그나카르타에서부터 프랑스대혁명, 미국독립혁명, 가깝게는 우리나라의 4.19 혁명, 1987년 6.10 민주항쟁 등 민주주의 쟁취 역사를 열거하며 숭고한 투쟁과 희생으로 우리는 유사 이래 최고의 정치체제인 민주주의를 이루어 내었다는 성취감에 도취되어 있는 동안, 다른 누군가가 양의 머리를 내걸고 개고기를 파는 양두구육(羊頭狗肉)의 기만 행위로 민주주의의 알맹이는 어디론가 사라지고 빈껍데기만 남았다고 봐야 하지 않을까?

공의로운 정치를 향하여

나는 이미 이러한 대의(代議) 민주정치는 국민을 위한 정치체제가 아니라는 것을 간파하고 있었다. '대의 민주주의'는 국민을 이용해 소수의 특권층이 자신들의 기득권을 공고히 하는 데 이용하는 수단으로 전락할 소지가 농후하기 때문이다.

나는 이러한 불완전한 민주주의를 보완하는 정치체제로 신정정치(神政政治)를 제시한다. 정교(政敎)분리 국가에서 무슨 말이냐고 깜짝 놀랄 사람이 있을지도 모르겠으나 일단 그 어떤 선입견도 내려놓기를 바란다. 그리고 종교 지도자가 '신의 뜻'을 대행한다고 보고 국민에 의해 선출된 대통령을 좌지우지하며 최고 권력을 행사하는 이란(Iran) 같은 나라의 신정정치를 생각하지 않기를 바란다.

일단 내가 말하는 신정정치는 공의(公義) 정치이다. 사랑을 바탕으로 하는 공의로운 상생 세계를 구현하는 데 신정정치의 목적이 있다. 공의는 대자연의 질서이다. 식물은 생존경쟁을 생존의 법칙으로 살아가며, 동물은 약육강식을 생존법칙으로 하여 살아간다. 동식물의 생존경쟁이나 약육강식을 나쁘다고 볼 수 없다. 동식물은 그렇게 살 수밖에 없고 그렇게 살아야만 생태계가 유지된다. 아프리카 초원에 사자가 있어 누 새끼를 잡아먹어야 누 떼가 무한히 늘어나서 초원이 황폐화되는 것을 막을 수 있다. 이것은 자연의 질서이며 하늘이 부여한 동식물 세계의 생존원리이다. 이 자연의 질서, 법칙을 공의(公義)라고 하며, 공의는 당연히 인간 사회에도 존재한다. 그러나 인간은 동식물과는 다르다. 주지하듯 인간은 도덕과 윤리를 지닌 만물의 영장이다. 그래서 인간은 생존경쟁이나 약육강식이 아니라 공존공영(共存共榮)이 생존 법칙으로 주어져 있다. 공존공영을 추구하면서 살아야 하는 것이 인간이다. 말하자면 공존공영이 인간 사회의 공의이다. 공존공영의 원칙에 따라 살아갈 때 인간의 삶은 대자연의 질서에 부합한다.

공의를 실현하려는 것은 하늘의 뜻이다. 그런데 오늘날 인간 세계에는 이 공의가 무너져 버렸다. 인간 세계를 공존공영이라는 원칙 대신 동식물의 생존원칙인 생존경쟁과 약육강식이 지배하고 있다. 그리고 거기에 더하여 인간 세계에는 동물에게는 없는, 끝없는 탐욕까지 가세하여 하늘이 부여한 인간 생존의 대원칙이 완전히 무너지고 공의가 실종되고 있다. 나만 잘 살면 된다는 생각이나 부익부 빈익빈 현상은 그 대표적인 현상이다.

우주 삼라만상에 우연히 존재하게 된 것은 없다. 삼라만상의 근원이며 무변광대한 우주를 통제하고 관장하는 곳은 실재한다. 이 광대한 우주의 헤아릴 수 없는 별들이 질서정연하게 움직이며 코스모스의 세계를 유지하는 것은 절대로 우연히 이루어질 수는 없는 일이다. 삼라만상이

난 자리이며 대우주를 관장하는 곳을 흔히 하늘이라고 하고 우주 중심, 혹은 신(神)이라고도 한다. 이 하늘이 인간 세계에 공의가 사라지고 인간이 참모습을 잃어 가는 것을 그대로 방치한다는 것은 있을 수 없는 일이다. 인류가 스스로 통제하지 못하면 하늘의 개입이 있을 수밖에 없다. 그러나 자유의지를 가진 인간을 하늘이 위에서 마음대로 조종할 수는 없다. 우리 민족의 경전『천부경(天符經)』에 보면 "일묘연(一妙衍) 만왕만래(萬往萬來) 용변부동본(用變不動本)"이라는 구절이 있다. 이것은 우주 본체인 우주 통할자(統轄者)가 우주 속 수많은 곳을 수없이 오간다는 것이며 그 모습은 수없이 변하여 나타나지만 근본은 여전히 동일한 우주 본체라는 뜻이 담겨 있다. 그리고 이러한 왕래는 수십 수백억 겁 수수만 년 계속하여 있어 온 일이라는 의미도 내포되어 있다. 이러한 천부경의 내용은 실제 우주의 비밀을 상징적으로 잘 담고 있다.

그러나 인간이 이러한 내용을 이해하는 것은 쉽지 않다. 인간은 3차원적 사고방식으로만 생각하도록 되어 있기 때문이다. 그러나 막연하게나마 우주의 본체(本體)가 동시에 수없이 많아지기도 하고 하나가 되기도 하고 우주 중심에 그대로 있으면서 수많은 곳에 동시에 존재할 수도 있는 무한 차원의 세계가 분명히 있다는 것은 상상할 수 있으리라 생각한다.

우주 중심에 있는 본체가 인간 세계에 올 때 일부 사람들은 근엄한 신의 형체로 광휘(光輝)에 싸여 갑자기 나타날 것이라고 상상하지만 그렇지 않다. 인간 세계를 바꾸어 주어야 할 목적을 갖고 오므로 인간과 교감할 수 있는 인간의 몸을 입고 오게 된다. 이것을 화신(化身)이라고 한다. 본체의 화신체, 그가 바로 신인(神人)이다. 그리고 그 신인이 하늘의 뜻인 공존공영의 공의로운 세계를 이루기 위해 인간 세상에 행하는 정치가 신정정치이다. 하늘의 대행자가 행하는 이란(Iran)의 신정정치와는 달리 하늘이 화신하여 직접 정치를 하는 것이다. 물질이나 명예욕에 사로잡히기 쉬운 속인이나 범인이 아니라 자애로우면서도 자식이 올바른 길을 가지 않을 때는 따끔한 회초리를 들기도 하는 부모의 마음을 가진 신인이 지도자가 되어 국민을 고루 살피고 풍요롭고 자유로운 삶을 보장하는 정책을 펴며, 인류가 공존공영할 수 있는 시스템을 만들어 공의가 실현되게 하는 것, 이것이 바로 신정정치이다. 이 신정정치의 실현이야말로 인류사에 단 한 번 있는 놀라운 축복이며 인류 문화가 비약적으로 발전할 수 있는 계기로서 인간에게 있어 그 어떤 수식어로도 표현할 길 없는 엄청난 행운이다.

혹 국민 가운데 내가 지도자가 되면 국민 위에 군림하는 무서운 지배자가 될지도 모른다는 우려를 하는 사람이 있다면 그것은 나와 내 뜻을 전혀 알지 못한 오해이다. 나는 국민을 행복하게 하고 우리나라와 전 세계가 공존공영할 수 있는 길을 제시하고 이끌어 가려는 지도자가 되려는 것이지, 국민 위에 군림하는 지배자가 될 생각은 추호도 없다. 지도자(指導者)는 길을 알려 주면서 이끌어 주는 사람이지, 사람들을 억압하고 멋대로 하는 자가 아니다. 일부 정치꾼들을 정신교육대에 보낸다고 하는 것은 그동안 국민을 위해서 올바르게 정치를 했어야 할 그들이 부익부 빈익빈이나 민생은 해결하지 않고 정쟁이나 하면서 국민을 고통 속에 방치하였으므로 그에 대하여 책임을 묻겠다는 것일 뿐이다. 즉, 그들의 정신 상태를 교육을 통해 고쳐 놓겠다는 것뿐이다. 교육도 나의 강의를 듣고 시험을 치르게 하는 것으로, 그들이 진정으로 변화가 일어난 것이 확실하면 언제든지 그곳을 졸업할 수 있다.

나는 부모의 마음처럼 모든 자식이 잘되기를 바라는 심정으로 국민 모두를 고루 잘 살고 행복하게 하려는 마음밖에 없다. 한 자식은 가난하여 끼니조차 굶고 있는데 부유한 다른 자식은 배불리 먹으면서도 가난한 다른 형제를 돌보지 않고 있다면 어느 부모의 마음이 편하겠는가? 나는 바로 이 부모의 마음과 똑같은 심정이다. 내가 제시하는 방안을 자세히 들여다본 사람은 누구라도 알겠지만 나는 국민의 고통을 해결해 주고 국민 모두가 행복하게 살 수 있도록 해 주려는 마음밖에 없다. 모든 국민이 최소한 생활 걱정 없이 먹고살 정도는 만들고, 그 이상은 개인이 능력껏 노력해서 더 잘 살면 더 좋다는 것이 나의 기본 생각이다. 빚더미에 허덕이며 하루하루를 고통 속에 지내는 사람들의 고통을 없애 주고, 평생을 열심히 일해서 자식들 뒷바라지하고 국가발전에 이바지한 분들이 더 이상 생계 문제로 고통스럽게 일하지 않고도 편안한 노후를 보낼 수 있도록 하고, 입시지옥에서 허덕이는 아이들이 그곳에서 벗어나 우정을 쌓고 체력을 키우며 창의성과 재능을 발휘할 수 있도록 해 주어야 한다는 등의 생각은 부모와 같은 진심 어린 사랑의 마음이 바탕이 될 때만이 가능한 생각이다.

또 사회에 첫발을 들이는 청년들이 어렵지 않게 취업할 수 있도록 국가가 나서서 도와주고 취업할 때까지는 기본적인 생활은 가능하도록 물질적 지원을 해 주며, 국민의 애경사(哀慶事)를 챙겨 가족의 상을 당한 경우는 금일봉과 조화(弔花)를 보내며, 생일에는 선물과 케이크를 보내어 국민을 위로하고 국민의 사기를 높이려는 것도 따뜻한 사랑의 마음이 있어야만 가능하다. 또 농약과 비료를 사용하지 않는 유기농법으로 농사를 짓게 하여 건강한 먹거리와 맑은 물이 식탁에 오르게 하여 국민 건강을 챙기려는 것 등도 어버이의 마음과 같이 자애로운 마음이 있어야 생각할 수 있는 것이다.

30여 년 전부터 나는 부모의 심정으로 그러한 방안들을 구상했던 것이고 이후 지금까지 그것을 현실화하기 위해 천문학적인 돈을 애써 마련하여 그대로 다 써 가면서 대선과 총선에 나와 내 생각들을 국민에게 알려 왔던 것이다. 국민 사랑을 기본 바탕에 깔고 있는 나의 여러 방안들은 궁극적으로는 우리나라에 공의(公義)를 세우기 위한 것이라고 보면 된다.

신정정치는 민주정치의 폐단을 바로잡아 일부 소수의 특권층이 아닌 모든 국민이 나라의 주인이 되게 하며, 공평하고 풍요롭고 자유로우며, 상생하는 사회를 구현해 간다. 그것이 가능한 이유는 모든 국민이 국가의 부를 어느 정도 고루 나눠 가지면서 중산층이 될 수 있고 능력에 따라서는 자유롭게 그 이상의 부도 쌓을 수 있기 때문이다. 그리고 서로 상생하며 경제를 더욱 발전시킬 수 있는 경제구조가 이루어질 수 있기 때문이다. 따라서 신정정치는 민주주의의 폐기(廢棄)가 아니라 민주주의를 완성(完成)하는 정치체제라고 할 수 있다.

나는 신정정치를 경제적 용어로는 중산주의(中産主義)라고 명명하였는데 이 중산주의는 자본주의를 완성하는 경제체제라고 할 수 있다. 자본주의를 없애는 것이 아니라 자본주의 자유시장 체제를 유지하고 충분히 활용하면서 부익부 빈익빈의 폐단을 없애 자본주의를 완벽한 경제체제로 만들어 주기 때문이다.

약삭빠른 자들의 술책에 휘둘려서 대중이 자신과 나라를 어려움에 빠뜨릴 수도 있는 중우정치, 우민(愚民)정치와는 반대로, 공의롭고 선한 지도자가 국민 전체의 행복과 국가의 안전과 발전을 위해 올바른 길을 제시하고 국민이 호응하며 국민 모두가 진짜 주인 대우를 받을 수 있도록 하는 신정정치, 그리고 자본주의의 단점을 없애 자본주의가 완벽한 제도가 되게 하는 중산주의, 이것이 내가 우리나라와 전 세계에 행하려는 정치제도이며 경제체제이다. 껍데기 민주주의 대신, 모든 국민이 국가의 주인으로서 공평하게 부(富)를 누리고 자유롭고 행복한 삶을 보장받는 공의로운 정치, 어찌 보면 진정한 민주주의라고 할 수 있는 그것이 바로 내가 행하려는 신정정치라고 보면 된다.

2

정치, 혁명이 필요하다

우리나라 국회의원은 특권, 특혜가 많다. 다른 나라 국회의원들과 비교해 보면 확연히 느낄 수 있다. 국회의원들이 스스로는 국가와 국민을 위해 일하는 국민의 심부름꾼을 자처하지만, 온갖 특권, 특혜를 누리고 있는 것은 사실이다. 전용 사무실을 쓸 수 있고 전용 고급 승용차가 지급되며 거기에 따르는 사무실 운영비나 차량 유지비는 모두 국고에서 나간다. 국회의원 1인당 쓸 수 있는 보좌진이 운전기사 포함 9명까지도 가능하며 보좌진의 급여도 국고 지원이다.

국회의원 자신이 받는 한 해 세비는 각종 수당을 포함하여 2020년 기준 1억 5,000만 원이 넘는 것으로 확인되고 있다. 급여는 회의에 출석하지 않는 등 일을 하지 않아도 그대로 다 나온다고 한다. 국회의원이 국회에서 한 발언에 대해서는 그 어떤 발언이라도 면책특권을 가지며, 범죄를 저질러도 회기 중에는 국회의 동의가 없으면 체포되지 않는 불체

포특권도 있다. 그리고 철도와 항공 요금은 모두 무료이며 특등석을 이용할 수 있다. 게다가 대통령도 받을 수 없는 정치후원금까지 받을 수 있다.

그러나 선진국이라는 덴마크나 스웨덴의 국회의원을 보면 우리나라 국회의원과는 전혀 다른 소박한 모습이다. 스웨덴 의원들은 의전 차량이나 개인 비서가 없다. 심지어 의원들을 위한 주차 공간조차도 따로 없다. 주차 공간은 오히려 국회 직원들과 장애인들을 위한 공간으로 배정되어 있다. 국가 1인당 GDP 대비 국회의원 보수 수준은 우리나라는 세계 3위인 데 비하여 스웨덴은 24위에 불과하다. 스웨덴은 세비를 주급 형태로 받고 회기 중 결근하면 '무노동 무임금' 원칙에 따라 세비를 받지 못한다.

덴마크의 경우도 의원들은 거의 봉사에 가깝게 의원직을 수행한다. 덴마크 의원들의 상당수는 자전거로 출퇴근한다. 하루 평균 12시간을 일하며, 비서 한 명이 두 명의 의원을 보좌한다. '무노동 무임금' 원칙이 철저히 적용되어 정해진 회의에 참석하지 않으면 그 시간만큼의 수당을 주지 않고 발언권도 박탈한다.

국회의원 수 축소와 명예직화

30여 년 전부터 나는 국회의원을 100명으로 축소하고 월급을 주지 않는 '무보수 명예직'으로 전환하자고 주장해 왔다. 지금도 이러한 생각에는 변함이 없다. 그들의 보좌진 급여에 대한 국고 지원을 중단하고, 꼭 필요한 사항 외에는 차량 지원과 각종 특권도 없애야 하는 것은 말할 것도 없다고 본다. 이러한 조건에서도 일할 사람은 얼마든지 있다고 생각

난세의 영웅, 허경영을 아십니까?

한다. 그리고 이들이야말로 사심(私心) 없이 국가와 국민을 위해 일할 사람들이다. 절대 현실성 없는 이야기가 아니다.

국회의원을 '무보수 명예직'으로 하면 진정으로 나라와 국민을 위해 봉사할 사람이 나와 헌신적으로 일할 수 있고, 국가 예산을 절약할 수 있다.

국회의원 수도 대폭 줄여야 한다. 나는 100명 정도면 충분하다고 본다. 국회의원 수를 100명으로 축소해도 되는 이유는 그 숫자만으로도 얼마든지 입법부의 역할을 충분히 할 수 있기 때문이다. 1석당 인구가 얼마라는 식으로 다른 나라들과 단순 비교할 필요는 없다. 한국의 민주주의는 미국으로부터 들어온 대통령중심제다. 따라서 미국의 상하원 의석수와 비교해 보는 것이 합리적이다. 미국은 국토가 한반도보다 거의 약 44배나 큰 나라이고, 인구수도 우리의 6배가 넘는 약 3억 3,000만 명에 달하지만, 연방의회 상원의원 수는 100명에 불과하고, 임기 2년인 하원의원은 435명 정도에 머무르고 있다. 그렇다고 미국 정치가 잘 돌아가지 않는다는 이야기는 아직 없다.

그런데 오히려 국회의원 수를 줄이기는커녕 늘려야 한다는 주장이 정치권에서 나오기도 한다. 근래에 연동형 비례대표제로 선거제도를 개편하려는 논의가 한창이었을 때 국회의원 정수를 확대하자고 주장하는 사람들이 있었다. 정당 득표율만큼 의석수를 갖도록 하기 위해서는 최소 330석 이상의 의원 정수 확대가 불가피하다는 주장이었다. 물론 국민의 저항을 고려해서 국회의원 특권을 축소하자는 단서를 붙이기는 했다. 그런데 이렇게 주장한 데는 현역 국회의원들이 비례대표 의석수를 늘리는 것 때문에 지역구 의석수를 줄이는 것은 절대 불가하다고 반대하고 나섰기 때문이었던 것으로 알려져 있다. 현역 지역구 의원들이 자신들의 이해관계가 걸린 부분에 대해 전혀 양보하려 들지 않으니까 국회의원 수를 늘리는 방안을 생각한 것이다.

당장 국민적 저항을 면해 보고자 국회의원의 특권, 특혜를 줄이는 것을 조건으로 하여 국회의원 의석수를 늘린다고 할 때, 축소된 국회의원의 특권이 이후에도 그대로 유지될 것을 믿을 만한 국민이 과연 있을지 의문이다. 지방의회 의원들을 처음에는 무보수 명예직으로 한다고 하고는, 지방의회를 설치하고 이후 슬그머니 보수를 받는 유급직(有給職)으로 바꾸어 버린 것처럼 축소시킨 국회의원 특권과 특혜에 대해서도 그렇게 되지 않으리라는 보장이 없다. 더구나 국회의원의 특권, 특혜는 국회의원들이 스스로 정한다. 눈 가리고 '아웅' 하는 것에 불과할 수 있다.

물론 이후 국회의원 정수를 늘리자는 주장은 총 의석수를 기존대로 유지하고 연동형에서 준연동형 비례제로 바꾸면서 밀려나긴 했지만, 그러한 발상이 나온 자체가 기회만 있으면 정수 확대 주장은 언제든지 다시 고개를 들 수도 있다고 본다.

거대 양당의 '역사적' 편법

말을 시작한 김에 연동형 비례대표제와 관련하여 거대 정당들이 저지른 커다란 잘못에 대해 한 마디 하고 넘어가야겠다. 연동형 비례대표제는 총 의석수를 정당 득표율로 정하고 지역구에서 당선된 숫자를 뺀 나머지 의석수만큼 비례대표 의석수를 주는 안(案)이다. 이러한 연동형 비례대표제에 대한 논의는 군소정당 비례대표 후보들도 당선될 확률을 높여 주려는 대승적인 제도로, 모처럼 좋은 취지에서 시작된 일이었다.

그러나 그것도 잠깐, 얼마 안 있어 거대 양당은 본색을 드러내기 시작하여 서로 당리를 따지면서 결국 연동형 비례대표제를 기존의 비례대표제와 그것의 절충 형태인 준연동형으로 바꾸어 군소정당 후보들이 당선될 가능성의 범위를 좁혀 놓더니, 막판에는 아예 그 가능성마저도 줄이고 거대 정당들이 비례대표 의석을 다 가져가기 위해 이제껏 그 어디에서도 듣도 보도 못한 '위성정당'이란 것을 만들어 내기에 이르렀다. 총선 결과는 그들의 의도대로 되었고, 군소정당들은 결과에 허탈해 하며 그들의 편법에 분노하였으나 어쩔 도리가 없었다.

사실 위성정당은, "정당은 그 목적·조직과 활동이 민주적이어야 하며 국민의 정치적 의사 형성에 참여하는 데 필요한 조직을 가져야 한다"는 헌법 조항에 위배되는 것이라 생각되며, 애초 중앙선거관리위원회가 등록을 받아 주어서는 안 되는 것이었다고 생각한다. 그러나 중앙선거관리위원회는 형식적인 심사 절차만을 거쳐 위성정당의 등록을 받아 준 것으로 보인다. 또 이들 위성정당의 비례대표 공천에서도 미래통합당, 더불어민주당 등의 모(母) 정당에서 이미 적법하게 선출된 비례대표 후보자를 일부러 제명하고 그들 모 정당의 위성정당에 재입당시켜 그가 위성정당 비례대표 후보가 되도록 모(母) 정당에서 마음대로 정하는 '편법'이 있었음이 분명한데도 중앙선거관리위원회가 위성정당의 공천 결과를 문제가 없다고 보았는지 등록을 허용하였는데 이는 부당하다고 생각한다.

나아가 중앙선거관리위원회는 이렇게 해서 탄생한 위성정당인 미래한국당과 더불어시민당에 선거보조금까지 지급하였다. 이러한 위성정당의 조직과 '편법적인' 행위, 그리고 이에 대한 중앙선거관리위원회의 묵인, 허용은 우리나라 정당사와 선거 역사에서 아마 매우 수치스러운 일로 기록되지 않을까 생각한다.

지방자치제 유감(遺憾)

나는 일찌감치 지방자치제를 없애야 한다고 강조해 왔다. 지방자치 선거를 치르는 데에만 엄청난 국가 예산이 들어갈 뿐만 아니라 지방자치단체의 의회의원, 교육의원 등의 인건비도 무시하지 못한다. 지방자치제가 없으면 들어갈 필요가 없는 국가 예산이다. 그리고 지자체들의 지역개발 명분의 국가 예산 확보 경쟁은 도를 넘어서고 있다. 지자체들이 국가 예산을 확보하기 위해 애써 신규 사업을 발굴하고 예산 확보 전략을 세우기까지 하고 있는데 이것은 도저히 있어서는 안 되는 일이다.

국민은 자신들이 사는 지역에 박물관이나 공원이 생기고 시청이나 군청이 멋지게 신축되고 집 가까이 전철역이 생긴 것에 만족하여 국회의원이나 단체장들이 일을 잘하고 있다고 생각하면 그것은 근시안적 시각이다. 국가가 예산집행을 함에 있어 우선시하여야 할 것은 멋진 박물관이나 대궐 같은 관청을 짓는 것이 아니라 국민의 생활을 안정시키는 것이다. 그 돈들을 절약하여 국민에게 골고루 돌려주면 서민의 생활 안정에 큰 도움을 줄 수 있다. 생계 걱정에서 벗어나지 못하는 서민들의 가슴을 펴 줄 수 있고, 빚에 허덕이는 사람의 고통을 덜어 줄 수 있다. 소비가 활발해져 기업이 좋아지고, 나라 경제가 잘 돌아가는 동력이 되게 할 수도 있다.

지금처럼 국민의 자살률이 OECD 국가 중 최고로 높고 가계부채율이 상위권을 맴돌며, 반대로 출산율은 꼴찌인 나라에서 신규 사업을 일부러 발굴해서까지 지역개발에 국가 예산을 털어 넣는 것은 예산 낭비를 넘어 도의적으로 절대로 해서는 안 될 일이다. 박물관 같은 것은 국민의 생활 안정이 이루어진 다음에 해도 전혀 늦지 않다. 그리고 지금으로서는 이미 이루어진 공사와 사업만으로도 그 이상 지역 단장(丹粧)과 개발은 할 필요가 없다고 생각한다.

지방자치제가 유감인 또 하나의 이유로는 우리나라는 국토 전체가 미국의 한 개 주 정도밖에 되지 않는다는 점이다. 하나의 정부만으로도 이 좁은 땅을 다스리지 못할 이유가 없다. 지역의 균형발전이라는 명분으로 지방자치제의 당위성을 주장하는 사람이 있을지 모르지만 지방자치제의 시행을 통해 지역의 균형발전을 이룬다는 것도 그야말로 명분에 지나지 않으며 오히려 지역 간의 지나친 경쟁으로 국고 낭비와 지역이기주의만 키울 수 있다. 지방자치단체의 지역이기주의가 국가적으로 낭패를 가져온 것은 한두 번이 아니다. 국토 어디인가에 꼭 설치해야 할 시설이지만 그것이 혐오 시설로 비치는 경우 그 어떤 지자체도 설치를 불허하여 중앙정부를 곤경에 처하게 하고 중앙정부와 대립하는 일까지 발생하고 있는 것은 모두가 잘 아는 일이다.

그러나 이 시점에서 나는 이미 자리를 잡은 지방자치제도를 없애지는 않고 예산 낭비 부분만 개선하는 방향으로 지자제 문제를 해결해 가는 것도 괜찮은 방법이라고 생각한다. 지자체 선거를 없애고 지자체 단체장은 내부 승진을 통해 대통령이 임명하는 방식을 채택하는 것이다. 지방의회의 의원도 선거가 아니라 추천 등의 방식으로 선임하고, 지방의회 설치 초기처럼 무보수 명예직으로 하면 선거에 들어가는 막대한 비용과 의원 보수를 절약할 수 있다. 그리고 지자체 단체장이 중앙 임명제가 되면 지역 국회의원을 통해 경쟁적으로 예산을 가져가 무분별한 개발을 일삼는 등의 지자체의 지역이기주의를 어느 정도 통제할 수가 있어 불필요한 예산 집행을 막고 국토의 균형 있는 발전을 도모할 수 있다.

3

정당정치라는 패거리 정치

정당정치가 현대 정치의 생명?

사전에 보면 정당이란 "동일한 정견을 가진 사람들이 정권을 획득해 정치적 이상을 실현하기 위하여 조직한 단체"라고 나온다. 우리나라 「정당법」은 정당을 "국민의 이익을 위하여 책임 있는 정치적 주장이나 정책을 추진하고 공직선거의 후보자를 추천 또는 지지함으로써 국민의 정치적 의사 형성에 참여함을 목적으로 하는 국민의 자발적 조직"이라고 정의하고 있다. 정의만 놓고 보면 정당은 국민을 위해 꼭 필요한 제도인 것처럼 보인다.

그래서인가? 어떤 이는 정당을 일컬어 "현대 정치의 생명이다", "현대 정치의 특징은 정당 체제이다"라며, 정당이 없는 현대 민주주의는 생각할 수 없고, 정당은 대의제 민주주의에서 시민과 권력을 이어 주는 다리라고 극찬한다. 그러나 나는 이 정당정치야말로 우리 정치가 발전하는 데 큰 걸림돌이며, 정치인들이 민생을 외면하고 부패하게 되는 커다란 원인 중 하나라고 단언한다. 정당의 정치적 이상은 「정당법」에도 나와 있듯이 국민의 이익을 실현하는 것이 기본이다. 그런데 이 국민이라는 것이 전체 국민을 뜻하는 것이 아니고 이해관계를 갖는 특정한 일부 국민이다. 자연히 다른 이상과 이해관계를 갖는 정당이 서로 다툴 수밖에 없는 구조가 형성된다.

물론 다툼을 나쁘게만 볼 필요는 없다. 그것이 나라 발전에 보탬이 되는 건설적인 다툼이라면 오히려 장려해도 좋을 것이다. 그러나 대부분 그 싸움은 상대방을 헐뜯고 비방하는 싸움, 오로지 상대방을 공격하기 위해 온갖 것을 시빗거리로 삼아 싸우는 이전투구(泥田鬪狗), 그 이상이 아니라는 것은 우리 국민이면 다 알고 있다. 폭력만 쓰지 않았을 뿐이지 거리의 패거리 싸움과 다를 바가 없다.

정당 보조금 폐지해야

정당의 정의에서 보듯이 정치적 이상을 실현하는 것이 정당의 궁극적 목적이고 정권 장악은 단지 이를 위한 수단으로 현실적 목표이다. 그런데 솔직히 우리나라 정당들은 수단인 정권 장악에만 골몰할 뿐 국리민복(國利民福)에 토대를 둔 정치적 이상 실현을 위해 정책을 개발한다든지 하는, 정작 해야 할 일에는 전력하는 모습을 보여 주지 않는다.

오로지 정당 소속 정치인들은 권력 장악과 당리당략에 골몰하여 국민조차도 그럴듯한 이념과 논리로 선동하여 표(票)를 얻고 권력을 장악하기 위한 수단 정도로 생각하는 것처럼 보인다. 정당은 정치적 이상을 구현하기 위한 정책개발에 힘을 쏟는 것이 일차적으로 해야 할 일이다. 정책을 개발하여 그것으로 정권 장악의 승부수를 띄워야 한다. 그래서 국가에서 정책개발비라는 명목의 보조금도 주고 있다. 그런데 우리 정당들이 정책개발을 활동의 최우선에 두고 힘을 쏟는지 의심스럽다. 내가 보기에는 평소에는 정쟁(政爭)에 골몰하다가 선거철이 다가와서야 정책을 개발한다며 부산을 떠는 모습이다. 그러다 보니 국리민복을 위한 제대로 된 정책보다는 당장 선거에 이기기 위해 인기를 끌 만한 정책을 급조하거나 타인의 정책 아이디어를 모방하여 비슷한 정책을 내놓는 경우가 비일비재하다.

설령 정당이 정당의 역할을 제대로 한다고 하더라도 정당은 사적(私的) 단체라고 생각한다. 정당을 공당(公黨)이라고 주장하는 사람들이 많지만 내가 볼 때는 엄연히 사적 이익단체이다. 이런 정당에다 국가에서 정당보조금을 정책개발과 선거 치르는 비용 등으로 주고 있는데, 2020년의 경우 정당보조금 등으로 총 907억 원을 지원한 바 있다. 과연 이들 정당이 국가로부터 이러한 거액의 지원금을 받을 자격이 있는가? 나는 그러한 비용도 각 정당에서 알아서 조달해야 한다고 본다.

백번 양보해서 정책개발, 선거비용을 주는 것이 어느 정도 필요하다고 하더라도 지급 기준에 문제가 많다고 본다. 우리나라에는 여러 정당들이 있는데 보조금 혜택을 받는 정당은 주로 거대 정당이다. 정당 국고보조금은 「정치자금법」에 의거해 지급되는데 그 「정치자금법」이 거대 정당에 유리하게 만들어져 있기 때문이다. 현행 「정치자금법」에서 보조금 지급 기준에 따르면 교섭단체라 할 수 있는 국회의원 의석이 20석 이상인 정당에 전체 보조금의 50%를 균등하게 지급하고, 5석 이상 20석 미만인 정당은 전체 보조금의 5%를 지급하도록 되어 있다. 또 남은 돈에서 절반은 의석수에 따라 배분하고 나머지 절반은 득표율에 따라 배분하게 되어 있다. 대부분의 국고보조금이 의석수를 기준으로 배분된다고 볼 수 있으며 결국 거대 양당이 보조금을 독식할 수밖에 없는 법이라고 볼 수 있다. 신생 정당이나 국회의원을 내지 못한 정당, 이전(以前) 선거에서 득표율이 일정 수준이 되지 않은 정당은 혜택을 받기 힘든 기준이다.

이러한 기준은 기존 정당과 전혀 정치적 이상(理想)을 달리하는 신생 정당이나 정치 신인(新人)이 등장하는 것을 막고 있는, 불공평한 기준이다. 국가 발전과 국민을 위해서는 양당이라는 기존 틀에서 벗어나 새로운 정치 이상을 제시하고 실현시킬 수 있는 새로운 정치 바람이 불어 주는 것도 필요하다. 그런데 이러한 바람을 일으킬 수 있는 신생 정당의 성장을 정당보조금(경상보조금)에서도 차단하고 있는 것이다. 선거 때마다 국회의원 의석수와 이전 선거 득표수 비율에 따라 정당에 지급하는 선거보조금도 마찬가지이다. 주로 거대 정당들이 받을 수 있는 이 돈은 실제 선거와 관련하여 어디든 쓸 수 있다.

거대 정당에 소속된 후보는 이 선거 보조금으로 선거를 치른다. 그러나 신생 정당의 후보나 정치 신인, 정당에 소속되지 않은 사람은 선거에서 모든 비용을 스스로 조달해야 한다. 정치 신인은 웬만한 자금 동원력이 없으면 제대로 된 선거운동조차 하기 어렵다. 선거운동원을 쓴다거나 현수막 제작은 물론이고 반드시 해야 하는 기탁금 마련과 공보물 제작조차도 버거울 수 있다.

거대 정당 소속 후보는 선거법의 범위 내에서 선거운동원을 최대로 동원하고, 멋진 현수막을 만들고, 두툼한 공보물을 만들고, 업체를 통해 잘 만들어진 홍보 메시지를 통신으로 전달하는 것도 아무런 문제가 없다. 법이 허용하는 한도까지는 아무리 많은 선거비용을 지출해도 부담이 없다.

그런데 놀라운 것은 거대 정당 후보를 위해서는 「정치자금법」상의 선거보조금만 있는 것이 아니라는 사실이다. 「공직선거법」에는 15% 이상 득표율 달성 시 선거비용 전액을 보전받고 10% 이상 15% 미만 득표 시 선거비용의 50%를 보전해 주는 제도가 있다. 그들 거대 정당 소속의 후보들이 「공직선거법」이 제시한 15% 이상 득표율 달성 시 선거비용 전액을 보전받는다는 규정 충족에 실패하는 경우는 없다. 그럴 수밖에 없는 것이, 선거법 자체가 그들 후보에게 유리하게 규정되어 있고, 언론 보도나 방송, 여론조사 등도 거대 정당 후보들에게 절대적으로 유리하게 전개되는 까닭이다. 거대 정당이나 그 소속 후보는 결국 평소의 경상보조금은 물론 선거 시에는 선거 전 선거보조금과 선거 후 선거비용 보전금까지 이중으로 나랏돈을 받아 가는 셈이다. 선거는 거대 정당이 국고(國庫)에서 돈 타 가는 큰 이벤트가 아닌가 하는 생각이 들 정도이다.

선거비용은 아무래도 당락에도 영향을 줄 수밖에 없다. 선거비용을 많이 써서 홍보를 잘하면 그만큼 유권자에게 후보 자신이나 그의 정책을 잘 알릴 수 있기 때문이다. 정당보조금이 정치에 새바람을 넣고 국민과 국가를 위해 진정으로 일할 수 있는 정치 신인의 등장을 차단(遮斷)하고 거대 정당 후보의 당선을 돕는 데 일조(一助)한다고 볼 수밖에 없다. 그러므로 정당보조금 지급은 국가가 불공정한 선거를 보장하고 있는 것과 다름없다. 이는 헌법 위반이라고 생각한다. 정당에 대한 각종 보조금 지급은 공정 선거 보장과 예산 절약을 위해 하루빨리 없어져야 할 것으로 생각한다.

난세의 영웅, 허경영을 아십니까?

불공정이 상식이 된 나라

어떤 이는 "국회의원을 배출하고, 득표율을 올리면 정당 보조금을 받을 수 있지 않은가?"라고 반문할 수 있다. 그러나 달걀이 있어야 닭이 나오고, 닭이 알을 낳아야 달걀이 있는 법이다. 정당보조금도 그렇지만 앞서 잠시 언급한 불공정한 우리나라 선거법과 선거 풍토를 상기해 보라. 일단 달걀이든 닭이든 되어야 하는데 정치 신인이나 신생 정당은 그 첫 번째 단계에 올라가는 것이 거의 불가능하다. 「정치자금법」, 「공직선거법」, 선거 풍토 등 모든 것이 있는 자는 계속 더 가져가면서 목적을 이루고, 없는 자는 재산을 다 털리고 나오는 수밖에 없도록 되어 있다고 해도 과언이 아니다. 말하자면 결국 거대 정당만 보조금을 받으면서 존속되고 거대 정당 후보만 당선될 수 있는 구조가 만들어져 있다고 볼 수밖에 없다.

TV 토론은 후보자가 국민에게 자신을 알리고 정책을 홍보할 수 있는 절호의 기회이다. 그런데 현행 「공직선거법」은 TV 토론에 나갈 수 있는 대상 후보를 제한해 놓고 있다.

먼저 「공직선거법」 제82조의2(선거방송토론위원회 주관 대담·토론회)의 대통령선거 부분을 보면 아래와 같이 규정해 놓았다.

④ 각급선거방송토론위원회는 제1항 내지 제3항의 대담 토론회를 개최하는 때에는 다음 각 호의 어느 하나에 해당하는 후보자를 대상으로 개최하여야 한다. 이 경우 각급선거방송토론위원회로부터 초청받은 후보자는 정당한 사유가 없는 한 그 대담 토론회에 참석하여야 한다.
1. 대통령 선거

가. 국회에 5인 이상의 소속의원을 가진 정당이 추천한 후보자

나. 직전 대통령선거, 비례대표국회의원선거, 비례대표시·도의원선거 또는 비례대표자치구·시·군의원 선거에서 전국 유효투표총수의 100분의 3 이상을 득표한 정당이 추천한 후보자

다. 중앙선거관리위원회규칙이 정하는 바에 따라 언론기관이 선거기간 개시일 전 30일부터 선거기간 개시일 전일까지의 사이에 실시하여 공표한 여론조사결과를 평균한 지지율이 100분의 5 이상인 후보자

위 조항에서 신생 정당의 후보가 TV 토론에 나갈 가능성을 열어 놓은 것은 '다'가 유일하다. 그런데 선거 기간 전 30일 동안 여론조사에서 5%의 지지율을 얻어야 한다. 정치 신인이 5%의 지지율을 얻는 것은 하늘에서 별을 따 오는 것처럼 가능성이 희박하다.

왜 그런가? 여기에는 언론과 방송, 여론조사기관, 선거법 등이 정치 신인의 등장에 절대적으로 불리하게 작용하기 때문이다. 우리나라 공영방송과 주요 언론은 정치 신인이 국민의 지지를 받을 수 없도록 하는 데 일등공신이다. 선거 기간에 들어가기도 전 언론·방송은 거대 정당 후보에 대해서만 주야장천(晝夜長川) 보도한다. 국민으로부터 시청료를 받는 국영방송을 포함하여 우리나라 공영방송과 주요 언론은 거대 정당들의 후보의 동정만을 국민에게 충실히 보도한다. 같은 공탁금을 내고 출마한 다른 군소 후보들에 대해서는 일절 언급이 없다. 국민은 거대 정당 후보만 알지 신생 정당이나 무소속 후보에 대해서는 출마 사실조차도 알지 못하는 경우가 많다.

여론조사기관들이 하는 소위 후보 지지율 조사도 마찬가지다. 그들은 자의적으로 일부 거대 정당 후보만을 대상으로 지지율을 조사해서 발표한다. 언론은 그것을 받아 대서특필한다. 물론 나같이 국민에게 어느 정도 꾸준한 인기를 얻고 있는 경우를 제외한다면 정치 신인을 여론조사에서 조사한들 언론·방송 보도에 나오지도 않은 그들에게 지지율이 나올 리도 없다.

그러니까 언론·방송과 여론조사기관이 정치 신인의 등장 자체를 철저히 막고 있는 것과 다름없다고 생각된다. 여론조사 지지율 5% 이상이 되면 TV 토론에 나갈 수 있다는 「공직선거법」 항목은 눈 가리고 '아웅' 하는 식의 형식적 구색 맞추기에 불과하다고 하지 않을 수 없다.

TV 토론에 나갈 수 있는 방법으로 제82조의2 ④항의 '나'의 비례대표 선거에서의 유효투표 총수의 3%를 얻은 정당의 추천을 받는 방법도 있지 않은가?라고 반문할 사람도 있을 테지만, 그 또한 쉬운 일이 아니다. 어떤 후보가 자신의 당이 아닌 그러한 조건을 갖춘 제3의 정당을 물색하여 추천을 받는다고 할 때 정치적 이상이나 노선이 일치하는 정당을 찾고 그러한 정당과 협상을 하여야 하는데 결코 쉬울 수가 없는 것이다. 결국 「공직선거법」의 TV 토론 참여 후보자 기준에 대한 법 조항들은 기존 거대 정당에 들어오지 않으려면 정치할 생각을 말라고 으름장을 놓고 있는 것과 다름이 없다.

동법 제82조의3(선거방송토론위원회 주관 정책토론회)은 신생 정당에게 더욱 절망적이다. 정책을 홍보할 수 있는 정책 토론회에 대한 조항인데 신생 정당은 아예 토론에 참여할 수 있는 길 자체가 없기 때문이다. 그 규정을 옮기면 다음 내용이다.

① 중앙선거방송토론위원회는 정당이 방송을 통하여 정강·정책을 알릴 수 있도록 하기 위하여 임기만료에 의한 선거의 선거일 전 90일부터 후보자 등록 신청개시일 전일까지 다음 각호에 해당하는 정당(선거에 참여하지 아니할 것을 공표한 정당 제외)의 대표자 또는 그가 지정하는 자를 초청하여 정책토론회를 월 1회 이상 개최하여야 한다.
1. 국회에 5인 이상의 소속의원을 가진 정당
2. 직전 대통령선거, 비례대표국회의원선거 또는 비례대표시·도의원선거에서 전국 유효투표총수의 100분의 3 이상을 득표한 정당

이처럼 우리나라 선거법은 후보를 알리고 정책을 알릴 기회인 TV 토론을 비롯한 방송 토론에 정치 신인이나 신생 정당이 참여할 수 있는 길을 거의 막아 놓고 있다. 거대 정당 후보들은 수차례 방송에 나와 자신과 자신의 정책을 알린다. 반면 신생 정당의 후보나 정치 신인들은 선거기간 동안 고작 한 차례씩 군소 정당 후보들만의 후보당 10분 연설회와 10분 토론만으로 공중파를 통해 정책을 알릴 수가 있다. 후보당 단 10분이며, 그것도 대부분 사람들이 시청하기 쉽지 않은 시간대에 편성된다. 그리고 개인적인 유세와 현수막, 벽보, 공보물, SNS 활동으로만 자신과 정책을 알릴 수 있을 뿐인데 이러한 활동마저도 선거보조금을 받을 수 있는 정당 후보들에 비해 양적·질적으로 약세일 것은 말할 것도 없다. 이렇게 해서 치르는 선거 결과가 어떻겠는가?

나는 이처럼 불공정한 선거법과 편파적인 언론·방송, 자의적인 여론조사 등 불공평한 선거 풍토 속에서 지급되는 정당지원금은 결국 기성

정치인들이 국고(國庫)를 통해 형식적 선거를 치르고 자신들의 재(再)당선으로 기득권을 공고히 하기 위해 만들어 놓은 것이라는 결론을 내릴 수밖에 없다.

국민보다는 당리당략이 우선

정당이 선거에 나갈 후보의 공천권(公薦權)을 가지고 공천 장사를 하다가 관련자가 구속되는 경우를 왕왕 보게 된다. 우리나라 정치 현실에서 거대 정당의 공천을 받는 것은 당선을 보증하는 수표와 같기에 돈을 내고서라도 공천을 받으려는 사람들이 상당하다는 게 여의도 정가에 떠도는 소문이다.

이러한 정당의 행태(行態)와 정치 풍토 속에서 우리 정치의 발전을 기대하는 것은 마치 나무에서 물고기를 얻으려는 것과 같다. 정치 발전은 커녕 정치인들이 부패해 가는 최대 고리가 바로 정당이라고 본다. 정당 소속 국회의원들이 차기 공천을 따내기 위해 출마 당시 내놓았던 공약(公約)을 헌신짝처럼 내팽개치고 당리당략을 따르는 것은 조금도 이상한 일이 아니다. 당론을 무시하고 독자적인 목소리를 낸다거나 당의 방침을 어기고 독자적인 행보(行步)를 했다가는 당장 돌아오는 것이 당 차원의 비난과 차기 공천 탈락이다. 이런 마당에 정당이 국민과 권력을 잇는 다리라고 극찬하는 것은 어불성설(語不成說)이다.

현대판 당파 싸움과 양당 체제

우리나라의 정당정치는 조선시대 당파 싸움과 전혀 다를 게 없다. 아니 그때보다도 더 고약하다고 본다. 왜냐하면 이전에는 싸움의 주체가 사회 상부인 양반층으로 국한되었지만, 지금은 정치인들은 물론이고 발달한 대중매체로 인하여 국민 전체가 국론 분열의 장으로 들어와 온 국민이 당파 싸움에 휘말리고 있는 형국이기 때문이다.

조선시대 당파 싸움을 붕당(朋黨)정치라는 말로 미화하여 긍정적으로 평가하는 것은 옳지 않다고 생각한다. 물론 동인, 서인의 분당(分黨) 초기 단계에 대해서는 학파(學派)의 대립으로서 학문적 토론 위주였다는 긍정적인 평가를 할 수도 있다. 그러나 후대로 내려오면서 당파(黨派)는 정치적 성격이 강해져 결국은 노론, 소론, 남인, 북인 4개의 4색(色) 분당(分黨)이라는 당파로 분열되어 피비린내 나는 정쟁(政爭)을 일삼았다. 그것도 의미 있는 학문적 주제나 나라와 백성에게 도움을 주려는 어떤 방안을 가지고 싸웠다면 몰라도 오로지 권력 잡기에 혈안이 되어, 궁중의 사소한 예법(禮法) 하나로도 물고 뜯으며 죽이기까지 하였다.

이것을 어찌 붕당정치니 오늘날의 정당정치와 유사하다느니 하며 미화하거나 긍정적 의미 부여를 할 수 있겠는가? 하긴 작금의 우리나라 정당정치가 조선시대 당파 싸움과 크게 다르지 않으니 조선의 당파 싸움이 이 나라 정당정치의 기원이라고 해도 틀린 말은 아닌 듯싶다.

잘난 양반 사대부들은 당파 싸움에 빠져 나라가 기울든 백성이 굶어 죽든 안중에도 없었고, 심지어 같은 배를 타고 사신(使臣)으로 가서 일본 사정을 살피고 돌아와 임금에게 보고하는 자리에서조차도 서로 간의 경쟁 심리와 적대 감정이 개입되어 상반(相反)되는 보고를 할 정도였으니, 당파의 폐해를 일러 무엇하랴 싶다. 결국 당파 싸움에 빠진 우리나라 사정을 낱낱이 알게 된 일본이 자신들 문제해결의 돌파구로 대군을 보내어 이 땅을 침략하였던 것도 그 원인이 당파 싸움이 아니고 무엇이었단

말인가? 당파 싸움은 민생을 도탄에 빠뜨리고 나라를 위태롭게 한 가장 큰 원인이었다.

그런데 현대에 이르러 서구에서 민주주의라는 정치체제가 들어오니 이제는 정당정치라는 그럴싸한 이름으로 포장만 바꾸어 그 망국적 당파 싸움을 재현(再現)하여 당파 간에 보복을 일삼고, 거기에 국민까지 가담시켜 국민 분열을 일으키고 있으니, 참으로 기가 찰 노릇이다.

우리나라 정당정치가 극심한 당파 싸움으로 나아가고 있는 데는 특히 양당(兩黨) 체제의 탓이 크다. 흔히 양당 체제가 수립되면 그 전의 군소정당들의 난립(亂立)으로 인한 정치 혼란에서 벗어나 정치가 안정되었다는 증거로 보고 긍정적인 의미를 부여하는 것이 일반적이다. 일정 정도 맞는 이야기이다. 그러나 비록 군소정당의 난립에 의한 정치 혼란은 줄었다고 하더라도 그것 못지않은 심각한 문제점을 초래하고 있는 것이 이 양당 정치이다. 적어도 현재 우리나라에서만큼은 그렇다고 본다.

대개 보수당과 진보당으로 이루어지는 양당 체제는 국민을 한 편에 서게 만들어 심각한 분열을 초래한다. 국민 통합을 이루어야 할 정치의 목적에 정면으로 배치되는 모습이다. 이러한 국민 분열은 양당 체제의 민주정치 국가에서 흔히 볼 수 있는 현상이다. 미국이나 유럽도 예외는 아니다. 그러나 우리나라는 이념적 대결 구도에 지역감정까지 가세하여 양당 체제에 따른 국민적 대립과 분열이 더욱 심하다.

그뿐만이 아니다. 집권 정당이 실정(失政)을 하면 다음 번에는 다른 쪽에서 정권을 잡기 쉬운데, 그렇게 되면 전혀 반대되는 정책을 취함으로써 국가의 정책에 일관성이 없고 따라서 예산 낭비도 심하다. 그 어떤 정권도 국가의 장기적인 발전 계획을 세울 수가 없다. 어떤 정부에서 장기 계획을 세운다고 한들 정권이 바뀌면 하루아침에 폐기되고 만다.

또 우리나라 양당 구도 정치는 대립을 넘어 보복 정치 수준으로 전락하고 있다. 전임 위정자들은 정권을 넘기기가 무섭게 정치적 심판대에 올라 전 국민이 보는 앞에서 곤욕을 치르는 일이 반복하여 일어나고 있다. 그러다 보니 정치인들은 국민의 환심을 사서라도 권력을 유지하기 위해서 총력을 기울인다. 장기적인 국가 발전의 청사진을 제시하고 이를 실현해 가기 위한 현실적인 대안을 수립하기보다는, 당장 성과가 나타나는 전시 행정에 치우칠 수밖에 없다. 더구나 대통령부터 국회의원, 지자체장, 지자체 의원 등이 모두 선출직이다 보니 양당 대립 구도가 중앙에서부터 지방 소단위까지 구석구석 반영되어 전시성 행정이 만연하여 예산이 낭비된다. 이 모든 것은 국민과 기업이 낸 혈세를 통해서 이루어진다.

양당 체제는 양당의 정치이념과는 아주 다른 새로운 정책이나 뜻을 가진 신생 정당 후보가 독자적으로 정계에 진출하는 것을 원천 봉쇄해 버린다. 양당 중 하나에 들어가지 않고는 정계 진출이 거의 불가능하다. 앞서도 말했지만 군소정당이나 무소속으로 나가서는 우리나라의 불공정한 선거 풍토와 언론·방송의 보도 행태 때문에 특별히 지명도가 높지 않은 한 국민으로부터 표(票)를 얻기가 굉장히 어렵다.

특히 보수와 진보라는 두 개의 대립 정당에 대해 국민은 둘 다 마음에 들지 않아도 더 싫은 한쪽이 의석수를 더 많이 차지하는 것을 두려워하는 심리를 갖고 있다. 그래서 사실은 신생 정당이 마음에 들어도 거기에 표를 주면 사표(死票)가 되고 자신이 더 싫어하는 정당이 승리를 거둘 것을 염려하여, 신생 정당 후보를 찍고 싶은 사람도 양당 중 하나에 표를 주는 경우가 많은 것이 현실이다. 그래서 양당 체제는 기성 정당의 정치

이념이나 정책을 뛰어넘는 새로운 정치 아이디어를 가진 사람이 정치판에 들어와 정치를 발전시키고 국가에 이바지하기가 매우 어려운 정치구조다. 사회를 바꾸어 보겠다는 꿈과 열정으로 정치에 입문(入門)하려던 정치 신인이 중도에 포기하거나 아니면 얼마 되지 않아서 기성 정치인과 비슷해져 버리고 마는 것도 이러한 이유 때문이다.

정당정치, 양당 체제의 문제점을 경시(輕視)하고 이대로 계속 가면 우리나라는 절망밖에 남을 게 없다. 우선 양당 체제의 폐단을 줄이는 방법은 공정한 선거가 이루어지도록 하는 것이다. 공정한 선거를 통해 정치에 새로운 바람을 불어넣고 진정으로 국가와 국민을 위해 일할 사람이 선출되도록 해야 한다. 거대 정당 후보가 아니어도 일단 후보가 되면 모든 후보를 공정하게 대해야 한다. 같은 기탁금을 내고 후보 등록을 했음에도 불구하고 군소정당이나 무소속 후보라고 여론조사나 언론·방송에서 그들을 완전히 배제하고 기득권 정당 후보들만 조사하거나 보도해 주는 불공정한 처사를 시정해야 한다. 후보의 기호 선정, TV 토론, 여론조사, 언론·방송 보도, 사전선거운동, 선거비용 등 모든 것이 양당 후보에게 유리하고 다른 후보들은 피해를 볼 수 있는 현행 선거 풍토와 관행을 당장 바로잡아야 한다.

국회의원이 많은 정당 순서로 후보 기호를 1번, 2번으로 정해 놓은 것도 공정 선거에 어긋나는 자의적인 원칙에 불과하다고 본다. 추첨을 통해 정해야 공정하다. 거대 정당 후보에게만 유리한 선거법 조항은 모두 폐기하거나 개정해야 하고, 부정선거 의혹을 불식하기 어려운 사전선거 제도는 없애야 한다고 생각한다.

군소정당이나 무소속에서도 얼마든지 당선자가 나올 수 있어야 양당 체제의 폐해를 막고 정치에 새 바람을 넣을 수 있다. 양당 체제의 폐해를 그대로 두는 한 우리나라는 저열한 보복 정치와 끝없는 국민적 대립과 분열 속에 국민 통합과 정치 발전, 더 나아가 국가 발전은 요원한 일이 될 것은 명약관화(明若觀火)하다.

궁극적으로 정당제도는 폐지해야

나는 궁극적으로 정당제도를 폐지하여 국회의원이 정당의 당리당략이 아니라 지역민을 대표하는 자로서, 지역구 주민의 의사를 우선으로 소신껏 일할 수 있어야 한다고 본다. 정당에 소속되어 있는 한 국회의원들은 지역의 민의보다 정당의 방침에 따를 수밖에 없다. 그들 정당 소속 정치인들은 다른 정당과의 정쟁을 일삼아 왔고, 앞으로도 이러한 사정이 개선되리라는 희망이 보이지 않는다. 우리나라 정치 현장이 이전투구(泥田鬪狗)의 장이 되지 않도록 하기 위해서는 정당을 없애고 국회의원은 무소속으로 지역민과 직능군을 대표하여 선출되도록 해야 한다고 본다. 정당을 없애면 무리를 지을 일이 없고 허울뿐인 이념의 간판을 내걸 일도 없으므로 국민의 대립과 분열도 막을 수 있다. 국회에서 정정당당하게 국민과 지역민을 위한 법안을 제출하고, 충분한 토론과 토의를 거쳐 법이 만들어지면 지역민과 국민의 뜻이 그대로 법에 반영될 수 있다. 그렇게 되면 정당이라는 중개상을 거치면서 민의가 무시되고 왜곡되는 일이 더 이상 일어날 수 없다고 본다. 정당을 없애면 진정으로 국민을 위한 법이 제정되고, 국민을 위한 정책이 추진될 수 있을 것으로 본다.

정당을 없앰으로써 불필요한 예산 낭비를 막고 절약한 돈은 국가의 주인인 국민에게 돌려주며 국민 분열을 막아 국민 통합을 이루고 국회의원들이 진정으로 국민과 지역민을 위해 일할 수 있도록 해야 한다.

난세의 영웅, 허경영을 아십니까?

4

지구상에서 가장 먼저 사라질 나라

인구절벽에 다가가고 있다

나는 오늘날 우리나라와 우리 국민을 보면서 염려스러운 마음을 금할 수 없다. 세계인의 부러움을 사는 10위권의 경제대국에 들었지만 민족의 장래가 심히 우려스러울 정도로 나라가 심각한 위기에 처해 있기 때문이다.

우리나라 출생자 수는 1960년대에는 한 해 100만 명을 상회했다. 그러던 것이 1970년대 산아(產兒)제한 정책으로 출생이 감소하기 시작하여, 1990년대 중반까지 70만 명 정도로 떨어져 그 수준을 유지하다가 2000년대에 들어오면서는 급격히 감소하는 추세를 보였다. 지나친 인구 팽창에 대한 우려에서 시행된 1970년대의 산아제한 정책은 시대적으로 적절한 정책이었으나 그로 인해 출산에 대한 국민적 인식이 한두 명만 낳는 것을 정상적으로 여기는 분위기로 정착되어 버린 것이 문제였고, 거기에 1990년대 말 일어난 IMF 사태와 이에 대한 대응 조치는 2000년대에 들어오면서 출생자 수가 급격히 감소한 주요 원인이었다. 1997년 국가 부도 위기 속에서 IMF의 자금을 가져와 위기를 모면한 대가로 IMF가 요구하는 기업들의 통폐합과 심각한 구조조정 조건을 받아들이면서 대량 실업이 발생하고, 젊은이들이 취업할 곳이 사라지면서 젊은 층의 장래가 보장되지 않는 사회경제적 상황이 초래되었던 것이다. 아이를 낳기 어려운 것은 말할 것도 없고 결혼까지도 할 수 없는 상황으로 치닫게 되고, 설령 결혼한 경우에도 맞벌이를 해야만 가정 경제가 유지되는 상황이 발생되면서 출생률이 급격히 감소하면서, 2000년 초반부터 2010년까지 10여 년 동안은 한 해 출생자 수가 이전까지 유지해 오던 70만 명대에서 46만 명 정도로 줄었다. 그것은 이전 70만 명 정도의 65% 수준으로 떨어진 것이다. 2000년대 중반부터는 IMF 위기에서 벗어났음에도 불구하고 저출산이 계속되고 최근으로 올수록 더욱더 심화되고 있는데, 이는 그동안 더 심각해진 부익부 빈익빈 현상과 젊은이들의 취업난, 생계, 결혼, 육아, 교육문제 등이 여전히 해결되지 않고 젊은이들의 결혼이나 출산에 대한 의식까지 바뀌고 있기 때문이다.

뒤늦게 정부와 각 지자체에서 문제의 심각성을 인식하고 출산장려정책을 추진하기 시작했으나 지금까지도 이렇다 할 성과를 거두지 못하고 있다. 성과는커녕 오히려 출생자 수는 해마다 큰 폭으로 감소하고 있을 뿐이다. 즉 2016년에는 약 40만 명, 2018년에는 32만 6,000여 명, 2019년 30만 2,000여 명으로 계속 줄었고, 2020년에는 27만 5,000여 명이라는 역대 최악의 출생자 수를 기록하여 커다란 충격을 주고 있다. 물론 2020년 한 해는 코로나19의 영향도 무시할 수 없지만, 그동안 꾸준히 큰 폭으로 출생자 수와 출생률이 감소해 왔다는 측면에서 코로나19의 영향으로만 돌릴 수도 없다. 더구나 2020년의 출생자 수는 전체 인구의 사망자 수보다 적은 수치여서 더욱 충격적이다. 대한민국 인구 통계 작성 이후 처음으로 인구의 자연 감소가 발생한 것이다.

출생자 수와 더불어 출산율도 해마다 계속 떨어져 2019년에는 0.92%로 OECD 37개 회원국 중 꼴찌와 함께 유일하게 0%대를 기록했고, 작년인 2020년에는 0.84%로 최저치를 다시 갱신했다. 출산율 0.84%라는 것은 가임여성 한 명당 평생 0.84명을 낳는다는 의미이다. 부부 한 쌍이 최소한 2.1명은 낳아야 인구가 유지될 수 있다는 것을 생각할 때 인구절벽이 눈앞에 다가왔다는 것은 그 누구라도 예상할 수 있다. 인구절벽에 다가가는 현실을 그대로 두면 머지않은 장래에 심각한 경제문제로 연결될 것은 불을 보듯 뻔하고, 현재 청장년층의 노후 문제, 나아가 국가 존립과 한민족의 절멸(絶滅) 위기로까지 귀결될 것은 누구라도 짐작할 수 있다. 세계 학자들이 지구상에서 가장 먼저 사라질 나라 1순위로 대한민국을 꼽는 것은 전혀 과장이 아니다.

출생자 수와 출생률이 계속하여 최악으로 떨어지고 있음에도 불구하고 그동안 정부와 지자체가 저출산을 해결하기 위해 출산 정책에 쏟아부은 예산은 천문학적이다. 2011년부터 10년간 정부가 사용한 저출산 지원 예산은 총 209조 5,000억 원 규모이다. 2020년 한 해만 무려 45조 원에 이른다.

그러나 이런 천문학적인 출산 예산을 쓰고도 오히려 4년 전보다 한 해 5만 명을 덜 낳는 이상한 일이 벌어졌다. '돈을 더 쓰고도 왜 출생률은 더 떨어졌는가? 그 천문학적인 돈은 도대체 다 어디로 갔는가?' 이런 의문이 들지 않을 수 없다. 45조 원을 작년 한 해 신생아 수 27만 5,815

명으로 나누면 1인당 1억 6,300만 원 정도가 나온다. 그것을 산모들에게 직접 나누어 주었다면 지금 어떤 상황이 전개될까를 상상해 보면 지금 우리나라의 출산 정책 방향과 방법이 얼마나 잘못되었는지 짐작할 수 있다.

정치인들과 국가를 책임지고 이끄는 사람들은 선지자와 선각자적 지혜로 사회 상황을 통찰하여 미래를 예측하며 법을 만들고 정책을 수립할 책임이 있고, 최상의 방법을 찾아 최선의 효과를 낼 수 있는 정책 수행 능력이 있어야 한다. 그리고 그 무엇보다 진정으로 국가와 민족의 미래를 생각하는 책임감과 사명감이 있어야 한다고 생각한다.

출산과 양육에 대한 보다 근본적인 태도

20년 정도마다 한 차례씩 베이비붐이 일어나야 인구가 유지될 수 있다. 1958년에 베이비붐이 일어났으니 1978년, 1998년에 베이비붐이 일어났어야 했다. 그러나 베이비붐은커녕 출생아 수의 지속적인 급감이 있었을 뿐이다. 앞으로의 인구절벽은 불을 보듯 뻔했다. 지금 정치인들과 지자체들은 이제야 내가 이전에 만들어 놓은 국가혁명당의 출산 정책을 흉내 내느라고 정신이 없는 것 같다.

나는 정치인들의 근시안(近視眼)을 탓하지는 않는다. 그런데 그 정책만 흉내 내어서는 해결이 되지 않는다는 것을 분명히 하고 싶다. 아이가 태어난 가정에 상당한 금액의 현금을 지급하면 출산율이 높아질 것은 예상할 수 있지만 예산에 한계가 있는 지자체들이 그러한 정책을 지속하기란 쉽지 않다. 그리고 저출산 문제는 단순히 출산 하나만의 문제가 아니다. 취업, 결혼, 육아, 불안한 사회환경, 국민의 의식 등이 복합적으로 작용하여 나타난 문제이다.

따라서 출산 정책은 이런 문제들을 동시에 해결해 갈 수 있는 종합적인 대책과 함께 실시되어야 효과를 발휘할 수 있다. 단지 '얼마 줄 테니 아이를 낳아라'라고 해서는 해결될 일이 아니다. 먼저 국민의 소득이 안정됨으로써 생계 걱정이 없어야 하고, 결혼을 할 수 있는 여건이 마련되어야 하고, 그런 다음 출산에 따른 지원을 해야 하는 것이 순서이며, 또 추후 아이가 자라서 행복하게 학교도 다니고 결혼도 하고 취업도 가능한 사회가 되어야 아이 낳는 것을 두려워하지 않는다. 그리고 의식 개혁도 따라 주어야 한다. 출산을 위한 지원 금액도 최소한 5,000만 원 정도는 되어야지 몇십만 원, 몇백만 원 정도에 아이를 낳고 싶은 마음이 들지 의문이다. 정책을 수립하고 추진하는 사람들은 이러한 점을 유념하여 실효성 있고 지속 가능한 대책을 수립해야 할 것이다.

사라져야 할 법과 제도, 기관

나는 그동안 현재 우리나라에 존재하는 10가지 악법이나 잘못된 제도의 철폐를 이야기해 왔다.

사라져야 할 10대 악폐(惡弊)는 나는 김영란법, 금융실명제, 헌법재판소, 수능시험제도, 상속세, 노동조합, 전교조, 쌍벌죄, 교도소, 징병제를 꼽고 있다. 현재 우리나라는 이러한 악법과 제도에 꽁꽁 묶여 경제와 정치, 교육을 망치고 부정부패와 사회갈등이 심화되고 있는 형국이라고 볼 수 있다. 특히 김영란법, 금융실명제, 노동조합, 상속세는 경제를 멍들게 하는 것들이다.

김영란법의 정식 명칭은 「부정청탁 및 금품 등 수수의 금지에 관한 법률」이다. 2015년 3월 27일 제정된 법안으로, 2012년 김영란 당시 국민권익위원회 위원장이 공직사회의 기강을 확립하기 위해 이 법안을 발의했기 때문에 흔히 '김영란법'이라고 불린다. 애초 법안은 공직자들의 부정한 금품 수수를 막겠다는 취지로 제안된 것이지만 입법 과정에서 적용 대상이 언론인, 사립학교 교직원 등으로까지 확대됐다.

이 법은 우리 사회의 부정부패를 없애려는 좋은 취지의 법이지만 사회를 지나치게 경직되게 만들고 경제에도 악영향을 미친다. 이 법의 시행 초기에 화훼업계, 축산업계 등이 큰 타격을 받았던 것은 주지의 사실이다.

이처럼 이 법의 시행에 따른 부작용이 크게 나타나자 논란과 개정을 거쳐 비록 최근 농축수산물에 한하여 선물 상한액이 20만 원으로 올랐다고는 하지만, 이 법이 존재하는 한 승진 축하 선물이나 스승의 날 꽃조차도 주는 사람이나 받는 사람에게 심리적으로 부담이 되는 것은 부인할 수 없다.

그리고 사실 부정부패는 이런 법으로는 막을 수 없다. 뇌물 수수는 이러한 법과는 상관없이 드러나지 않게 얼마든지 가능하기 때문이다. 더군다나 뇌물을 준 자와 받은 자를 동시에 처벌하는 쌍벌죄를 만들어 놓아 마음만 먹으면 뇌물 수수는 얼마든지 가능하다. 쌍벌죄는 뇌물을 받은 자는 물론이고 준 자도 똑같이 처벌하기 때문에 뇌물 수수가 억제되는 것이 아니라 오히려 뇌물을 받는 자들이 안심하고 받을 수 있게 하는 안전장치 같은 역할을 하고 있다. 부정한 금품 수수는 쌍벌죄를 폐지하여 뇌물을 받은 사람만 처벌하면 저절로 사라지게 된다. 뇌물 수수는 이렇게 막아야지 김영란법으로 가능한 것이 아니다. 더욱이 김영란법 자체에 쌍벌죄가 포함되어 있다. 금품 수수 등을 제한한 김영란법은 괜히 사람들 간에 자연스럽게 오갈 수 있는 정(情)까지 막아 사회를 삭막하게 경직시키고 경제를 위축시킬 뿐이다. 김영란법과 쌍벌죄는 하루속히 없애야 한다고 본다.

금융실명제는 1993년 8월 12일 김영삼 전 대통령의 대통령 긴급명령으로 전격적으로 실시됐다. 내용은 비실명 계좌의 인출을 금지하고, 3,000만 원 이상 인출 시에는 국세청에 통보하고 자금 출처를 조사하며, 실명제 실시 2개월 내에 비실명 계좌를 실명 전환하도록 한 것이다. 그러나 긴급명령이 발하고 상당한 시간이 흐른 후에도 국세청 조사를 우려한 비실명 예금자들의 실명 전환은 매우 저조하였다. 그리하여 추후 두 차례나 보완 조치를 내놓았는데 2차 조치에서는 3,000만 원 이상 인출 시에도 국세청 조사를 하지 않는다는 내용이 포함되었다. 금융실명제가 거론되기 시작하면서부터 추후 과정까지 사이에 외화를 비롯한 상당한 자금이 해외로 빠져나갔음은 물론이다.

금융실명제는 국가 입장에서 세원을 늘려 세수를 확보하고 조세 행정의 편의를 가져왔다고 볼 수 있다. 그러나 자본의 해외 유출과 아울러 부동산 가격 급등, 중소기업의 부도 증가 등의 부작용을 낳았으며, 결국에는 1997년 말 국가 부도 위기의 IMF 사태를 초래하는 결과로 이어졌다.

돈이라는 것은 원래 지하로 숨으려는 속성이 있다. 비근한 예로 부부가 공동으로 가정을 꾸려 나가도 모든 돈을 공유하지 않고 배우자 몰래 '비상금'이라는 걸 숨겨 두는 것은 흔한 일이다. 아버지가 자식이 알지 못하게 돈을 숨겨 두었다가 후일에 긴하게 쓰고 싶은 것도 인간이면 누구나 가질 수 있는 심리이다. 금융실명제는 이러한 인간의 본성을 거스르는 제도이다.

5만 원권 지폐가 발행되기가 무섭게 어디론가 숨어 버리는 것도 금융실명제와 무관하지 않다. 금융실명제 하에서는 숨기고 싶은 돈이 고액지폐로 지하로 숨거나 다양한 방법이 동원되어 외국으로 빠져 나갈 수밖에 없다. 불법도박 자금이 5만 원권 뭉치로 마늘밭에서 발견된 것은 실제 사례이다. 금융실명제를 폐지하여 비실명 계좌 개설을 허용하면 돈이 굳이 고액지폐로 숨을 이유가 없고, 외국으로 줄행랑을 칠 이유가 없다. 오히려 국내에서 활발하게 돌아다니며 경제 활성화에 도움을 줄수 있다. 인간 본성에 반(反)하고 경제를 위축시키는 금융실명제는 폐지해야 마땅하다.

헌법재판소는 없어도 되는 옥상옥(屋上屋)이다. 헌법재판소가 하는 일은 대법원에서도 얼마든지 할 수 있다. 헌법을 손질하여 헌법재판소를 폐지하고, 대법원에 그 권한을 주면 된다. 불필요한 제도나 기관을 두는 것은 예산 낭비일 뿐이다.

간디의 7대 망국 요소와 우리나라

인도의 존경받는 정치인 마하트마 간디가 나라를 망치는 사회악으로 7가지를 들었는데 이것을 골고루 다 갖춘 나라가 바로 우리 대한민국이다. 간디가 말한 7가지 사회악을 토대로 나는 우리나라 망국의 7대 요소로 '원칙 없는 정치, 양심 없는 쾌락, 노력 없는 재물, 인격 없는 교육, 도덕 없는 경제, 희생 없는 종교, 환경 없는 과학'을 꼽는다.

망국의 첫째 요소는 '원칙 없는 정치'이다. 우리나라 정치에는 원칙이 없다. 룰(Rule)이 없다. 국회는 마치 도떼기시장을 방불케 한다. 이랬다저랬다 당리당략과 이해타산에 따른 무소신(無所信) 패거리 정치뿐이다.

그들이 기준으로 삼는 당리당략이 원칙이 될 수 없다. 내가 말하는 정치의 원칙이란 자신들의 이해타산이나 당리당략이 아니라 정치의 근본 목적인 국리민복(國利民福)과 공존공영(共存共榮)이다. 국가와 국민을 위하고 모든 국민이 잘 살 수 있도록 한다는 정치 목적을 원칙으로 세워야 한다는 말이다.

원칙이 없기는 세계 정치도 마찬가지이다. 각국은 중국에서 날아오는 미세먼지와 황사의 예처럼 오로지 자기 나라밖에는 생각하지 않는다. 다른 나라와 더불어 산다고 하는 원칙, 공존공영이 원칙이 되어야 한다. 전 세계가 인류의 공존공영을 대원칙으로 세워 놓고 그 대원칙 아래에서 각 나라가 정치를 해야 한다. 그렇지 않고 자국의 이익만 꾀하다 보면 세계는 전쟁터가 되고, 지구환경은 회복하기 어려울 정도로 파괴될 수 있다.

두 번째 망국 요소는 '양심 없는 쾌락'이다. 여기서 대상은 국민이다. 우리나라가 잘살게 되었고 사회복지제도가 사회적 안전망으로서 어느 정도 갖추어졌다고는 하나, 여전히 생계 걱정을 하는 국민이 많고 빚더미에 올라 있는 사람이 많다. 생계가 막막한데도 기초생활수급자에서 누락되어 법의 사각지대에서 자살을 선택하고 말았던 송파 세 모녀 사건은 아직도 우리 기억에 생생하다.

지구촌 어딘가에서 수많은 사람들이 굶어 죽고 오갈 데가 없어 망망대해를 떠돌다 죽어가는 난민들이 있다고 생각하면, 돈이 많다고 자신의 향락에만 열중하여 하룻밤에도 수백만 원의 돈을 먹고 마시는 데 소비하거나 호화 유람을 하며 세계 여행을 다닐 수가 없다. 세계 여행을 하더라도 어렵게 살아가는 사람들이 사는 지역에 들러 온정을 베풀고, 골프를 치더라도 시간을 쪼개 불쌍한 이웃에게 봉사도 한다면 그것은 그나마 양심 있는 쾌락이라고 하겠다.

세 번째 망국 요소는 '노력 없는 재물'이다. 정치인과 공직자들의 부정에 의한 재물 획득, 권력자들과 결탁하여 쉽게 돈을 버는 행위, 돈 있는 자들의 부동산 투기는 대표적인 '노력 없는 재물'이다. 그러나 노력 없이 재물을 취하려는 한탕주의는 비단 고위층이나 부유층뿐 아니라 우리 사회 전체에 만연한 현상이다. 도박, 지나친 복권 구입, 건전한 투자를 넘어 과도한 차익을 노리는 주식 매매, 비트코인 투자도 한탕주의와 무관하지 않다. 국민이 성실하게 일하여 정직하게 돈을 버는 것보다 쉽게 큰돈을 벌려고 하는 한탕주의가 만연하면 심각한 사회문제가 될 수 있다. 그것은 그만큼 돈을 잃는 사람도 생기게 되어 실의에 빠지는 사람들이 많아지고, 성실하게 열심히 일하는 사람들은 일할 의욕을 잃고 그들까지 한탕주의에 뛰어들 수 있어 사회 전체가 병들게 되기 때문이다.

네 번째 망국 요소는 '인격 없는 교육'이다. 우리나라의 교육은 완전히 실패했다고 봐도 무방하다. 그런 점에서 교육 정책을 기획하고 입안해 온 자들은 어떤 문책을 받아도 할 말이 없을 것이다. 그들은 아이들의 인격을 망쳤고, 나라의 미래마저 망치고 있다. 무한 경쟁의 입시지옥 속에서 남을 짓밟고 올라서야 산다는 것을 터득하여 사회에 나와도 배려심이 부족하고 자기밖에 모르는 사람이 되고 있다. 지하철이나 버스 안에서 노인이 바로 앞에 서 있어도 젊은이들이 고개를 수그린 채 거들떠보지도 않는 것이 오늘날 일상적인 풍경이다. 가정교육도 엉망이다. 교사가 아이에게 한마디 했다고 부모가 교사를 나무라는 세상이 되었다. 이런 세상을 옛글에는 언어도단(言語道斷, 말과 글과 도가 끊어져 도덕이 사라졌다는 의미로 쓰임) 시대라고 했다.

다섯 번째 망국 요소는 '도덕 없는 경제'이다. 경제란 사회에 필요한 재화나 서비스를 만들어 분배하고 소비하는 활동이다. 생산과 가격 책정 및 유통, 분배에는 도덕성과 공정한 룰(rule)이 적용되어 지켜져야 한다. 그러나 우리 사회에서는 불법적인 원료의 사용, 제품의 성능에 대한 조작과 은폐, 폐기물 유출 등과 같은 생산 과정에서의 부도덕부터 기업들의 담합이나 내부자 거래, 매출 강요 등과 같이 가격 책정이나 유통 거래상 불공정하고 부도덕한 일이 심심치 않게 일어나고 있다. 능력주의에 따른 자본주의 분배 방식으로 극심한 부익부 빈익빈이 초래된 것은 말할 것도 없다.

극심한 빈부격차는 국가가 나서서 조율하여 공정성을 회복할 수 있어야 한다. 부자가 되는 것은 다수의 사람이 도와주기 때문에 가능한 것이다. 노동력을 제공하기도 하고 소비를 하거나 때로는 치킨 게임에서 보듯이 누군가 희생이 되기 때문이다. 일정 부분은 국가나 사회로 환원하여 못사는 사람에게도 어느 정도 몫이 돌아가 빈부격차가 줄어들도록 해야 한다. 그러나 우리 사회는 특권층 위주로 모든 시스템이 돌아가고 있고 빈부격차는 날로 커져 분배의 정의가 상실된 지 오래이다.

여섯 번째 망국 요소는 '희생 없는 종교'이다. 종교의 본연은 사회에 희생하고 봉사하는 것이다. 종교마다 가르침이 있고 신앙하는 것이 있으나, 근본적으로 그 가르침의 핵심은 이웃을 돌아보고 남에게 베풀며 서로 사랑하며 살아야 한다는 것이다. 그런데 요즘의 종교는 이러한 가르침의 실천보다 교세 확장, 외연 확대에 더 치중하는 모습이다. 물론 많은 종교 지도자들이 어려움 속에서도 청빈하게 생활하며 희생하고 봉사하는 삶을 살아가기도 하지만, 일부 종교 단체는 종교를 사업으로 삼아 돈벌이에 나서고 있다는 사실도 부정할 수 없다. 이는 종교의 본연을 잃어버린 모습이다. 성경에서 예수가 "여기에 있는 지극히 작은 자에게 한 것이 곧 내게 한 것"이라고 한 말을 되새겨 봐야 한다. 불교에서도 문수보살이 문둥병 환자로 나타나 불자(佛子)들을 시험하는 설화가 있다. 가난하고 병든 자를 보살피고 사회의 그늘진 곳을 찾아 어루만져 위로하는 것이 종교가 가장 먼저 해야 할 일이다. 희생과 봉사라는 본연의 역할을 상실한 종교는 이미 존재 가치를 잃은 종교이다.

일곱 번째 망국 요소는 '환경 없는 과학'이다. 환경을 생각하지 않는 과학기술의 발전은 한 국가뿐 아니라 전 세계와 전 인류에게 해악을 끼치고 지구를 병들게 한다는 것은 잘 알려진 사실이다. 환경을 생각하지 않은 과학기술의 활용으로 생긴 오염된 공기와 토양, 물은 부메랑이 되어 인간에게로 돌아온다. 환경오염은 비단 한 지역, 한 국가에서만 지켜서 될 일이 아니다. 물과 공기는 순환을 통해 지구 전체를 돌기 때문이다. 환경 없는 과학은 망국을 넘어 인접국과 전 세계에 영향을 주고 지구 자체를 파괴시킬 수 있음을 명심해야 한다.

5

절대 해서는 안 되는 내각제 개헌

내각제 개헌, 정치 기득권 세력의 강화

정치권에서 종종 내각제로의 개헌 이야기가 흘러나온다. 헌법을 대통령중심제에서 의원내각제로 바꾸자는 것인데 그 의도가 뻔해 보인다. 민생고를 걱정하고 해결할 수 있는 법안 마련이나 정책개발에 총력을 기울여야 할 정치인들 사이에서 아직도 제왕적 대통령 운운하며, 권력 분점(分占)이니 뭐니 하면서 이러한 말이 흘러나온다는 것 자체가 정치인들에게는 오로지 자신들의 기득권을 공고히 하고 나아가 자신들의 권력 확장과 유지에만 관심이 있다는 것을 보여 주는 것과 다를 바 없다. 내각제로 개헌해서 입법기관인 국회가 행정권까지 장악하여 나라를 마음대로 하고 오래도록 그 권력을 유지해 보겠다는 속셈이라고 생각하지 않을 수 없다.

내가 보기에 지금도 입법부의 권력이 행정부를 능가한다. 대통령이 장관 한 사람 임명하는데 후보자를 검증한다는 명분으로 국회 청문회를 거치는 과정에서 임명권자의 위신이 말이 아니다. 국회에서 야당이 다수를 차지하면 대통령이 발의한 법안 하나 통과시키기가 하늘의 별 따기다. 이게 무슨 제왕적 대통령이겠는가? 제왕적 대통령이 아니고 제왕적 국회이다. 그럼에도 불구하고 제왕적 대통령의 독재를 방지한다는 명분을 내세우며 내각제 개헌을 추진하려고 하는 것은 정치인들의 집단적 권력 욕심을 보여 주는 것으로밖에 비치지 않는다.

제왕적 대통령이 아니라 제왕적 국회

나는 일단 행정부의 수반인 대통령이 총리든 장관이든 자신이 임명하여 쓰고 싶은 사람이 있으면 국회의 청문회 같은 절차 없이 마음대로 쓸 수 있어야 한다고 본다. 대통령중심제인 나라는 국정에 대해 대통령이 책임을 지고 있기 때문이다. 장관 기용에 대통령이 쓰고 싶은 사람을 제대로 임용도 못하고 국정에 문제가 생기면 대통령이 모든 책임을 져야 한다는 것은 논리상 맞지 않는다.

정부 요직을 맡을 사람을 국회가 검증하는 것은 행정부 견제 차원에서 입법부의 당연한 임무라고 말할지 모르겠으나 그것은 견제 차원을 벗어나는 월권(越權)이라고 생각한다. 대통령이 하려는 일에 대한 과도한 간섭으로 보인다. 권력 분립의 목적을 벗어나 입법부의 독주로 권력이 편중된 상황이라고 봐야 한다.

국회가 반대해도 대통령이 쓰면 그만이니 별문제가 없다고도 할 수 있으나, 국회 청문회를 거치는 과정에서 도덕성이 어떠니 하며 심지어 후보자 가족에 대한 것까지 다 들추어 후보자는 물론 그 가족까지 완전히 만신창이로 만들어 놓으니, 임명이 되어도 이미지 실추로 임명권자인 대통령의 위신에까지 그 영향이 간다. 또 이렇게 되는 꼴을 당하기 싫어 적임자조차도 대통령의 부탁을 고사(固辭)하는 경우가 많다.

이처럼 국회의 과도한 간섭으로 대통령이 장관 한 사람 마음대로 임명하지 못하는 제도를 만들어 놓은 상황에서 이제 제왕적 대통령이라는 구실을 내세워 의원내각제 개헌을 주장하는 것은 참으로 어불성설이 아닐 수 없다. 누가 봐도 제왕적이라는 말이 수식될 곳은 국회이지 대통령이 아니다.

우리나라에서 하면 안 되는 제도

내각제의 기원은 영국에서 찾을 수 있다. 영국 스튜어트 왕조의 앤 여왕이 후사(後嗣) 없이 죽고 이후 독일에 뿌리를 둔 하노버(Hannover)가의 조지 1세가 왕위에 올랐는데, 영어를 할 줄 몰라 내각에 정치를 일임하면서 '왕은 군림하나 통치하지 않는다'는 원칙이 수립되었다. 이에 따라 내각은 의회를 지배하는 정당과 결합하지 않고는 실제적 정치가 불가능하게 되어 의원내각제(Parliamentary Government)라는 것이 생겨났다. 이러한 배경에서 발생한 의원내각제를 엄연히 대통령이 있어 아무런 문제 없이 내각을 구성하고 국가를 이끌어 갈 수 있는 우리나라에 도입해 보겠다고 하는 것은, 정치인들의 사사로운 욕심의 발로일 뿐이라고 생각한다.

우리는 이미 의원내각제를 도입하여 실시해 본 적이 있다. 이승만 대통령이 부정선거에 책임을 지고 하야한 당시 오늘날 국회에 해당하는 민의원, 참의원이라는 양원을 두고 민의원, 참의원 합동회의에서 대통령과 국무총리를 선출하여 내각을 구성하는 법을 제정했다. 말하자면 국회가 대통령과 국무총리를 선출하여 내각을 구성하는 의원내각제의 수립이었다. 이때 대통령은 국가의 원수이며 국가를 대표하는 상징적인 존재로 하고, 행정권은 민의원에서 선출한 국무총리에게 집중되도록 했다. 그리하여 민의원, 참의원 합동회의에서 대통령에 윤보선, 국무총리에 장면을 선출하여 내각을 구성했던 것이다. 그러나 그 당시 나라가 얼마나 혼란에 빠졌던가는 우리가 익히 잘 아는 사실이다.

우리나라는 분단국가로서 안보 불안이 상존(常存)하고 있다. 우리나라 주변에는 북으로 북한과 러시아가 있고, 동서의 미국과 중국이 패권 다툼 중이고, 가까운 동쪽의 일본도 위협이 될 수 있다. 그러므로 우리나라에는 강력한 지도력으로 나라를 이끌고 갈 수 있는 체제가 갖추어져야 한다.

내각제는 강력한 구심점이 없으니 강력하고 신속한 지도력이 필요한 시기에 국가적 위기가 초래될 수 있다. 자칫 나라가 적화될 수가 있다. 일본이나 영국처럼 왕이 있는 나라에서는 내각제를 해도 상관없다. 왕이라는 구심점이 있으므로 내각에 문제가 있어도 어떤 결정을 제때 내리지 못하고 우왕좌왕하는 상황이 발생하지 않는다. 그러나 내각제 국가에서 왕이 없으면 비상시국에 다수결로 결정하느라 시간을 끌다가 나라가 큰 위기에 몰릴 수 있다.

대통령제 국가에서도 구심점은 하나여야 한다. 대통령에게 권력이 집중되어야지 총리에게 권한을 상당 부분 이양한다든지 하는 것은 곤란하다. 하나의 구심점을 중심으로 강력한 리더십을 발휘하여 이끌어 갈 때 나라가 안정되고, 위기 상황에 효과적으로 대처하며, 급변하는 국제정세에도 신속하게 대응할 수 있다.

 국가와 국민의 안위는 아랑곳하지 않고 오로지 자신들의 권력과 이익 유지와 확장을 위해 정치 형태를 의원내각제로 바꾸려는 정치인들은 정신을 차려야 한다. 대통령중심제든 의원내각제든 그것에 관심이 있는 국민은 별로 없다. 국민은 민생고를 해결해 주기를 바랄 뿐이다. 국민을 위하고 나라 발전을 위한 정치를 해 주길 바랄 뿐이다.

제5장

다른 길은 가능하다

많은 이들은 점진적 발전이라는 말을 흔히 쓰면서 우리 정치와 사회도 그렇게 되어 간다고 믿고 있다. 그러나 과연 그럴까? 그동안 우리의 정치가 점차 발전해 왔을까? 사회가 점점 나아지고 있을까? 나는 그들에게 묻고 싶다. 과연 작금의 정치 상황에서 국민의 삶이 점차 나아질 가능성이 조금이라도 있는지, 그리고 갈수록 심화되는 빈부격차를 해결하고 공존공영하는 사회를 이룰 수 있는 점차적 방법이 과연 있는지를. 나는 그러한 방법은 없다고 단언코 말할 수 있다. 공존공영 사회를 목표로 완전히 새판을 짜는 대혁신적 방법 외에는 길이 없다.

1

중산주의가 대안이다

괴물이 된 자본주의

우리나라의 물질 혁명, '한강의 기적'은 우리에게 눈부신 경제발전과 생활의 풍요를 가져다 주었다. 산업화가 더욱 진전되면서 국가 전체의 부(富)의 규모는 더욱 커졌고 사람들의 생활도 몰라보게 달라졌다. 그러나 자본주의는 본질적으로 부익부 빈익빈을 만들게 되어 있는 제도다. 무한 경쟁의 자유시장경제 속에서는 돈을 많이 버는 사람과 못 버는 사람이 있게 마련이고, 돈을 많이 번 사람은 그 돈을 투자하여 더 큰 돈을 벌게 되는 것이다. 그리고 이것이 반복되면 그 격차는 엄청나게 커지고, 급기야는 부유한 자들이 국가의 부를 대부분 차지하기 쉬운 구조다.

산업이 한창 발전하는 시기에는 비교적 돈을 벌 수 있는 기회가 많으므로 어느 정도 경제력을 가진 중산층이 형성되지만, 산업이 고도화되면 첨단 기술과 막강한 자본력을 가진 기업가에게로 부가 초(超)집중되는 현상이 나타나 중산층이 약화되고 양극화 현상이 일어난다.

이러한 현상은 우리나라뿐 아니라 세계적인 현상으로, 2016년 다보스포럼의 발표에 따르면 1%의 부유층이 세계 부의 50% 이상을 차지하고 있다. 부의 증가 비율 차이도 이 1% 사람들의 부가 224% 증가할 때 나머지 사람들은 단 5% 증가에 그친 것으로 나타났다. 2015년 한 통계에 따르면 우리나라는 10%의 사람들이 국가 전체 부의 66% 이상을 차지하고 있다.

몇 년 전 우리나라에서는 '헬조선'이라는 말이 유행했다. 헬조선이란 희망이 없는 지옥과 같은 한국이라는 뜻이다. 왜 헬조선이라고 생각하는가에 대한 설문 조사에서 대답의 60% 이상이 금수저, 흙수저로 대변되는 빈부격차, 부의 불균형을 그 이유로 꼽았다. 그러면 헬조선의 상황이 지금은 개선이 되었느냐? 개선되기는커녕 집값 등 부동산값의 폭등으로 젊은 세대들을 포함하여 집 없는 서민들의 절망감이 더 커졌다는 것은 굳이 말하지 않아도 아는 사실이다.

자본주의(資本主義, Capitalism)는 자본이 지배하는 경제체제로, 사유재산제에 바탕을 두고 이윤을 획득하기 위해 상품의 생산이 이루어진다. 여기에는 개인주의, 이기주의가 저변에 깔려 있으며, 국가의 통제를 받지 않는 자유시장경제 체제가 그 근간이다. 자본주의의 장점은 개인의 자유를 존중하고 사유재산을 인정하여 자유롭게 경제활동을 펼치고, 근로 의욕을 높여 생산성을 높일 수 있으며, 기술 발전에 유리하다는 것이다.

그러나 자본주의는 경기가 침체와 호황을 반복하는 문제 외에 앞서 말한 부익부 빈익빈이라는 심각한 문제가 있다. 우리나라는 IMF 체제

이후 중산층의 몰락으로 부익부 빈익빈이 심화되었다. 앞으로 4차 산업이 가속화되면 빈부격차는 더욱 심해져 지금과는 비교도 할 수 없는 극단적인 부의 양극화 현상을 맞게 될 것이고, 이로 인해 심각한 사회불안이 야기될 수 있다.

현 자본주의에 대한 아무런 수정 없이 이대로 4차 산업 시대로 나아가게 된다면 첨단 기술을 가진 소수의 사람과 가지지 못한 대부분 사람들 사이에 엄청난 사회갈등과 전쟁이 예고되어 있다고 해도 과언이 아니다. 우리는 지금 사회를 극심한 혼란에 빠뜨릴 수 있는 괴물 자본주의를 마주하고 있다고 봐야 한다.

실패한 공산주의

공산주의(共産主義, communism)는 사유재산제도의 부정과 공유재산제도의 실현으로 빈부의 차를 없애려는 사상이다. 노동자들이 열심히 일해도 가난한 것은 자본가가 노동자가 가져가야 할 부를 착취하기 때문으로 간주하고 일체의 사유재산을 없애고 공동재산으로 하며, 생산과 분배를 공동으로 하자는 것이다.

창시자는 독일의 마르크스이며, 창시자의 이름을 따 마르크스주의(맑시즘)라고도 한다. 구소련의 레닌이 20세기 초 러시아에서 공산혁명(볼셰비키혁명)을 일으켜 최초의 공산주의 국가를 탄생시켰으며, 이후 동유럽과 중국, 인도차이나 반도, 북한 등지에도 공산정권이 수립되었다. 공산주의자들은 역사의 발전에 따라 지구상에 장차 자본주의는 모두 없어지고 공산 사회가 올 것이라고 예측했다.

그러나 공산주의는 인간의 자유의지와 이기주의적 성향을 무시하고 사유재산제를 인정하지 않음으로써 근로 의욕 상실과 기술발달 저해 등

으로 생산성이 떨어져 모두가 가난해지는 결과를 초래했다. 결국 1990
년대에 공산주의 종주국인 소련이 붕괴되고, 이후 동유럽 공산국가들
도 공산주의 체제에서 벗어나기에 이르면서 종말을 고했다.

중국도 정치체제는 사회주의 체제이나 경제는 이미 자본주의 체제로
운영되고 있다. 자본주의가 망할 것이라고 했으나 공산주의가 먼저 무
너진 것이다. 자본가 계급을 타파하고 평등한 세상을 건설한다는 기치
를 내걸고 많은 피를 흘리며 이루었던 공산 체제는 이후 공산당 간부와
절대다수의 인민이라는 계급을 형성하여 소수의 공산당 간부가 절대다
수의 인민 위에 군림하며 권력과 부를 독차지하는 모순된 모습을 보이
기도 했다.

근본적인 변화, 중산주의가 길

시장에 보이지 않는 손이 존재하여 정부가 개입하지 않고 가만히 두
어도 경제는 잘 굴러갈 것이라고 믿었던 자본주의는 2차 세계대전 직전
대공황이 발생하면서 커다란 위기에 봉착했다. 국가가 시장에 개입하는
케인스식 수정자본주의가 대두한 배경이다.

미국의 루스벨트 대통령이 케인스의 말을 받아들여 유효 수요를 창출
하기 위한 뉴딜정책으로 대공황의 위기를 극복한 것은 잘 아는 사실이
다. 영국 등 유럽에서는 '요람에서 무덤까지'라는 구호 아래 국가가 복지
정책을 추진하여 자본주의의 문제점을 해소하려는 복지 자본주의를 발
달시켰다.

그러나 결국 영국은 과도한 복지비 지출로 재정적자에 허덕이며 경제
가 활력을 잃었고, 설상가상 1970년대 초 오일 쇼크로 인한 스태그플레
이션으로 경제위기를 맞게 되었다. 이에 다시 정부의 역할을 축소하고

시장 기능을 강화시킨 하이에크식 신자유주의 체제인 대처 정부의 대처리즘이 등장하여 복지정책은 대폭 축소되었다.

우리나라도 김대중 전 대통령 때 IMF의 요구를 비롯한 영국의 대처리즘적인 처방을 수용하여 민영화 정책과 대규모 구조조정 등을 펼쳐 이전 정부인 김영삼 정부 때 발생된 IMF 체제를 극복해 나갔다. 그러나 그 와중에 많은 기업이 도산하거나 외국 자본에 넘어갔으며, 실업자가 양산되고 중산층이 붕괴되었다.

자본주의의 태생적 폐단인 부익부 빈익빈 현상은 산업의 고도화와 함께 날이 갈수록 악화일로(惡化一路)에 놓여 있다. 케인스식 수정자본주의나 영국식 복지 자본주의가 자본주의의 문제점을 해결하지 못했다는 결론이다. 케인스식 수정자본주의는 빈부격차 해소를 위한 방안이기보다는 공황 상태의 경제를 구하려는 자본주의 유지 방안이었고, 복지 자본주의는 국가경제를 발전시켜 파이를 키워 나가는 효율적인 방안 없이 증세(增稅)에만 의지하여 복지 재원을 마련하려 함으로써 경제가 제자리걸음을 하고, 세수가 증대되지 못하여 만성적인 재정적자를 겪으며 실패할 수밖에 없었다.

지금까지 그 어떤 석학도 해결하지 못한 자본주의의 문제점을 중산주의로 해결할 수 있다. 내가 주창한 중산주의는 제도적으로 국민의 99%가 중산층이 되게 하는 것으로, 케인스식 수정자본주의나 영국식 복지 자본주의와는 차원이 다르다.

중산주의는 분배와 성장을 동시에 가능하게 할 수 있다. 구체적 실천 방안은 앞서 언급한 여러 방안들이다. 여러 방안들이 모두 추진되면 메커니즘에 따라 분배와 성장이 동시에 가능한 완벽한 시스템으로 작동하게 된다. 빈부격차를 줄여 사회적 공평을 실현하는 것은 물론 경제적 효율성도 더욱 높일 수 있다. 이것은 케인스도 하이에크도 할 수 없었던 일이다. 성장에 초점을 두면 분배에 문제가 생겨 빈부격차가 커지고, 분배에 초점을 두면 성장이 둔화되는 악순환이 중산주의로 완벽히 해결될 수 있다.

중산주의를 가능하게 하는 일단(一團)의 방안은 복지제도가 초래해 온 문제점도 발생시키지 않으며, 생산성 극대화라는 자본주의의 장점을 최대한 발휘하면서 부익부 빈익빈의 자본주의 폐단을 해결하는 자본주의 완성 방안이다. 또한 중산주의 방안이야말로 국민 '복지'의 완결판이라고도 할 수 있다.

국가를 통해 요람에서 무덤까지 삶 전체를 아우르는 복지정책으로 국민의 삶을 행복하게 하려 했던 베버리지의 실패한 꿈은 중산주의 방안을 통한다면 그가 꿈꾸던 그 이상의 수준으로 완벽히 이룰 수 있다. 중산주의는 고질적 문제인 부익부 빈익빈의 자본주의 폐단을 완벽히 해결하는 획기적 방안이자 '복지'의 최고봉이라고 자부할 수 있다.

미래 기업이 추구하는 가치

근래에 이르러 기업 투자에 ESG라는 것이 중요한 고려 요소가 되고 있다. ESG란 환경(Environment), 사회(Social), 지배구조(Governance)를 뜻하는 말이다. 투자자들이 기업 투자를 결정할 때 기업의 재무적 요소들과 함께 ESG 같은 비재무적인 요소를 고려한다는 것이다. 이들은 기업의 지배구조와 환경과 사회에 미치는 영향이 기업의 장기 존속을 위한 주요 변수가 된다고 본다.

투자자가 재무제표 외에 기업의 ESG 성과를 고려하면 기업이 사회에 이익을 주는 행위를 하도록 유도할 수 있다. 기업을 평가할 때 친환경,

사회·윤리적 가치를 반영한 성과를 주요 지표로 이용하려는 것은 매우 바람직한 방향이다.

나는 국가를 국민과의 계약에 의해 형성된 주식회사로 규정할 수 있다고 본다. 대한민국은 대한민국 주식회사가 되는 셈이다.

대한민국 주식회사는 국민 전체를 주주로 하는 거대한 기업이라고 할 수 있다. 그런데 이윤를 추구하는 데 목적을 둔 전통적 기업이 아니라 환경, 사회, 바람직한 지배구조를 중시하는 다가오는 미래 사회의 기업과 비슷하다고 할 수 있다.

대한민국 주식회사는 친환경적이고, 상생적인 방안들을 통해 환경을 회복하고 유지하는 데 앞장설 뿐 아니라 모든 국민이 중산층 이상의 생활을 할 수 있도록 함으로써 사회적 책임을 다하게 된다. 아울러 국가의 CEO인 대통령을 포함한 모든 공무원이 회사의 직원으로서 주주인 국민을 위해 열심히 일하며, 주주인 국민은 주인의식을 가지고 대한민국 경영에 관심을 가져 낭비되는 예산은 없는지, 불필요한 사업을 하고 있지는 않은지, 혹 어떤 문제점은 없는지 관심 있게 살피게 된다. 말하자면 지배구조도 모든 주주가 중심인 이상적인 구조이다. 중산주의를 추구하는 대한민국 주식회사는 세상의 그 어떤 기업보다도 친환경적이며 사회·윤리적 가치를 최고의 가치로 여기고 실천하며, 모든 국민이 주주로서 실질적 주인이 되는 가장 바람직한 회사라고 할 수 있다.

ESG를 완벽히 갖춘 대한민국 주식회사는 오늘날 투자를 하려는 사람들이 가장 선호하는 미래 기업의 이상(理想)에 딱 들어맞는 미래 지향적이고 생태 지향적인 기업이며 사회적 책무를 다하고 이상적인 지배구조를 지닌 최고의 기업이라고 할 수 있겠다.

2

차별도 역차별도 없어야

여성을 위한 정책

나는 여성부(현재 여성가족부)와 성인지 예산은 즉시 폐지해야 한다고 생각한다. 이 같은 주장을 하니 누군가는 나를 남성 우월주의자로 보거나 여성을 비하한다는 오해를 할지도 모르겠다. 그러나 절대 그렇지 않다. 나는 오래전부터 부부간은 대등한 관계여야 하며 남녀를 불문하고 모든 사람은 공평한 대우를 받아야 하고, 여성이라고 차별을 받아서는 안 된다는 신념을 가지고 있다.

사실 나의 여러 방안들 중 고정적으로 매월 그것만으로도 생활이 가능한 일정 금액을 지급하는 배당금제 같은 방안은 여성들을 가장 먼저 배려하여 만든 방안이다. 어려서 나는 동네 아주머니들의 고된 생활을 오랫동안 목격했다. 새벽부터 일어나 물을 길어 오고 열 명이 넘는 대식구의 밥을 짓는 것에서 시작하여 낮이면 농사일을 거들고 저녁밥을 지은 후에도 쉬지 못하고 늦은 밤까지 길쌈을 하는 등 밤낮없이 중노동에 시달리는 것을 보면서, 어린 마음에도 내가 크면 저 아주머니들이 좀 편하게 살 수 있도록 해야겠다는 결심을 했다.

요즘에도 가정 살림은 주로 여성이 맡고 있다. 그런데 남편이 실직하거나 사업에 실패하여 빚이라도 잔뜩 지게 되면 당장 여성들이 맡은 살림살이에 큰 어려움이 닥친다. 스스로 돈을 벌어 급한 불을 끈다고 해도 그동안 해 오던 살림 수준을 유지하기에는 턱없이 부족할 것은 말할 필요도 없다. 남편도 괴롭기는 마찬가지겠지만 당장 현실의 어려움을 피부로 느껴야 하는 것은 아내이다.

그런데 고정적으로 매월 그것만으로도 생활이 가능한 일정 금액이 지급되면 본의 아니게 남편이 실직하거나 사업에 실패한 때에도 최소한 부부 합쳐 300만 원은 들어오므로 풍족한 수준은 아니더라도 먹을 것 걱정이나 아이들 학원비 걱정은 하지 않아도 된다. 또한 이 지급금은 압류가 금지되므로 국가나 은행 등 채권자가 마음대로 가져갈 염려도 없다. 이처럼 고정적으로 매월 생활이 가능한 정도의 금액이 들어오는 방안은 가정 살림을 맡은 여성들의 불안과 스트레스를 덜고 마음 편히 가정경제를 꾸려 갈 수 있도록 하는 것으로, 기본적으로 여성들을 배려한 방안이라고 할 수 있다.

어린 시절 서당에서 유학을 공부할 때 처음이자 마지막으로 훈장님에게 꾸지람을 들은 적이 있다. 그 이유는 부부(夫婦)라는 글자에 대해 내가 문제를 제기했기 때문이다. 당시 나는 부부(夫婦)는 대등한데 왜 '지아비 부(夫)'는 글자를 하늘보다 높다는 식의 형태로 만들어 놓고, 반면에 '지어미 부(婦)'는 빗자루를 들고 청소하는 여자라는 뜻이 되도록 만들었는지, 잘못된 것이 아니냐고 했다. 그러자 훈장님은 회초리로 내 종아리를 때리시면서 나를 크게 나무랐다. 그러나 지금도 부부란 대등한 관계라는 내 생각에는 변함이 없다.

부부는 해와 달

한자 '밝을 명(明)'을 보면 해(日)와 달(月)이 나란히 있다. 낮에 뜨는 해는 남자를 상징하고 밤에 나오는 달은 여자를 상징한다. 해와 달이 나란히 놓여 '밝을 명(明)'을 이룬다. '달 월(月)'이 '날 일(日)' 자 밑에 놓이거나 위에 놓이면 '밝을 명(明)'을 만들 수 없다. '밝을 명(明)'처럼 부부는 대등한 관계여야 가정이 밝아진다. 밝기를 생각할 때도 얼핏 생각하면 해가 뜨는 낮이 달이 뜨는 밤보다 훨씬 밝은 것 같지만 그렇지 않다. 밝음의 기준이 내 주변이면 낮이 밝지만 먼 하늘의 총총한 별들이 있는 곳이 기준이 되면 밤이 훨씬 밝다. 밤낮을 밝히는 해와 달처럼 남녀가 상하 관계가 아니라 평등한 관계를 이루고 서로 존중하며 조화를 이룰 때 가정이 환하고 화기(和氣)가 넘치게 된다.

나는 그동안 유교의 삼강오륜(三綱五倫)에 대해서도 잘못된 점을 지적해 왔다. 주지하다시피 '삼강이란 임금은 신하의 으뜸이요(君爲臣綱), 남편은 아내의 으뜸이 되며(夫爲婦綱), 부모는 자식에게 으뜸이 된다(父爲子綱)'는 세 가지이다. 이 중 부위부강(夫爲婦綱)은 옳지 않다는 게 내 지론이다. 부부는 대등한 사이여야지 한쪽을 더 높여 놓은 것은 문제가 있다는 말이다. 삼강의 구체적 표현이 오륜(五倫)인데 삼강의 부위부강(夫爲婦綱)과 오륜의 부부유별(夫婦有別)이 서로 부합하지 않아 삼강오륜 자체가 모순이기도 하다. 부부유별은 부부 사이에는 서로 침범치 못할 구별이 있다는 뜻으로 여기서 '별(別)'은 사돈 관계를 의미하는 것이다. 사돈 관계는 대등한 관계이지 높낮이가 있는 관계가 아니다. 그러므로 오류에는 부부유별이라는 높낮이가 없는 관계로 표현해 놓고 삼강에는 높낮이를 둔 부위부강으로 표현한 것은 잘못된 것이다.

남편과 아내는 당연히 구별될 수밖에 없다. 남편과 아내 이전에 남자와 여자라는 생물학적으로 서로 다른 조건을 갖추고 있기 때문이다. 남편더러 아기 낳는 일을 하라고 할 수 없고, 큰 힘이 필요한 일을 아내에게 하라고 하는 것은 도리에 맞지 않는다. 전통적으로 남편은 주로 집 밖에서 돈을 벌어 오는 일을 하고, 아내는 집 안에서 가정 살림을 책임지고 자식을 양육하는 일을 해 왔다. 자연적인 역할 분담이다. 이것을 차별이라고 보면 안 된다.

우주 대자연에는 음양오행의 이치가 담겨 있으며 인간 역시도 여기에서 벗어나지 않는다. 생물학적으로 그렇게 만들어져 있다. '밝을 명'의 글자에서 보듯이 해와 달은 음양 관계이면서 대등한 관계로 서로 다른 모습을 하고 있다. 시간적으로 해는 밝은 낮에 활동하고 밤이 되면 사라진다. 반면에 달은 밤에 활동한다. 해와 달을 부모라고 하면 지구는 자식에 비유할 수 있다. 해는 지구를 변함없이 날마다 비추어 주기만 하면 된다. 달은 한 달 내내 변화를 보이며 지구의 바닷물을 움직여 바다가 살아 있게 하고, 지구의 생명체에 생체 리듬을 부여하여 생명체들이 살아가게 한다. 해와 달이 이렇게 각기 다르게 자신의 역할을 다함으로써 조화가 일어나 지구라는 생명체가 유지되고 그 속의 온갖 생명체들이 살 수 있게 된다.

공간적으로 해는 먼 곳에서 일을 하고, 달은 가까운 곳에서 일을 하여 지구에 최적의 환경을 조성한다. 지구에서 해와 달을 보면 크기가 거의 비슷하다. 이것은 인간사에도 그대로 적용된다. 남편의 주요 활동 무대는 바깥의 일터이다. 밖에 나가 왕성하게 활동하면서 큰소리도 치고 목에 힘도 주고 그럴 수 있다. 그러나 일단 집 안에 들어오면 아내에게 권한이 있다. 집 안은 아내의 그라운드이다. 가정에서 아내가 편안하고 어머니가 안정되어야 집 안이 안정되고 활기도 있게 된다. 가정의 중심은 남편이 아니라 아내라는 뜻이다. 집 안에서 아내를 이기려고 하거나 큰소리를 내는 남편은 못난 남편이다. 아내도 밖에 나가면 남편의 위신을 세워 주는 지혜가 필요하다. 이것은 평등의 문제가 아니라 부부간에 조화를 이루고 화목한 가정을 꾸려 나가는 자연의 이치이다. 지구에서 보는 해와 달의 크기처럼 자식이 보는 부모도 거의 비슷한 비중으로 다가온다.

한편 부부간 구별은 부부 사이의 역할을 말하는 것이지 사회생활에서의 남녀 역할을 말하는 것이 아니다. 남자든 여자든 누구나 사회생활을 할 수 있고, 그 역할이나 지위에 인위적 제한을 두어서는 안 된다는 것은 말할 필요도 없다. 여성이라도 실력에 따라 얼마든지 조직의 고위직에 오를 수 있고, 하는 일에 대해서도 제한을 받거나 제한해서도 안 된다. 대한민국은 모든 국민의 평등권이 보장되어 있고, 직업 선택의 자유가 있는 나라이다.

성평등 정책이 성차별을 부르면 안 돼

여성부와 성인지 예산을 없애는 것은 공정과 공평의 문제와 관계가 있다. 여성이라고 차별해서는 안 되는 것과 마찬가지로 여성이 아니라고 해서 다른 성이 차별을 당하게 해서도 안 된다. 우리 사회가 건강하게 돌아갈 수 있도록 하는 기본적인 원리는 공정이다. 우리 헌법도 제11조 ①항에서 모든 국민이 법 앞에 평등하며 누구든지 성별·종교 또는 사회적 신분에 의하여 정치적·경제적·문화적 생활의 모든 영역에 있어서 차별을 받지 않는다고 명시하고 있다. 그런데 여성부를 둔다든가 성인지 예산을 책정한다는 것은 여성이 아닌 다른 성을 차별한다고 볼 수 있다. 양성 가운데 한쪽만을 강조하면 상대적으로 다른 쪽이 불이익을 받을 수 있고, 거기에 따른 반발이 있을 수밖에 없다.

여성을 위해 반드시 필요한 것이면 굳이 성인지 예산을 들먹일 필요도 없이 해당 부서에서 예산을 세워 집행해야 한다. 예를 들어 남녀 화장실의 경우 소변기를 따로 두는 남성 화장실과 달리 여성 화장실은 칸막이 실을 더 많이 설치할 필요가 있다고 판단하면 그렇게 해야 한다. 그런데 이런 당연한 것을 공공연히 성인지 예산이니 하여 별도로 책정할 이유가 없다.

여성부의 존치(存置)는 국민의 평등권과 자유권을 침해한다. 정부의 부처는 누군가에게만 유리하게 만들어져서는 안 된다. 여성부를 정 두려면 남성부도 두고 아동부, 노인부도 두는 게 형평성에 맞다. 여성부를 둔 자체가 남녀평등권과 자유롭게 살 수 있는 자유권을 위배하는 것이다.

민주주의에는 행복 추구의 원칙, 인간 존엄의 원칙, 절대 공평의 원칙이라는 3대 원칙이 있다. 여성부의 존재는 이 모든 원칙에도 어긋난다. 모든 국민은 절대적으로 공평한 대접을 받아야 한다는 절대 공평의 원칙에 어긋나며, 남녀의 구분 없는 인간의 존엄성, 누구나 행복을 추구할 수 있어야 한다는 원칙에도 어긋난다. 헌법에서도 보장한 국민의 권리와 민주주의의 원칙을 국가가 침해하고 위배해서는 안 된다.

격에 맞지 않는 여성(가족)부

여성부를 폐지해야 하는 또 다른 이유는 여성의 권익 보호를 위해 국방부나 행정부에 맞먹는 부서급으로 중앙 부서를 설치한 것이 격(格)에 맞지 않는다고 보기 때문이다. 여성부는 장관을 기관장으로 하는 국가의 중앙행정기관이다. 중앙행정기관에는 기획재정부, 행정안전부, 국방부, 교육부, 과학기술정보통신부, 외교부, 법무부, 보건복지부, 산업통상자원부 등이 속하는데 모두가 국가와 국민 전체를 대상으로 하고 있다. 여성부가 최근 여성가족부로 이름을 바꾸고 가족과 청소년 문제 등도 담당하고는 있다지만 여전히 국민의 절반에 해당하는 남성이 빠져있다는 측면에서 중앙 부서로는 적합하지 않다.

국가가 가정폭력이나 성폭력과 같이 사회적 약자로서 여성들이 겪는 문제에 대해 큰 관심을 가지고 대책을 수립해야 하며, 여성의 복지와 권익 보호에 힘써야 하는 것은 당연한 일이다. 그러나 이러한 문제들은 새삼스러운 주제가 아니며, 원래 보건복지부에서 맡고 있던 것으로 보건복지부의 정책 대상이다. 굳이 격에 맞지 않는 여성부라는 중앙 부서를 별도로 두어 예산을 낭비하고 사회적 분란을 가져와야 할 이유가 없다. 지금의 여성부는 폐지하고 보건복지부 안에 담당 부서를 두는 것으로 충분하다.

사회통합을 이루는 균형 잡힌 정책

사람은 누구나 차별에 민감하게 반응하기 마련이다. 예전에는 어릴 적에 딸이라고 가족으로부터 심한 홀대를 받고 자란 경우가 있었는데,

난세의 영웅, 허경영을 아십니까?

그것이 상처가 되어 커서도 잊지 못하고 살아가는 여성이 많았다. 차별하는 것은 그만큼 상처를 주는 일이다.

국가에서 설치한 여성부나 여성만을 위한 국가정책이 남성, 특히 청소년을 비롯한 젊은 남성들에게 상처를 줄 수 있다. 이전에 딸에 대한 가정의 차별, 여성에 대한 사회적 차별이 여성들에게 심한 상처를 주었던 것처럼 성차별을 없애겠다고 하는 국가의 정책이 오히려 또 다른 성에 역차별의 소외감을 줄 수 있다. 이러한 가능성은 실제로 현실이 되고 있다고 본다. 그것은 남성들이 여성부에 대해 노골적인 적대감을 표시하고, 여성 정책을 비난하는 글들이 온라인 가상공간에 넘쳐나는 것만 보아도 쉽게 알 수 있다. 여성부와 여성 정책에 대해 그들이 느끼는 감정은 불만을 넘어 여성 혐오 정서로까지 진행된 상황이다.

그런데 더 심각한 문제는 여기에 질세라 여성들도 남성 혐오로 맞불을 지르고 있어 남녀 간에 깊은 갈등의 골까지 생겨난 점이다. 국가정책이 성별 간에 심각한 갈등을 불러서는 안 된다. 물론 이러한 현상의 원인이 전부 국가의 여성부 설치와 여성 정책에만 있다고 볼 수는 없지만, 여성부의 설치나 편향된 정책에서 유발된 측면이 상당히 크다는 것은 부인하기 어렵다.

국가는 전 국민의 행복과 삶의 질을 높여 가야 할 책임이 있다. 그러므로 특정 성(性)만을 부각하기보다는 국민 전체를 아우르는 균형 잡힌 정책을 추진해야 한다. 성평등의 문제처럼 정책 대상에 상반된 입장이 있을 수 있는 경우 국가의 정책은 더욱 신중해야 한다. 이해관계가 대립되는 민감한 사안일수록 균형을 잃지 않도록 해야 한다. 자칫 균형을 잃으면 심각한 사회갈등과 국민 분열을 초래할 수 있기 때문이다.

남녀평등의 실현을 목적으로 추진한다는 일 가운데 정당이 총선 후보를 30% 이상 여성으로 출마시키면 지원금을 준다든가, 장관직이나 의원직에 여성을 몇 % 이상 할당해야 한다든가 하는 식의 법을 만들고, 심지어 민간 기업에까지 여성 할당제를 강요하는 식으로 성평등을 이루려고 하는 것도 문제가 있다. 여성의 고위직 진출이 쉽지 않았던 사회풍토를 바꾸기 위한 조치였다는 것을 모르는 바 아니지만 좋은 모양새는 아니다. 이것은 조금 더디더라도 법이나 정책보다 교육과 사회적 각성을 통해 이루어 가야 하는 부분이다. 그리고 사회 진출은 성별을 떠나 정정당당한 경쟁을 통하는 것이 바람직하다. 한쪽 성에 일종의 특혜를 부여하는 것으로 비치는 정책을 추진하는 것은 자칫 오해나 반발을 사기 십상이다. 국방의 의무를 지고 온 남성에게 부여하던 군 가산점을 헌법의 평등정신에 위배된다고 판단하여 폐지한 것을 상기해 볼 일이다. 다른 나라에서 할당제를 두고 있으니 우리도 하는 것이 좋겠다는 식으로 따라 하는 것도 올바른 자세는 아니다. 다른 나라가 하는 것이 반드시 옳다는 보장이 없다. 사회의 룰은 공정해야 한다. 공정성을 잃으면 누군가에게는 불만이 생길 수밖에 없고 그것은 사회갈등이나 사회불안으로 연결될 수 있다. 사회 안정과 통합이 저해되는 것은 불을 보듯 뻔한 이치다.

헌법 준수 차원에서든 사회통합 차원에서든 특정 성에 치우친 정책은 바람직하지 않다. 당연히 여성들이 재능과 실력을 발휘하며 사회 각계각층에서 활발한 사회활동을 하는 것은 바람직스럽다. 여기에 남녀의 차별이 없도록 해야 하는 것은 당연하다. 그러나 그것을 위해서는 여성 할당제와 같은 강제적 법 조항을 두는 것이 아니라 가정에서부터 차별하지 않고, 학교교육과 사회교육을 통해 사람들의 생각을 바꾸어 가는 것이 좋다. 남성에게 역차별적으로 느껴질 수 있는 강제적 조항을 만드는 것은 사회갈등을 유발하고 여성의 자존감을 훼손할 수 있다는 것을 생각해야 한다. 차별을 없애겠다고 제도적으로 특혜를 부여하면서까지 국가가 개입하는 것은 오히려 평등권을 침해하고 사회갈등만 부추긴다는 점을 명심해야 한다.

폐지해야 할 성인지 예산

양성평등 정책과 관련해 편성되는 성인지(性認知) 예산에 대해 짚고 가려고 한다. 성인지 예산은 남녀평등을 이룰 목적으로 마련된 예산이라고 하는데, 나는 그러한 예산을 둔 자체도 의아스럽지만 그 예산의 규모에 놀라움을 금할 수 없다.

2020년 한 해에만 약 32조 원이라는 천문학적 예산이 성인지 명목으로 집행되었다고 한다. 같은 해 우리나라 국방예산은 약 50조 원이었다. 과연 우리나라가 남녀 불평등에 국방 문제에 버금갈 정도로 심각한 문제가 있는지 나로서는 이해가 되지 않는다. 법무부 예산과 비교하면 그 액수가 얼마나 어마어마한지 잘 느낄 수 있다. 법무부는 국가의 법을 수호하고 범죄로부터 국민을 지키는 중요한 역할을 하는데 법무부의 같은 해 예산은 3조 원 정도에 불과했다. 물론 성평등을 위해 어느 정도는 예산이 필요하다. 그러나 32조 원이란 천문학적인 금액을 써야 할 이유가 있는지 나로서는 도무지 납득할 수가 없다.

우리나라 성인지 예산은 2010년에 처음 도입되었으며, 이때 편성된 예산은 7조 5,000억 원이었다. 그런데 이 예산은 해를 거듭할수록 급증해서 2020년에는 31조 7,000억 원으로 증가했다. 10년 만에 무려 4배가 넘는 천문학적 액수로 급증한 것이다. 국회예산정책처가 발간한 『2021년 예산안 성인지 예산서 분석』 보고서를 보니 2021년에는 전년보다 3조 2,000억 원이 늘어나 총 34조 9,311조 원이 책정되어 있다. 이 추세대로라면 2025년쯤에는 50조 원에 육박하지 않을까 생각된다. 그저 기가막힐 뿐이다.

문제는 더 있다. 성인지 예산은 약 10개 부처가 나눠서 가져가는데 도대체 어디에, 어떻게 쓰이는지가 분명하지 않다는 점이다. 2020년 집행된 예산 내용을 보면 과학기술정보통신부에서 2,468억 원을 가져갔는데 명목이 '여성 과학 기술인 양성'이다. 그런데 거기에 쓰인 돈은 가져간 것의 20% 정도에 불과하다. 중소벤처기업부도 2,561억 원을 가져갔는데 여성 중소 기업인들에게 지원한다는 명목이다. 그런데 이 해 수혜 대상자는 31명에 불과하며 가져간 예산의 3.3%에 지나지 않는다. 이외에 여성 파일럿을 양성한다는 이유로 국토교통부에서 가져간 돈이 28억 원이다. 물론 여성가족부, 고용노동부, 농림수산부, 행정안전부 등에서도 많은 돈을 나눠 갔는데, 아리송하기는 마찬가지다.

한 언론사가 분석한 것을 보니 성인지 예산 중 4,500억 원은 도시재생사업에 쓰였고, 27억 원은 중소기업규제 영향평가에 쓰였고, 또 3억원 정도는 과학교실 운영자금으로 들어갔다고 한다. 도시재생사업은 여성 친화적 도시 인프라 재구축 사업이 아닌가 생각되는데 물론 나 역시도 그것이 아주 불필요한 일이라고는 생각하지 않는다. 그러나 현재 우리 국민과 가정이 겪고 있는 물질적 어려움이나 출산 문제와 같은 심각한 사회문제를 생각하면 국가의 멀쩡한 시설을 뜯어내고 다시 만드는 것이 급선무가 될 수 없고 예산 집행의 우선순위가 되어서는 안 될 일이다. 그리고 중소기업 규제 영향평가, 과학교실에 대한 성인지 예산 집행은 남녀 불평등 문제와 무슨 관련이 있는지 도무지 이해할 수 없는 예산 집행이다. 성인지 예산의 규모나 사용처도 문제이고, 공공연한 전용(轉用)은 더욱 큰 문제이다.

경기도 여성가족재단 홈페이지에는 2020년 12월 경기도 가족여성연구원에서 개최한 '성인지예산제의 내실화와 협력방안 포럼'의 결과에 관해 보고가 실려 있다. 그중 성인지 예산 사업에 대한 공무원들의 인식 조사라는 게 눈에 들어온다.

공무원들이 성인지 예산을 집행하면서 어떤 생각을 하고 있고, 성인지 예산을 어떻게 집행하고 있는지에 대한 조사 결과였다. 조사 대상 공무원들의 답변을 분석한 바에 따르면 성인지 예산의 집행에 문제가 많다는 것을 알 수 있다. 대상 과제 선정에서 사업 선정 과정, 지원 방식, 지원 후 관리에 이르기까지 문제가 드러나고 있다. 대상 과제 선정에서는 양성평등과 관련성이 적은 사업, 개선 효과를 보기 어려운 사업이 포함되고, 사업 선정 과정에서도 과별 할당에 따라 사업을 선정하여 사업 내용은 고려하지 않고 사업의 이름만으로 사업을 선정하는 경우도 있다고 대답하여, 성인지 예산이 얼마나 주먹구구식으로 집행되고 있는지를 보여 주고 있다. 또 지원 방식도 보조금을 주는 것에 그친다고 대답하고 있어 예산 집행이 돈을 주는 것으로 끝나 그것이 실제로 어떻게 쓰이고 어떤 성과를 얻었는지에 대해서는 제대로 점검도 하지 않는다는 것을 짐작할 수 있다.

나로서는 성인지 예산과 관련된 정책은 국민의 공감을 얻는 과정 없이 OECD 국가들의 수치적 성평등 수준에 맞추느라고 급조한 정책이며, 주먹구구식 예산 편성과 예산 집행이라고 볼 수밖에 없다. 이러한 상황에서 얼마나 많은 국가 예산이 낭비되고 엉뚱한 곳으로 샐지는 불을 보듯 뻔하다. 성인지 예산의 집행 근거는 「국가재정법」 제26조와 「지방재정법」 제36조의2이다. 당연히 국회에서 통과된 법 조항이다. 국민이 낸 혈세로 이루어진 국가 예산을 이렇게 무책임하게 편성하고 집행해도 좋은지 나로서는 납득하기 어렵다. 마땅히 어디다 써야 할지도 모르는 예산을 편성하고, 그 예산을 집행하기 위해 돈 줄 곳을 찾아내어 돈을 쓰는 해괴한 예산집행, 그 많은 예산이 어디로 가서 어떻게 쓰이는지 확실히 알기도 어려운 천문학적인 규모의 성인지 예산은 하루빨리 없애야 한다.

3

교도소 폐지와 재산비례 벌금제

나는 오래전부터 우리나라 교도소의 폐지를 주장해 왔다. 교도소가 '교도소'의 역할을 전혀 못하고 있다고 보기 때문이다.

교도소가 아니라 '범죄 교육소?'

교도(矯導)란 무엇인가? '바로잡아서 인도한다'는 뜻이다. 그런데 내가 아는 교도소의 모습은 교도가 이루어지는 곳이 아니라 오히려 범죄 교육의 현장과 비슷하다. 물론 범죄 교육을 교도관이 한다는 말은 아니다. 범죄 교육은 같은 방에 수용된 재소자들 사이에 이루어지는 범죄 수법의 자연스러운 학습을 말한다. 교도관들의 재소자에 대한 교도 상담이 없는 것은 아니나 그것은 그들에게 그렇게 큰 영향을 주지는 못한다. 같은 방에는 비교적 죄질이 경미한 잡범부터 사기, 강도, 강간, 살인에 이르기까지 다양한 죄수들이 수용된다. 그중에는 초범인 자도 있고 전과 10범의 상습범도 있다. 이들 사이에는 수감된 지 오래된 순서, 범죄 경력, 죄목 등에 따라 자연히 서열이 정해지고 나름대로 규율이 형성된다. 그들은 정해진 시간에 잠깐 운동하고 노역하는 것 외에 좁은 방에 함께 갇혀 있다. 그러다 보니 재소자들은 서로 어떤 범행을 어떻게 했는지 묻기도 하고, 스스로 자신이 저질렀던 범행과 수법을 자랑삼아 아주 상세하게 떠벌리기도 한다. 자연히 재소자들은 이런저런 범죄 수법을 습득하게 된다. 초보적인 수법밖에 몰랐던 사람이 지능적인 범죄 수법을 알게 되고, 어쩌다가 충동적으로 범행했던 사람도 상습범들이 자랑처럼 떠벌리는 범죄 행각을 자꾸 듣다 보면 범죄에 대한 죄의식이 무디어진다. 그래서 그들은 출소 후 들은 수법까지 써서 다시 범행을 저지를 가능성이 높아진다. 또 그들 사이에 자연히 연락처를 교환하게 되고 나와서 공동범죄를 저지를 가능성도 있게 된다.

형기를 마치고 사회로 돌아오면 사회가 그들을 따뜻하게 맞아 주는 것도 아니다. 그도 그럴 것이 또 언제 어떤 범죄를 저지를지 믿을 수가 없기 때문이다. 전과자의 딱지는 취직도 가로막는다. 결국 먹고살기 위해 교도소에서 배운 범죄 수법을 이용하여 더 큰 범죄를 저지르게 되는 악순환이 일어난다. 숫제 교도소에서부터 더 큰 범죄를 모의하고 나오는 경우도 있다. 이처럼 교도소는 교도가 이루어지는 곳이라기보다 범죄 수법을 배워 더 악랄한 범행을 저지를 수 있는 범죄 교육의 현장이 되는 경우가 많다.

상황이 이러한데 이것을 모르는 체하고 교도 행정을 이대로 계속한다는 것은 우리 사회가 국민 안전과 국가 예산 사용에 대해 얼마나 매너리즘에 빠져 있는가를 말해 준다.

대부분 사람들은 교도소가 아주 괴로운 곳이라고 생각하겠지만 딱히 그렇지도 않다. 비록 좁은 공간에서 칼잠을 자기도 하고 자유를 박탈당한 채 살고 있기는 하지만 일반인이 상상하는 것만큼 비참한 생활을 하는 것은 아니다. 더구나 요즘은 재소자 인권이 강화되어 교도소 환경도 훨씬 좋아졌다. 그런 환경이라면 바깥에서 먹고살기 힘든 사람들은 형기를 마치고 나갔다가도 일부러 죄를 짓고 다시 들어올 수도 있을 것이라는 것이 내 생각이다. 삼시 세끼 시간 맞춰 밥 주고 재워 주고 입혀 주고 운동시켜 건강하게 해 주는 곳이 그곳이다. 그래서 나는 중범죄인을 수용할 한두 군데를 제외하고는 전국의 모든 교도소의 철폐를 주장한다. 재소자 한 명을 관리하는 데 1년에 대략 2,500만 원이 들어간다. 여기에 전국 재소자 수를 곱하면 엄청난 돈이다. 교도 본래의 목적을 이루기는커녕 거꾸로 범죄 수법을 전수하는 장소가 되는 교도소를 위해 이런 엄청난 돈을 쓸 이유가 없다.

이처럼 교도소가 순기능보다 역기능이 많다는 것을 생각한다면 돈이 남아돌아도 지금과 같이 교도소를 운영하는 행정은 차라리 그만두는 것이 백번 낫다.

재산비례 벌금제의 당위성

지금도 벌금형은 2015년 기준 전체 형사 사건의 80% 정도를 차지할 정도로 주요한 형벌이다. 벌금형의 장점은 교도소 수감에 따른 범죄 수법 전수라는 폐해를 피할 수 있고, 오판에 따른 회복이 용이하고 집행 비용이 적게 든다는 점 등이다. 그런데 우리나라 벌금형은 총액 벌금형으로 같은 범죄에 대해 재산의 정도에 상관없이 동일한 벌금을 부과하고 벌금을 납입하지 못하는 경우 노역장유치로 대체한다. 총액 벌금형은 재산이 없는 사람에게는 가혹한 형벌이 될 수 있지만, 재산이 많은 사람에게는 형벌의 효과가 거의 없을 수 있는 문제점이 있다. 또 벌금을 납입하지 못하는 경우 노역장유치로 대체되기 때문에 이렇게 되면 교도소에 수감하는 폐단이 그대로 나타날 수 있다. 그러므로 나는 현행 총액 벌금제 대신 재산비례 벌금제를 시행해야 한다고 생각한다.

징벌(懲罰)의 이유가 무엇인가를 생각하면 재산비례 벌금제가 왜 공평한 제도인지를 이해하게 된다. 재산이 3,000만 원 정도인 택배기사와 수천억 원의 재산가가 똑같이 교통신호 위반을 했다고 치자. 법 앞의 평등을 따지면 두 사람 다 똑같이 7만 원 정도의 벌금을 내는 것이 맞다. 그러나 그 정도의 금액은 택배기사에게는 하루 일당의 대부분이 날아가는 금액이고 수천억 원의 재산가에게는 껌값도 되지 않는 푼돈이다. 택배기사에게는 7만 원의 범칙금이 종일 꼬불꼬불 골목길과 계단을 오르내리며 무거운 쌀가마, 고구마 박스 등을 땀을 뻘뻘 흘려가며 운반한 노동을 거의 허사로 만들 만큼 강도 높은 처벌이다. 그만큼 큰 심적 고통을 안긴다. 그러나 수천억 원대의 재산가에는 7만 원 범칙금이 껌값도 되지 않기에 처벌한 것이라고도 볼 수 없다. 그에게는 앞으로 교통신호 위반을 조심해야겠다는 경각심도 거의 주지 못한다.

그러므로 같은 범법을 했더라도 택배기사와 수천억 원대 재산가에게는 처벌 수위를 달리해야 한다. 교통신호 위반에 대해 택배기사에게는 1만 원 정도의 범칙금을 부과하고, 수천억 원대 재산가에는 적어도 1,000만 원 정도는 부과해야 비슷한 고통의 처벌 효과를 주게 된다. 이렇게 하는 것이야말로 형평성에 맞는 것이고 공평한 처사이다.

이 같은 재산비례 벌금제를 오래전에 내가 내놓았지만 최근을 제외하고는 여태껏 우리나라에서는 거의 논의조차 되지 않는 동안 외국에서는 비슷한 법이 시행 중인 나라가 있다. 핀란드에서는 고소득자가 과속운전을 하다 잡히면 6,300만 원 정도의 벌금을 부과한다. 미국에서도 적게는 116만 원을 내야 한다. 또 음주운전의 경우 많게는 580만 원의 벌금을 부과한다. 그들 나라도 돈 많은 사람이 범죄를 저질렀을 경우에 더 많은 벌금을 내게 하는 것이 공평한 처사라고 보는 것이다.

또 국가는 국민이 먹고 살 수 있도록 해 주어야 하는 생존권 보장 차원에서도 서민들이 생계 때문에 짓게 되는 사소한 범법에 대해서는 관대하게 처벌하는 것이 옳다. 그러나 돈이 많은 사람들은 국가가 갖추어 놓은 인프라와 국민의 경제활동에 힘입어 부를 쌓은 사람들이기에 그만큼 사회적 책임과 의무도 크다고 할 수 있다. 따라서 이런 사람들이 법을 어긴 경우에는 사회적 책임과 의무에 상응하는 만큼의 징벌이 따라야 하는 것이다. 재산비례 벌금 제도는 부의 재분배 효과도 얻을 수 있다.

요약하자면 재산비례 벌금제는 재산 정도에 따라 벌금을 부과하는 것으로, 서민들의 생계로 인한 범법의 경우에는 벌금이나 범칙금을 적게 부과하고 재산이 많을수록 많이 내도록 하는 제도로, 공평성을 기준으로 하고 사회적 책무성을 고려한 제도라 할 수 있다.

길거리를 활보하는 범죄자의 위험성?

교도소에 가두지 않으면 범죄자가 거리를 활보하여 불안하다고 말하는 사람들도 있다. 일견 맞는 이야기 같으나 그렇지 않다. 교도소 제도를 없애더라도 중범죄인을 위한 한두 군데는 남겨 두므로 사회에 큰 위협이 되는 흉악범은 당연히 사회로부터 격리된다. 살인, 강간, 강도와 같은 범죄를 저지른 자는 모두 수감되어 강력한 처벌을 받게 된다. 교도소에 넣지 않고 벌금형으로 처벌하는 경우는 경제사범이나 마약사범, 교통사범, 사기범 등과 비교적 경미한 범죄를 저지른 소위 잡범들이다. 그러므로 이러한 범죄자나 범법자들은 사회에 그대로 있다고 하여도 국민의 안전에 위협이 되지는 않는다. 흉악범들은 죗값을 충분히 받을 때까지 사회로 나오기 어렵다. 벌금형 범죄자들에게는 서로 함께 있을 시간과 장소를 제공하지 않으므로 범죄 수법을 전수할 기회가 주어지지 않아 그들이 범죄 수법을 더 배워 범죄를 저지르는 일은 생기지 않는다. 또 교도소에 같이 수감된 경우 공동범죄를 모의할 수 있으나 벌금형은 함께 모이지 않으므로 공동범죄를 모의할 기회도 없다. 따라서 범죄자들이 거리를 활보하여 사회가 불안해질 것이라는 우려는 하지 않아도 된다. 교도소를 폐지하면 오히려 범죄율이 낮아져 안전한 사회로 갈 수 있다.

자본주의 사회에서 벌금을 내도록 하는 것은 굉장한 부담을 느끼게 할 수 있어 처벌 효과도 좋을 것으로 본다. 벌금을 물려고 하지 않는 경우에는 중죄인으로 다스릴 수도 있고 재산압류와 같은 조치가 취해질 수도 있다.

재산비례 벌금형이기 때문에 돈이 없어서 벌금을 내기 어려운 경우는 거의 없을 것이다. 재산이 있으면서도 없다고 하는 경우나 적게 신고하는 등 허위신고를 하는 경우에는 철저하게 조사하여 진위를 가리고 허위로 판명난 경우에는 강력한 조치가 들어갈 수도 있다. 이 제도가 시행에 들어가려면 이와 같은 여러 경우가 생길 수 있으므로 빈틈이 없도록 법적 보완을 하는 등 좀 더 구체적인 보강이 따라야 하겠지만, 전체적인 큰 틀에서 교도소 제도의 폐지와 재산비례 벌금제는 징벌 효과와 국가 예산 절약, 사회 공평성 실현 차원에서 획기적인 전환을 가져올 것으로 생각한다.

4

재산세는 없애고 부동산 정책은 시장 자율에

정부가 국민에게 더 많은 혜택을 주고 안전하고 편리한 사회 인프라를 구축하는 등 보다 선진화된 국가를 이루기 위해 필요한 예산을 편성하고 집행하기 위해서는 가능한 한 세수를 많이 확보해야 한다. 그런데 여기에는 정부가 유념해야 할 한 가지 원칙이 있다. 기업이나 개인이 돈을 잘 벌 수 있도록 해 주면서 세금을 거두어 가야 한다는 원칙이다. 국민이 세금에 호의적이려면 국가의 뒷받침이 먼저 이루어져야 한다. 세금을 내어도 수익이 충분하다면 세금에 저항할 국민은 많지 않다.

우리 국민은 자신만을 위한 이기심보다는 국가를 생각하는 대승적인 마음이 강하다. 국가가 부도 위기에 처했던 1997년 IMF 체제 때 온 국민이 금 모으기 운동을 벌여 위기를 극복했던 것만 봐도 그렇다. 문제는 수익이 없는데도 내야 하는 세금이나, 추가 수익이 생기지 않았는데도 증세(增稅)하는 것이다.

재산세, 자동차 보유세 폐지해야

우리나라에는 수익이 없는데도 내야 하는 세금이 있다. 바로 부동산이나 자동차를 가지고 있다는 것만으로 세금을 물리는 재산세, 종합부동산세 등의 부동산보유세와 자동차 보유세가 그것이다. 이 세금은 '소득 있는 곳에 세금 있다'는 세금의 제1원칙을 위반한 세금이다. 그러므로 국가나 지자체가 부당하게 거두는 세금이라고 할 수 있다. 이 세금은 국민에게 큰 고통이 되고 있다. 해마다 나오는 이 세금을 다른 곳에 수익이 있어서 그 수익금의 일부로 낼 수 있는 사람들이야 큰 문제가 안 될 수도 있으나, 예를 들어 집만 한 채 있고 수입이 없는 사람들에게 재산세 부과는 큰 고통이다. 빚을 내거나 집을 팔아서 세금을 내야 하는 상황이 될 수 있기 때문이다.

주택 보유에 대해 세금을 내는 것은 내 집이 내 집이 아니라 마치 국가 소유의 집에 내가 월세를 주고 사는 것과 유사하고 국민의 재산을 국가가 야금야금 빼앗아 가는 것과 마찬가지다.

우리는 부동산을 취득할 때 취득세를 낸다. 그리고 팔 때 양도세를 내게 된다. 그것이면 충분하다. 자동차 보유세도 마찬가지다. 몇백만 원짜리 중고자동차 한 대에도 그것을 소유했다는 이유만으로 1년에 두 번 꼬박꼬박 세금을 거두어 가는데 그것은 부당한 과세이다. 자동차를 살 때 취득세와 등록세를 내고, 팔 때 양도세를 내는 것으로 충분하다. 보유세 논리라면 핸드폰에 대해서도 핸드폰 보유세를 거두어야 과세 정책에 일관성이라도 서지 않을까 싶다.

나는 이처럼 부당한 재산세와 자동차 보유세는 완전히 철폐해야 한다고 본다. 과세는 공평하고 정당하며 합리적이어야 한다. '보유'하고 있다는 이유만으로 세금을 거두는 것은 부당한 이중과세이다. 땅이나 집에 대한 부동산 보유세, 자동차에 대한 자동차 보유세 모두 부당한 세금이다.

어떤 이는 부동산 가격이 지나치게 상승하므로 부동산보유세를 많이 매겨서 부동산 가격 상승을 막아야 한다고 말한다. 이 논리는 이치에 맞지 않는다. 그런 논리라면 부동산 가격이 지나치게 하락하면 그것에 대해 국가가 보상을 해 주어야 한다. 말이 안 되는 논리이다. 부동산보유세는 없애야 하고 투기 목적의 부동산 매입에 대해서는 양도세율을 조절하는 등 다른 방법으로도 얼마든지 통제할 수 있다.

부동산 정책은 시장 자율에 따라야

근래 정부는 종부세를 올리는 세법 개정을 준비해 왔다. 공시지가를 90%까지 인상하겠다는 것이었다. 여론의 거센 비판 때문인지 최근 다소 후퇴하는 모양새를 취하고 있기는 하다. 만약 종부세를 이전 개정안처럼 그대로 추진한다면 부동산 보유세를 없애야 할 판에 보유세를 올리는 정책을 취한다는 비판을 면하기 어렵다. 부동산을 가진 국민은 세금 폭탄을 맞을 것이 뻔하다.

정부가 이러한 정책을 추진하려고 한 데는 여러 이유가 있을 것이다. 그런데 세금으로 집값 상승을 잡아 보겠다는 계산이면 오산(誤算)이다. 오른 종부세는 집값에 전가(轉嫁)될 것이고 점점 더 전세는 없어지고 월세가 보편화되어 서민들의 주거 문제가 더 어려워질 수 있다. 집값 상승을 잡아 서민들의 주거 안정을 이루기는커녕 의도와는 정반대의 결과를 불러올 수 있는 것이다. 당장 다른 수입 없이 정해진 연금으로 살아가는 노년층은 늘어난 세금 걱정에 잠을 설칠지도 모를 일이다. 퇴직으로 소득이 끊어진 주택 보유자는 그동안 살던 집을 내놓아야 하는 상황에 몰릴 수도 있다.

국가나 정부는 국민을 위해 존재한다. 국민을 대신하여 관리 역할을 하는 정부가 주인인 국민을 괴롭히는 정책을 취하는 것은 무척 잘못된 것이다. 우리 사회의 병폐인 빈부격차를 해소하고 분배의 정의를 실현하기 위한 목적이라고 강변할지 모르지만 그렇더라도 그 방법은 옳지 않다. 아파트 한 채 정도 가지고 있는 서민들에게까지 과도한 세금을 부과하는 것은 분배의 정의와도 맞지 않는다.

부동산 시장은 기본적으로 시장의 자율에 맡겨야 한다. 가격이 상승하든 안 하든 국가가 시장에 개입하는 것은 좋지 않다. 양도세율을 조절하여 나중에 팔 때 국가는 오른 만큼에 상응하는 양도세를 받으면 된다. 모든 국민이 강남과 같이 부동산값이 비싼 곳에 살아야 할 이유도 없다고 생각한다. 주거 문제로 고생하지 않고 작은 아파트에서라도 편안하고 안정적으로 살 수 있으면 된다고 본다. 나는 양도세의 경우 1주택은 면제하여 내 집을 갖고자 하는 서민들의 꿈을 이룰 수 있도록 돕고, 투기 목적의 주택 구입만 억제되도록 양도세를 조절하는 것이 좋다고 본다. 주택 보급 정책으로는 1인 가구가 증가하는 시대적 추세에 따라 10평 미만의 소형 임대 분양 주택을 수백만 호 지어 주택 보급률을 높이면 주거 문제는 거의 해소될 것으로 생각한다.

나는 기본적으로 자본주의 자유시장경제를 옹호한다. 공산주의는 생산성과 효율성 면에서 실패할 수밖에 없는 경제체제이다. 다만 자본주의는 부익부 빈익빈이 심해지는 폐단이 있으므로 이 폐단을 없애서 자본주의의 약점을 없애려고 하는 것이 나의 생각이다. 그것이 중산주로 자본주의 자유시장 경제가 기반이지만 자본주의의 약점인 부익부 빈익빈이 해결되고 모든 국민에게 최하 중산층 수준의 생활이 되도록 보장하는 체제이다. 물론 능력에 따라서는 그 이상도 잘 살 수 있으면 더 좋을 것이다. 빈민층이 없고 중산층부터 부자들까지 있는 세상이 중산주의 사회이다. 중산주의 사회에는 부자들이 사는 부자 동네도 형성될 수 있고, 중산층만 모여 사는 곳도 생길 수 있다. 물론 고루 섞여 사는 동네도 있을 수 있다.

중산주의 사회에서는 누구나 상대적 박탈감 없이 만족스러운 생활을 누릴 수 있다. 부자들이 세금을 많이 내고, 그 덕분에 고루 잘 살게 된 것이므로 부자들을 증오하는 일도 없어질 것이다. 부자들은 세금을 많이 내는 대신 사회의 존경을 받을 수 있는 사회 분위기가 조성될 것으로 생각한다.

부를 늘려 준 후 세금을 거두어야

정부가 세수를 확보하는 방법 중 가장 손쉬운 것이 증세(增稅)이다. 소득세율을 높인다든지 종부세를 인상해 부동산 보유자에게 세금을 더 걷거나 법인세율을 높여 기업으로부터 세금을 더 걷는 방식이다. 증세를 하면 국민과 기업의 부담이 커지는 것은 말할 것도 없다.

나는 경우에 따라서는 증세도 필요하지만, 가능한 한 국민의 부담을 최소화하면서 세수를 확보하는 방법을 취해야 한다고 생각한다. 우리 사회에는 알게 모르게 탈세와 탈루가 광범위하게 일어나고 있다. 나는 이런 불법 행위를 막아 세수 증대를 꾀해야 한다고 생각한다.

또 세수를 확보하기 위해 새로운 세원을 창출해야 한다. 우리 사회에는 엄연히 존재하지만 불법으로 규정하여 음성적으로 이루어지는 경제

활동이 더러 있다. 음성적 경제활동 가운데 사회적으로 용인될 수 있는 것을 양성화함으로써 세원(稅源)을 마련하는 것도 고려할 만한 방법이다. 그중 하나가 속칭 '브로커'라는 직업이다. 이것을 합법화하고 나아가 사회의 광범위한 분야에서 활동이 가능하도록 장려하면 그동안 소득이 있음에도 불구하고 거두지 못했던 세금을 거둘 수 있고, 광범위한 분야로 확대함으로써 이 직에 종사하는 사람들이 늘어 세수가 크게 증가할 수 있다.

그리고 무엇보다도 중요한 세수 증대 방법은 기업과 개인이 하는 일들이 잘되도록 국가가 제도적으로 뒷받침함으로써 수익을 늘리고 경제 규모를 키우는 일이다. 말하자면 부(富)를 늘린 후 세금을 거두어 가는 것이다. 국민이 어렵고 기업이 힘든 상황에서 세금을 인상하면 '가정맹어호(苛政猛於虎)', 즉 호랑이에게 물리는 것보다 더 가혹한 세금이 될 수 있다.

5

청년의 희생 강요는 이제 그만

모병제로의 전환

내가 군 생활을 할 때는 6.25전쟁을 겪고 휴전이 성립된 지 채 20년이 지나지 않은 때였다. 남자라면 외아들이 아닌 이상 반드시 군대를 다녀오는 것이 당연했다. 경제적으로도 가난을 물리치기 위해 몸부림치던 시절이었다. 세계에서 가장 가난한 나라에 속했던 우리나라가 이제 막 수출이 늘고 경제가 일어나기 시작하던 때였다. 군인들은 애국심 하나로 군 복무를 할 수밖에 없었다. 출생률은 높아 가정마다 자식들이 많았다. 징병제를 하여도 산업인력이 부족하지 않았다. 군인들이 국가경제 건설에 일조하는 측면도 있었다. 우리 군인들이 베트남전쟁에 참전해서 경부고속도로를 건설하는 자금이 마련된 것은 잘 아는 사실이다. 징병제는 세계적인 현상이었고 그것에 대해 문제 삼을 필요가 없었다.

그러나 지금은 사정이 많이 달라졌다. 한강의 기적을 이룩하며 비약적인 경제성장을 달성한 이래 현재 우리 경제 규모는 세계 10위에 랭크되어 있으며, 1인당 국민총소득(GNI)은 3만 불을 넘어섰다. 여기에 훨씬 못 미치는 경제력으로도 얼마든지 모병제로의 전환이 가능한데 현 경제력으로는 말할 필요도 없다.

게다가 출생률이 지속적으로 감소하면서 각 가정에는 한두 명의 자녀밖에 두지 않고 있다. 이전에는 외아들인 경우 병역이 면제되었으나 현재는 청년 남자인 경우 특별한 결격 사유가 없는 한 누구나 군대에 가야 한다. 이러한 사정으로 병역 비리가 끊이지 않고 있다. 군대가 성격상 맞지 않는 사람도 꽤 많다. 의무적인 군복무는 원치 않는 당사자에게 심리적으로 큰 스트레스가 된다. 가기 싫은 사람을 강제로 입대시킴으로써 나타나는 부작용이 적지 않다. 총기 사고나 군대 내 자살 문제가 끊이지 않는다. 헌법 소원이 받아들여지기 전까지 그동안 종교적인 이유로 군 입대를 거부하여 어쩔 수 없이 전과자가 되는 경우도 있었다.

나는 우리나라의 군사제도를 징병제에서 모병제로 바꾸어야 한다고 오래전부터 생각해 왔다. 30여 년 전부터의 일이다. 모병제는 자원자를 모집하여 병력으로 쓰는 제도이다. 사병(士兵)을 모병(募兵)하여 매월 200만 원 정도의 급료를 주는 직업군인으로 대체하는 것이다. 대신 모든 징병제 하의 징집 대상 연령에 있는 사람은 남녀 불문하고 1개월 동안 기초군사훈련을 받도록 하는 조건이다. 기초군사훈련에서는 총 쏘는 법, 수류탄 투척하는 법 등을 훈련한다. 이때도 한 달 급여 200만 원가량을 지급한다. 여성들도 몸이 불편한 기간 등을 피하여 의무적으로 훈련을 받는다. 유사시에 여성들도 자신과 가족을 지키기 위해 적어도 총을 쏘는 방법 정도는 알고 있어야 하기 때문이다.

모병의 급여 200만 원은 얼핏 많지 않아 보이지만 국민배당금제와 같은 고정적인 국가 지급금 제도와 병행하여 실시하면 적지 않은 금액이다.

세계적으로도 징병제를 모병제로 전환한 나라가 많다. 미국은 냉전체제 이후로 1970년대 초반까지 징병제였지만 베트남전쟁이 별 성과 없이 군인들의 희생만 커진 상황에서 징병제에 대한 사회적 반발이 커지자 베트남에서 철수한 후 징병제를 폐지했다. 중국, 영국, 프랑스, 독일, 일본, 캐나다, 호주, 인도, 대만 등도 모병제이다. 모병제이지만 일부 국가를 제외하고는 큰 전쟁이 발생하는 등 유사시에는 징병제로 전환하거나 모든 징병제 하의 징집 해당 연령은 기초적인 군사훈련을 한두 달 정도 이수하는 조건이 붙어 있다.

무조건적 희생 강요는 안 돼

한 신문 기자가 로마 바티칸 교황청에 이런 질문을 했다.

"교황도 월급을 받습니까?"

그러자 재무 담당자가 이렇게 대답했다.

"왜 안 받겠습니까?"

지구상에서 최고로 신성한 일을 한다는 교황도 제대로 된 월급을 받는다고 한다. 그런데 우리나라는 신성한 임무를 수행한다는 명분으로 청년들을 군대에 강제로 데려다 나라를 지키도록 하고는 급여는 쥐꼬리만큼만 주고 있다. 다들 알다시피 나라가 그 대가를 치르지 못할 만큼 가난한 것도 아니다. 오히려 세계에서 열 번째로 경제 규모가 큰 부자 나라이다.

2016년 병장 기준 한 달 급여는 21만 6,000원이었다. 병장이니까 그 정도이고, 일반 사병은 그보다도 훨씬 적었다. 그 이후 군인 급여가 사회적으로 이슈가 되면서 2018년 제법 인상되었다는 것이 병장 기준 40만 5,700원이었다가 2020년에 54만 800원이 되었다. 여전히 최저임금에도 턱없이 모자라는 적은 금액임은 말할 것도 없다.

국가경제는 몰라보게 발전했는데 군인에 대한 대우는 아직도 거의 제자리걸음을 하는 셈이다. 국가가 언제까지 신성한 국방의 의무라는 그럴듯한 명분으로 청년들에게 희생만을 강요할 것인가? 제대 후 사회에 진출할 때 주어졌던 군 가산점도 헌법의 평등권에 위배된다는 판결에 따라 부여하지 않은 지도 오래되었다. 군 복무에 대해 경제적으로라도 보상을 해 주는 것이 마땅하다.

2020년 현역병의 군 복무 기간은 육군과 해병대는 18개월, 해군과 공군은 각각 20개월, 21개월이다. 나라를 지키는 일을 하는 그 기간에 아무런 혜택도 주지 않고 무조건적 희생을 요구하는 것은 전근대적인 사고방식으로 민주주의나 자본주의 원리와도 맞지 않는다. 봉건시대에야 국가가 백성을 마음대로 징병도 하고 노역도 시킬 수 있었으나 지금은 국민의 권리가 헌법으로 보장되는 민주주의 시대이다. 청년들도 엄연히 대한민국 국민으로 권리를 보장받아야 한다. 군 복무 중이라 해서 그 권리를 유보당할 수는 없다.

군인들도 나라를 지키는 신성한 근로를 한 데 대해 정당한 대가를 지불 받을 권리가 있다. 신성한 임무를 수행한다는 교황도, 절의 스님도, 교회 목사도 아무런 대가 없이 무료 봉사만 하지 않는다. 신성한 국방의 의무라고 공짜로 해 달라고 해서는 안 된다.

사람은 좋은 일을 한 것에 대해서도 보람을 느끼지만 자기가 한 일에 대해 어느 정도 보상이 있을 때 더 열심히 하는 법이다. 희생만 강요하면 마지못해 하는 경우가 많고, 자연히 사기가 저하된다. 군 복무도 마찬가지이다. 군의 사기를 진작시키는 측면에서도 적절한 수준의 대가를 지불해야 한다.

사실 우리나라의 현재와 같은 징병제는 일제강점기 유습(遺習)이다. 2차 세계대전 중 미국의 진주만을 기습 공격하여 태평양전쟁을 일으킨 전체주의 국가 일본은 대동아공영(大東亞共榮)을 위한 전쟁이라는 미명(美名)과 우리 한민족과 일본 민족이 같은 조상을 가진 하나의 민족이라며, 우리 민족을 강제로 전쟁터로 내모는 징병과 군수물자를 생산하는 광산이나 공장으로 끌고 가는 징용을 강행했다. 이러한 강제 징병, 강제 징용의 폐습이 해방 후에도 징병제로 답습되어, 국민이 국가를 위해 동원되어 대가(代價) 없이 희생하는 것을 당연시하는 사고방식으로 오늘날까지 이어져 왔다. 이것은 마땅히 청산되어야 할 사고방식이며, 철폐되어야 할 폐습이다.

참전 군인에 대한 예우와 보상

모병제가 시행되는 미국의 전투력은 세계가 인정할 정도로 대단하다. 여기에는 미국의 참전 용사에 대한 극진한 예우가 큰 몫을 한다. 미국은 군인이 전쟁 중에 사망하거나 부상당하는 경우 애국 영웅 대접을 하고 충분한 보상을 한다. 설령 교전(交戰) 중에 희생당하더라도 유족에게 상당한 보상금이 나오므로 가족을 걱정할 필요가 없다. 이러한 국가적 대우가 군의 사기를 진작하고 군인들의 애국심을 고양하여 전투력을 높이는 동인이 된다. 징병제 하의 군인들은 강제로 징집된 데다 급여도 극히 적으니 충성심을 내기가 쉽지 않다. 이러니 설령 총탄이 날아오는 전쟁터에서 징병으로 끌려온 군인들이 도망간다 한들 나무랄 수만 있겠는가?

모병제를 하면서 미국과 마찬가지로 전쟁 중에 사망하거나 부상당한 경우 국가가 애국 영웅으로 예우하고 충분한 보상을 하여 군의 사기를 진작시키고 장병들의 애국심을 고양해야 한다. 그렇게 되면 징병제 때보다 적은 숫자로도 더 강한 전투력을 발휘할 수 있는 군대를 만들 수 있다.

이러한 맥락에서 6.25전쟁과 베트남전쟁 참전 군인에게는 1인당 5억 원 정도씩 보상하는 방안을 고려하는 것도 필요하다. 더불어 파독 광부와 간호사들에게도 그만한 보상을 할 필요가 있다. 그들 모두 나라가 어려울 때 목숨을 걸고 희생하여 우리나라를 일으키는 데 기여한 분들이기 때문이다. 5억 원 정도의 금액은 베트남전쟁 참전 군인들이 국가로부터 제대로 받지 못한 급여이다. 우리 정부와 미국 정부가 한국군의 월남 참전을 놓고 협의를 할 때, 우리 정부가 내세운 참전 조건 중 하나가 한국 군인에게도 미군과 동일한 급여를 제공해 달라는 것이었다. 그런데 당시 우리나라는 막 경제개발을 시작하는 중이라 막대한 돈이 필요했기에, 미국으로부터 제공받은 급여의 10%만 참전 장병들에게 지급하고 나머지는 경부고속도로를 건설하는 등 국가 건설과 경제개발에 모두 사용했다. 어찌 보면 우리나라가 이렇게 비약적으로 발전한 것은 베트남전쟁 참전 군인의 핏값이 큰 몫을 했다고 할 수 있다.

그런데 오늘날 우리나라가 이렇게 잘사는 국가가 되었는데도 불구하고 베트남전쟁 참전 군인의 급여를 떼어먹은 채 돌려주지 않는 것은 있을 수 없는 일로, 그 돈은 마땅히 돌려주어야 한다고 본다. 그리고 6.25 전쟁 참전 용사에게도 그에 준하는 보상을 해 주는 것이 당연하다.

그리고 별도로 정기적으로 일정 금액을 고귀한 헌신에 대한 답례로 지급해야 한다고 본다. 참전 군인이 이미 사망했을 경우에는 가족에게 그 돈을 주면 될 것이다.

한편, 모병제를 실시하면 징병제 하에서 국가에 봉사한 군인들에게 그들의 군복무 기간 동안의 국가에 대한 헌신에 대해 일정 정도씩 보상을 해 주는 것도 검토할 필요가 있다. 다만, 국가 예산을 고려해 제대한 지 10년 된 사람까지는 현금으로 지급하고 11년 이상 된 사람은 일정 기간이 지난 후 받을 수 있는 채권으로 지급하면 예산 조달에도 무리가 없을 것으로 본다. 이것은 국가로서 당연히 해야 할 일이라고 생각한다. 인생의 중요한 시기에 3년 6개월에서 2년 정도에 이르는 시간을 국가와 국민을 위해 헌신한 국민에게 아무런 보상 없이 입을 싹 닦고 있는 것은 국가의 도리가 아니기 때문이다. 최저임금 기준을 생각해서도 월 단돈 몇만 원에서 몇십만 원을 지급한 것은 국가가 장병들의 노동력을 착취한 것이나 다름없다고 생각된다.

참전용사를 비롯하여 애국자에 대해 국가가 충분한 예우와 보상을 해 주는 것은 현재 장병들의 애국심과 사기를 드높이는 일이 되며, 군인이라는 직업을 기피하지 않고 자원하는 동인(動因)이 된다. 자연스럽게 국민들도 애국하는 마음과 태도를 갖도록 할 수 있고 궁극적으로 국방력이 튼튼해지는 결과로 귀결될 것은 말할 나위도 없다.

모병의 대상도 젊은 청년층에 한정하지 않고 지원자는 특별한 결격사유가 있지 않는 한 누구든지 일단 받아들이는 것이 좋다고 생각한다. 국방을 젊은 청년들만의 의무라고 여겨 오던 사고방식을 바꾸어 누구든 지원하면 맡을 수 있도록 해야 한다고 본다. 이것은 실업 문제 해결에도 기여할 것으로 기대된다.

군인들의 휴가 기간도 늘려서 재충전의 시간을 갖도록 하여 군인들도 보다 인간답게 살 수 있는 여건을 마련해 줄 필요가 있다. 모병 군인은 하나의 직업이기 때문에 그 직업을 가진 상태에서도 질 높은 삶을 살 수 있어야 하고 국가는 그것을 보장해야 한다.

제6장

미래로 가는 길목에서

우리는 지금 선택의 기로에 서 있다. '한강의 기적'에 이어 다시금 우
리나라가 비약적인 발전을 이루며 세계인이 부러워하는 초일류 국가
로 발돋움할 것인가? 총체적 난제들을 해결하지 못하고 존재조차 희
미해지는 나라로 전락하고 말 것인가? 후손들의 미래는 오늘을 살아
가는 우리 손에 달려 있다.

1

지역개발 그만하고 가정경제 살려야

세계 최고의 지하철

세계에서 우리나라처럼 지하철이 잘 된 나라는 없다. 에스컬레이터와 무빙워크, 엘리베이터, 크고 깨끗한 공중화장실, 미니 독서 공간 등 갖추지 않은 것이 없다. 도시든 농촌이든 도로도 잘 조성되어 있고, 곳곳에 꾸민 공원도 아름답다. 인공호수와 분수까지 갖춘 멋진 호수공원도 있다. 도시마다 대형 도서관과 시청이나 구청 이름을 딴 예술회관이나 문화관도 있다. 지자체마다 청사들은 멋진 위용을 자랑한다.

그러나 나는 마냥 기분이 좋지만은 않다. 아니, 씁쓰름한 마음을 금할 수 없다. 예산 낭비와 누수가 생각나서만은 아니다. 편리하고 화려하며 위용을 자랑하는 온갖 공공시설과는 달리 우리 국민 개개인의 삶은 각박하고 고달프기 그지없기 때문이다. 젊은이부터 노년층까지 안정된 삶을 사는 국민은 그리 많지 않다. 먹고사는 것부터 녹록지 않고 인생의 중대사를 포기하고 사는 국민이 엄청나다. 젊은이들은 바늘구멍만한 취업문을 통과하기 위해 한 평 고시방에 들어가 몇 년이고 제대로 먹지도 못하고 쪽잠을 자며 생활한다. 장년들은 아파트 한 칸 마련하는 데 진 빚 갚으랴, 아이들 학원 보내고 과외 시키랴, 노후 준비하랴, 부부가 맞벌이를 하여도 생활에 여유가 없다. 노년층은 자식들을 키우느라 돈과 시간을 다 쓰고, 이제 남은 것은 아픈 몸뿐이다. 자식들은 자신들 살기도 힘드니 부모를 부양할 여력이 없다. 병든 노인들은 요양원밖에 갈곳이 없다.

국가의 경제 규모가 세계 10위라느니, 1인당 GNP가 3만 불이 넘었다느니 하지만 대다수 국민에게는 먼 나라 이야기처럼 들릴 뿐이다.

이제 가정경제를 살려야

가정은 사회라는 큰 집의 한장 한장 벽돌과 같다. 벽돌 한장 한장이 단단하고, 서로서로 잘 결합되어 있어야 집 전체가 튼튼하다. 그런데 지금 우리 사회는 소수의 금강석처럼 단단하고 화려한 벽돌과 시멘트가 덜 들어가 부실하기 짝이 없는 다수의 벽돌이 엉성하게 쌓여 있고 겉모양만 요란하게 치장한 집과 같다. 겉모습에 아무리 돈을 들여 화려하게 치장해도 속이 문제인 집은 언제 무너질지 모르는 불안한 집이다. 그럼에도 정치인들은 선거 때만 되면 겉치장을 더 해서 더 멋있게 보이도록 하여 집값이 더 나가게 해 주겠다고 국민을 현혹한다.

지역개발은 이제 그만해도 충분하다. 세계 최고의 지하철, 사방팔방 연결된 도로, 호수가 있는 멋진 공원, 대형 도서관과 문화관, 호텔급 공중화장실, 그 이상 무엇을 더 하겠다는 말인가? '국가 예산 따 오기 지역 사업 발굴'은 당장 중단되어야 한다. 그 대신 남아도는 예산으로 부서지기 일보 직전인 벽돌 한장 한장에 신경을 써야 한다. 국민의 생활고를 해결해 주어야 한다.

당장 취업이 안 되어도 젊은이들이 생활은 되도록 해 주고 누구든 마음만 먹으면 쉽게 결혼하여 자녀를 낳고 건실한 가정을 꾸려갈 수 있도록 해 주어야 한다. 열심히 일하는 장년들이 어느 정도는 여유 있는 삶이 가능하게 해 주어야 한다. 빚 걱정 없고, 사교육비 부담으로 허리가 휘청이지 않도록 국가가 나서 주어야 한다.

우리나라 경제를 발전시킨 주역인 노년 세대가 노후를 걱정 없이 편하게 보낼 수 있도록 국가가 관심을 보이고 노후 생계 문제를 해결해 주어야 한다. 지역개발 대신 개인과 가정경제를 살려야 한다.

2

기본소득제와 국민배당금제

바야흐로 인류 문명은 4차 산업 시대로 접어들고 있다. 4차 산업혁명
은 인공지능(AI), 로봇기술, 사물인터넷(IoT), 드론, 자율주행차, 가상현
실(VR) 등이 주도하는 차세대 산업혁명이다. 미래학자들은 이러한 인
공지능과 디지털 시스템이 산업이나 일상생활에서 인간의 노동을 대신
함으로써 장차 수많은 일자리가 사라질 것으로 내다보고 있다. 그래서
일자리를 잃고 실업 상태에 놓일 사람들이 엄청날 것으로 예측하고 있
다.

이에 대한 대책으로 현재 기본소득제에 대한 논의가 세계적으로 일어
나고 있으며 우리나라도 예외는 아니다. 특히 코로나19의 장기화로 국
민의 생계가 위협받는 상황이 되면서 기본소득제 논의가 여권 일각을
중심으로 급물살을 타고 있다. 최근에는 기본소득당이라는 정당까지도
생겼다.

나는 물론 4차 산업 시대가 되어도 어느 정도는 대체할 일자리가 생기므로 일자리에 대해서는 그렇게 크게 걱정할 필요는 없다고 보지만, 기본소득제를 논하고 있는 것에 대해서는 한마디 하고 싶다.

우선 학자나 정치인들은 지금 기본소득제를 논하면서 기본소득제의 기원을 서구에서 찾는데 이것은 정직한 태도가 아니라고 본다. 적어도 우리나라에서만큼은 내 방안의 영향이 없을 수 없다. 내가 이미 30여 년 전에 일정 나이 이상의 국민에게 매월 생활이 가능할 정도의 돈을 지급하는 방안을 비롯하여 일단(一團)의 방안들을 제시한 이래 그것들을 지속적으로 강조해 왔고, 선거철이 되면 여야 정당의 선거 캠프에서 내 방안들을 연구하고 유사 방안을 만들어 왔던 것을 알 만한 사람은 다 알고 있다. 사정이 이러한데도 기본소득제를 논하면서 내 방안이 구체화된 국민배당금제에 대해서는 한마디 언급 없이, 기본소득제가 마치 서구의 제도인 것처럼 말하는 것은 솔직한 자세가 아니라고 생각한다.

기본소득제와 국민배당금제

한편, 기본소득제가 국가혁명당의 국민배당금제에 영향을 받았다고 하더라도 둘 사이에는 커다란 차이가 있음을 말해 두고자 한다.

기본소득제는 국가가 국민에게 최소한의 인간다운 삶을 누리도록 조건 없이, 즉 재산의 많고 적음이나 근로 여부에 관계없이 모든 사회 구성원에게 인간다운 생활을 할 수 있는 수준의 소득을 무조건적으로 지급하겠다는 것이 골자이다. 4차 산업혁명으로 일자리가 없어 수입이 없어지는 것에 대해 국가가 기본소득이라는 수입을 대신 제공한다는 것이다.

국가가 국민에게 기본적인 생활이 가능하도록 돈을 지급한다는 점에서 기본소득제와 국민배당금제는 별반 차이가 없어 보인다. 그러나 제도의 기본 정신이나 성격, 의의, 재원 마련 방안, 금액 등에서 국민배당금제와 기본소득제는 엄청난 차이가 있다.

국가의 시혜인가? 국민의 권리인가?

기본소득제는 국가나 지자체가 국민에게 기본소득이라는 혜택을 주고 은혜를 베푸는 것이라고 볼 수 있다. 이 '혜택' 내지는 '은혜'라는 것은 받을 권리가 있는 것이 아닌데 받게 되는 것을 말한다. 말하자면 국민이 자신의 힘으로 살아갈 능력이 없으므로 국가가 베푸는 은혜로, 기본소득이라는 배급(配給)을 받는 것이라고 보면 된다. 따라서 기본소득이라는 것을 받는 것은 일종의 배급을 받는 것이라고 볼 수 있다. 따라서 기본소득제는 정치적으로 사회주의 느낌이 강하다. 공산주의와 맥이 닿는 제도라고 할 수 있다.

국민배당금제에서는 국가를 주식회사로, 국민을 주주로 보기 때문에 국가 경영으로 들어온 수입금은 당연히 주주인 국민 모두의 몫이다. 따라서 국가 경영에 필요한 경비 외에 수익금이 주주인 국민에게 배당되어야 하는 것은 당연하다. 말하자면 배당금은 혜택이 아니라 국민의 당연한 권리이다. 당당하게 배당금을 요구할 권리를 행사하여 받게 되는 것이다.

또 국민배당금제는 자본주의에 토대를 두고 있다. 주식회사와 주주, 배당제는 모두 자본주의 개념이다. 회사가 수익을 많이 내면 주주의 배당이 커지는 것처럼 국민배당금도 국가 수익이 많아지면 월 150만 원 이상도 받을 수 있다.

기본소득도 인간답게 살아갈 수 있도록 보장책을 마련해 달라는 생존권 혹은 사회권에 의한 지급이라고 볼 수 있지만, 이러한 권리는 사회주의 국가의 배급받을 권리와 크게 다르지 않다. 그리고 이러한 제도는 국가가 국민을 통제하는 수단으로 악용될 수도 있다.

　은혜와 권리, 여기에는 엄청난 차이가 있다. 기본소득제에서는 국가가 주체이고 국민은 국가의 보호와 통제 속에 있는 대상이다. 따라서 기본소득은 국민의 자존감을 훼손할 수 있다. 인간의 자립과 자주정신을 건드린다. 생존권의 보장 차원이라고 해도 왠지 당당한 기분이 들지는 않는다.

　그러나 국민배당금제에서는 국민이 국가의 주인이라는 점이 강조된다. 국민은 주식회사 대한민국의 주주로서 국가 경영 수익금에 대해 당당하게 자신의 지분에 대한 배당금을 요구할 수 있다. 따라서 국민배당금제는 국민의 자존감을 높이는 제도이며, 국민을 실제적인 주인으로 대접하기 때문에 진정한 의미의 민주주의를 실현하는 제도라고 볼 수 있다.

재원 마련 방안의 차이

　기본소득제를 시행하려는 사람들은 투기 소득에 대한 중과세, 소득세 최고세율 인상, 법인세 인상, 토지세, 다국적기업의 공조 과세 등을 재원으로 하는 방안을 검토 중이라고 한다.

　말하자면 증세(增稅)가 주요 재원 마련 방안이다. 세금을 더 거두어서 필요한 예산을 충당한다는 것이다. 증세에 대한 국민 저항에 대해서는 기본소득의 혜택을 부자나 가난한 사람이나 상관하지 않고 똑같이 받기 때문에 그다지 크지 않을 것이라는 낙관론을 펴고 있다. 그러나 지금처럼 방만한 예산 집행과 불필요한 다른 제도들을 그대로 유지하면서 기본소득제만 실시하는 것은 재원 마련에 한계가 있을 수밖에 없고, 재원을 증세에만 두기 때문에 납세자의 불만이 커질 수 있다.

국민배당금제는 현행 국가 예산의 약 70%를 절약하고, 불필요한 제도 폐지, 세금 통폐합, 재산비례 벌금제, 교도소 폐지, 특수사업자 신설 등으로 재원이 마련된다. 오히려 기본소득제와는 반대로 상속세, 재산세 등의 폐지와 세금 통폐합으로 직접세가 줄어 세금 부담이 적게 느껴지고, 또 세금 포인트 제도로 성실하게 세금을 많이 내는 사람들은 사회로부터 존경을 받을 수 있도록 우대하기 때문에 세금을 더 많이 내려는 사회 분위기가 형성되는 등 예산 확보에는 아무런 문제가 없다.

세금 포인트 제도는 세금을 많이 내거나 성실하게 내면 그만큼 국가에서 포인트를 주고 우대하는 제도이다. 세금 기부 포인트가 높은 사람은 국가유공자로 우대하고 자동차 번호판 색상을 달리하는 등의 방법을 통해 사회에서 존경받을 수 있도록 하고, 혹 회사가 부도가 나더라도 국가에서 회생할 수 있도록 도와주는 등 혜택을 준다. 세금 포인트는 상속도 가능하다. 이렇게 하면 사람들은 세금 내는 것을 아까워하지 않으며, 오히려 경쟁적으로 더 내려고 하고, 납세를 통해 사회에 기여하려는 사람들이 많아질 수도 있다. 이러한 사회적 분위기는 시대적 대세가 될 수 있다.

국민은 세금을 내주는 기업들 덕분에 배당금을 받으므로 기업이 더 잘돼서 더 많은 이윤을 낼 수 있도록 기업을 응원하게 되므로 국민 개개인과 기업이 모두 잘되는 상생의 구조가 만들어질 뿐 아니라, 경제 규모가 더욱 커지면서 세수도 늘어 예산 확보에는 아무런 문제가 없게 된다.

한편 기본소득제는 기존의 국가 예산이나 제도 등을 그대로 둔 채 시행하기 때문에 그 금액에 한계가 있을 수밖에 없다. 세금을 추가로 많이 거두면 조세 저항이 있을 수밖에 없고 국가부채를 내는 것도 부담스러운 일이다. 그래서 기본소득제를 주장하는 측에서 실제 시행을 고려하여 계산해 본 결과 고작 1년에 50만 원이나 100만 원 정도 줄 수 있다는 이야기가 나오게 되는 것이다. 국가가 국민에게 기본적인 생활이 가능하도록 하겠다는 애초의 취지가 무색해지는 금액이 아닐 수 없다. 반면에 국민배당금제는 국가 예산을 절약하고 제도의 통폐합, 새로운 세원 창출, 국가경제 규모가 커질 수 있는 경제적 선순환구조 형성 등으로 재원이 충분하게 마련되므로 매월 150만 원 정도를 주는 것은 얼마든지 가능하다.

이처럼 기본소득제와 국가혁명당의 국민배당금제는 제도의 성격이나 의의, 재원 마련 방안, 지급 금액 등에서 확연히 다르다.

3

개인의 빚이 '개인적'이지 않은 이유

우리나라 전체 가계부채가 2021년 1분기 말 기준 1,760조 원을 넘어섰다. 한국은행에 따르면 2020년 기준으로 가구당 빚이 8,000만 원을 넘고, 40대 가구는 1억 원을 넘었다. 10대, 20대도 두 명 중 한 명은 5,000만 원 이상의 빚을 지고 있는 것으로 나타났다. 만약 통계에서 누락된 사채 빚까지 전부 파악하면 그 수치는 더욱 늘어날 것으로 생각한다.

GDP 대비 가계부채비율도 2020년 1분기 기준 97.9%로 증가했다. 가계부채가 한 해 국내총생산인 GDP와 비슷한 규모가 된 셈이다. 세계 주요 선진국과 신흥국들의 가계부채비율은 평균 60% 정도이다. 우리나라 가계부채가 얼마나 심각한지 짐작할 수 있다. 가계부채율이 증가하는 속도도 가파른 상승률을 보이고 있다. 지난 5년 동안에만 18%포인트나 증가해 OECD 국가들 중 1위를 기록했다. 더욱이 2020년에는 한 해에만 7%포인트나 급증했다.

국가 실책과 빚더미에 올라간 국민

사람들은 흔히 개인이 빚을 지게 된 것을 그 개인의 무능이나 잘못으로 여기고 개인 책임으로만 돌린다. 물론 가계부채는 개인의 책임도 있다. 그러나 우리나라의 가계부채는 국가의 잘못된 정책으로 발생한 측면이 매우 강하다.

20세기 말 '문민' 정부의 금융실명제 실시 이래 외환보유고 부족으로 외환위기가 발생하는 바람에 IMF 체제가 되면서 우리의 많은 기업이 외국인의 손에 넘어가는 한편, 기업의 구조조정으로 실업자가 대량 발생하고 기업은 물론이고 개인도 빚을 못 갚는 사태가 벌어진 적이 있다. 또 IMF 이후에는 '국민의' 정부가 소비를 늘려 경기를 활성화하고 탈세를 막고자 신용카드 규제를 완화하여 무분별하게 신용카드가 발급되는 바람에 2002년 신용카드 회사들이 부도를 맞고 빚을 못 갚아 신용불량자가 급증한 카드 대란이 발생했다.

2015년의 한 통계에 따르면 가계부채의 가장 큰 원인은 대출이자 부담 증가로 전체 대출의 27%를 차지하고 있는데, 이것은 대출이자를 감당하기 위해 제2금융권이나 사금융에서 다시 대출을 받아 돌려막기를 하는 일이 벌어지고 있음을 의미한다. 특히 20대 청년들의 경우 대출이자 부담 증가로 인한 추가 대출 증가 비율이 37.8%를 차지했는데, 이는 졸업 후 취업이 되지 않아 재학 중에 빌린 학자금을 갚지 못해 초래된 결과로 분석된다. 그다음으로 생계비의 증가가 전체 대출 증가 원인의 15%를 넘은 것으로 조사됐는데, 이 또한 경제가 어려워지고 일자리를 얻지 못한 결과로 생각된다.

최근 2019년부터 2020년의 경우 가계부채가 더 가파른 상승률을 보인 것은 저금리 기조에다 정부의 부동산 정책 실패로 부동산과 전셋값이 큰 폭으로 상승한 것이 큰 원인이라고 할 수 있다. 즉, 국민이 무리하게 빚을 내어 집을 사거나 전셋집을 얻기 위해 대출을 받은 것으로 파악된다. 또 주식 투자나 가상화폐 투자를 위해서도 빚을 많이 낸 것으로 파악되며, 가상화폐의 경우 많은 청·장년들이 '영혼까지 끌어와' 투자를 한 것으로 알려졌다. 코로나19로 인한 경제위기를 극복하기 위해 정부가 은행 문턱을 낮추고 보증을 자처한 것도 대출이 급증한 원인의 하나로 분석되고 있다.

이처럼 계속해서 가계부채가 증가하고 있는 것은 개인의 책임 이전에 정부의 정책 책임이 크다고 할 수 있다.

빚을 지기 쉬운 자본주의 사회

자본주의 체제는 개인이 빚을 지기 쉬운 구조이기도 하다. 부익부 빈익빈이 일어나는 자본주의 체제 특성상 개인은 빚을 내서라도 뭔가를 해서 남들처럼 살아 보려는 심리가 생기지 않을 수 없다. 자그마한 사업을 할 때도 자신이 가진 돈만으로는 부족할 때가 많다. 자연히 빚을 내어 창업하고 추가 설비 투자 때도 빚을 내기 일쑤다. 자영업자들의 빚은 가계부채이다. 자영업자 개인 이름으로 빚을 내고 빚에 대해서 자신이 무한책임을 지기 때문이다.

부동산 투기를 하고 무리한 주식 투자와 가상화폐 투자, 심지어 도박에 빠지는 것도 비록 한탕주의 심리가 가세한 것이긴 하지만 기본적으로는 돈을 벌어 잘사는 '부익부' 편에 서고 싶은 욕구 때문이다.

첨단 과학기술이 발달할수록 '빈익빈'으로 떨어지는 사람들은 점점 더 증가한다. 과학기술을 가진 소수와 못 가진 다수로 나눌 수밖에 없고 '부익부' 쪽은 소수, '빈익빈' 쪽은 국민 대다수가 될 수밖에 없다. 앞으로 4차 산업혁명이 속도가 붙고 제대로 된 재분배가 이루어지지 않으면 0.1%의 소수가 전체 부의 99%를 차지하게 될 수도 있다.

이러한 부익부 빈익빈이 갈수록 심화될 수밖에 없는 경제구조를 바꾸지 않으면 대다수의 국민은 먹고살기 위해 빚을 내는 상황으로 내몰릴 수밖에 없다. 지금도 생계비를 충당하기 위해 빚을 지는 국민이 상당하다. 특히 현 정부의 소득 주도 성장 정책의 실패와 설상가상의 코로나19 발병으로 자영업자들의 가계부채 증가는 생계를 위협할 수준까지 달해 있다.

어느 정도 감당할 수준의 빚을 지는 것까지는 국가가 염려할 필요는 없지만, 지나친 가계부채는 국내 경기나 여러 요인에 의해 감당하기 어려운 상황이 언제든 발생할 수 있어 개인적으로나 국가적으로 커다란 위험 요인이다. 가계부채가 개인적인 문제가 아닌 이유이며, 감당하기 어려운 수준을 넘은 가계부채 문제를 개인에게만 책임지게 해서는 안 되는 이유이다.

절실한 가계부채 탕감과 양적완화

현재 우리나라의 가계부채는 시한폭탄이나 다름없다. 가계의 유동성 위기가 언제라도 올 수 있는 한계 상황에 이르렀다고 봐야 한다. 금리가 약간만 올라도 순식간에 폭탄이 될 수 있다.

국가정책의 실패와 적절한 경제정책의 부재로 빚어진 가계부채를 개인의 책임으로만 돌리고 국가가 수수방관해서는 안 된다. 국가의 정책 잘못으로 국민을 궁지로 내몬 것에 대해 위정자들은 책임의식을 가져야 한다. 가계부채의 이자와 원금 상환을 도저히 감당할 수 없는 상황이 오면 우리 경제가 어떤 혼란에 빠질지는 불을 보듯 뻔하다. 신용불량자가 된 국민이 거리로 내몰리며, 극단적 선택을 하는 일이 일어나지 않으리라는 보장이 없다. 은행이 도산하고, 기업은 어려움에 처하며, 실업자가 양산되는 등 국가경제가 혼란에 빠질 가능성을 배제할 수 없다. 가계부채는 개인만의 문제가 아니라 국가의 문제이기도 하다는 것은 자명하며, 국가는 산더미처럼 불어난 가계부채에 대해 일정 정도 책임을 져야 마땅하다.

이를 위해 국가가 국민의 가계부채를 탕감하는 정책을 추진할 필요가 있다. 특히 국민들이 지고 있는 사채를 파악하여 그것부터 정리해 주는 정책이 필요하다. 사채로 인해 국민들이 겪고 있는 고통이 너무 크기 때문이다.

가계부채를 정리하는 방법으로는 양적완화 등을 통해 국가가 가계부채를 국가부채로 전환시키는 방법을 생각할 수 있다. 코로나19로 인해 자영업자들을 비롯하여 많은 국민이 힘들어하고 있으므로 코로나 지원금 명목으로 일정 나이 이상의 모든 국민에게 빚 상환이 가능할 정도의 금액을 지급하여 각 가정의 가계부채를 정리하는 방안 같은 것도 생각해 볼 필요가 있다. 가계 부채 탕감이 목적이지만, 부채가 많이 없어도 코로나19로 전 국민이 어려움에 처해 있기 때문에 모든 국민의 고통을 해소하고 가정경제를 살리는 차원이다. 이때 이 지급금은 전액을 바로 가정에 지급하지 않고 각 시중은행에서 가정의 부채를 정리하고 나머지

금액만 가정에 지급하는 방식이다. 물론 이러한 가계부채 탕감은 단 한 번만 실시되는 것으로 탕감 이후에 지는 부채에 대해서는 개인이 책임을 져야 할 것이다.

양적완화를 통한 가계부채 탕감은 앞서도 언급하였듯이 국채를 발행해서 한국은행에 주고 한국은행에서 돈을 찍어 시중은행을 통해 가계부채를 정리하는 방식으로 가계부채가 국가부채로 이전되는 것이라고 보면 된다. 그러므로 정부와 지자체, 가계 전체를 합친 부채 규모는 이전 그대로이면서 가계부채가 줄어들고 줄어든 가계부채만큼 국가(정부)부채가 늘어나는 셈이다.

국가의 채무가 늘면 국채 비율이 높아질 것을 걱정하는 사람들이 있으나 현재 우리나라의 국가부채비율은 국민총생산(GNP) 대비 약 45% 정도로, OECD 국가들의 평균 국가부채비율 113%에 훨씬 못 미친다 (2020년 기준). 일본은 국가부채가 238%에 달한다. 말하자면 우리나라의 국가부채비율은 다른 국가들에 비해 상당히 낮은 수준으로 다소 올라가도 걱정할 이유가 없다. 반면 가계부채비율은 2020년 1분기 말 기준 97.9%나 된다. 가계부채가 심각한 문제이지 국가부채는 우려할 수준이 아니다. 앞서도 언급하였듯이 가계부채를 탕감하기 위한 양적완화로 국가부채가 증가한 것은 국민과 국가를 통틀어서는 부채가 늘어나는 것이 아니기에 큰 문제가 되지 않는다고 볼 수 있다.

그리고 이렇게 늘어난 국가부채는 외국이 아니라 우리나라 국가기관인 한국은행에 대한 채무이기 때문에 IMF 외환위기 때와 같은 상황이 초래될 위험성도 없다. 정부나 지자체가 국민의 가계부채를 갚아 주기 위해서가 아니라 다른 일을 하느라고 자꾸 국가부채나 지방채를 늘린다면 그것은 문제이다.

일각에서는 양적완화로 인한 인플레이션을 우려하지만, 이 또한 그렇게 염려할 필요가 없다. 우선 화폐를 발행하여 양적완화를 하지만 시중에 그만큼의 통화량이 증가하는 것이 아니다. 한국은행이 돈을 풀 때 시중은행을 통해 국민의 부채를 먼저 갚고 남은 일부만 국민에게 지급하므로 시중에 풀리는 돈은 그렇게 많지 않다. 또 현재 우리나라에 불법적인 방법으로 획득하여 숨겨 놓은 지하자금이 약 900조 원 정도에 달하는 것으로 예상된다. 그런데 화폐 가치는 그대로 두면서 디자인만 바꾸는 화폐 변경을 하면 이 자금의 대부분은 그대로 사라질 수 있다. 즉 변경된 디자인으로 화폐를 교환하고자 하면 자금 출처를 밝혀야 하는데 불법적인 자금은 출처를 밝힐 수가 없어 그대로 사장될 것으로 본다. 이렇게 되면 양적완화를 해도 회수되지 않는 지하자금만큼 통화량이 상계(相計)된다.

또한 양적완화를 3년 정도에 걸쳐 순차적으로 하면 통화량이 급격히 증가하는 것이 아니기 때문에 급격한 인플레이션은 생기지 않는다. 또 국가의 예산 지출을 70% 정도 줄일 수 있다고 보는데 그렇게 되면 인플레이션 유발 요소가 억제되며 이외에도 지나친 인플레이션 발생 가능성에 대한 대책은 더 있다. 그리고 통화량의 증가로 약간의 인플레이션이 발생하는 것은 경기 활성화에 오히려 도움이 된다.

여기에 대한 이해를 위해서는 일본의 아베노믹스를 살펴보는 것이 도움이 된다. 일본의 아베노믹스는 통화의 양적완화 등을 통해 오랜 경기 침체를 벗어나 어느 정도 성과를 거둔 성공한 경제정책으로 평가받고 있다. 아베노믹스는 오랜 디플레이션의 탈출과 경기 활성화를 위해 일본 정부와 일본은행이 서로 협조하는 것을 시작으로 전개되었다. 일본이 추진한 전략의 핵심은 첫째, 일본은행이 본원 통화량을 증가시켜 대

규모 자산 매입과 국채를 비롯하여 상장지수펀드(ETE) 등을 매입하는 양적, 질적 완화 정책을 추진하여 물가를 끌어올리는 것이다.

둘째, 정부는 공공 일자리 등 대규모 사업을 벌여 재정 지출을 늘림으로써 경기를 회복하고, 셋째 기업에 대한 규제 완화를 통해 민간기업이 활발한 투자를 할 수 있도록 유도한다. 그리하여 경기회복과 경제성장, 국민소득 증대를 꾀하는 것이다. 이러한 전략에 따라 일본은 2년여에 걸쳐 연간 60조~70조 엔씩 본원 통화량을 늘려 2012년 말 138조 엔에서 2014년 270조 엔으로 확대했다. 엄청난 양의 통화가 발행되어 양적완화가 이루어진 것이다. 그 결과 일본은 물가 상승이 발생하면서 침체되었던 경기가 살아나 경제 활성화가 어느 정도 이루어졌다. 여기서 보듯이 경기가 침체된 디플레이션 상황에서는 양적완화를 통해 물가가 조금 올라가도록 하는 것이 경제 활성화를 위해 유리한 것이다.

사실 지금까지는 자금이 지하로 숨어들고 외국으로 빠져나가면서 시중에서는 유동자금 부족 현상이 일어나 경제 활성화가 제대로 이루어지지 못했다. 현재 정부의 코로나19 지원금이 다소 풀리긴 했지만, 경제를 제대로 돌게 하기 위해서는 그렇게 해서는 되지 않는다. 펌프로 지하수를 끌어올리기 위해 펌프질을 할 때는 마중물을 대량 부어 주어야 하는데 현 정부의 지원금 지급은 마치 수저로 한 숟가락씩 떠 넣는 것과 비슷하다. 그래서는 절대로 지하수가 콸콸 올라올 수 없듯이, 소비가 살아나고 기업의 투자가 늘고 고용이 늘어나는 등의 경제 활성화가 이루어질 수 없다. 매년 상당한 정도의 마중물을 몇 년 정도는 부어 주어야 국민이 빚을 갚고 지급된 지원금을 소비해 나라 경제 전체가 활기차게 돌아갈 수 있다. 그렇게 해야 경제 규모, 전체 파이를 키울 수 있다.

국가경제 선순환의 기초

가계부채 탕감은 과도한 가계부채로 인해 초래된 개인적 불행이나 국가적 혹은 사회적으로 발생할 수 있는 위험을 막을 수 있을 뿐 아니라, 국민배당금처럼 일정 나이 이상의 국민에게 매월 고정적으로 돈을 지급함으로써 국가경제의 트리클업(trickle-up) 효과를 일으키기 위해서도 꼭 필요한 일이다. 트리클업 효과란 산 아래에 불을 지르면 불길이 위로 타올라 온 산을 태우듯이, 국민에게 직접 지원을 하면 좋은 효과가 위에까지 올라가 중소기업, 대기업, 국가 경제까지 모두 좋아지게 되는 경제 효과이다.

과도한 빚이 있는 한 국민은 지급된 돈을 빚을 갚는 데 쓸 수밖에 없다. 부채가 없어야 지급된 돈으로 물건을 사거나 음식점에 가서 식사도 하고 영화도 보게 된다. 빚이 없어야 매달 지급하는 돈이 트리클업의 불씨와 불쏘시개 역할을 할 수 있다. 지원금으로 국민의 주머니 사정이 넉넉해져 소비가 활발하게 일어나면 기업이 살아나고 일자리가 많아지며 국가경제가 발전할 수 있게 된다. 국가경제 규모가 커지면 세수가 넉넉해져 지급금의 액수가 증가할 수도 있다. 완벽한 선순환의 경제가 작동하게 된다. 가계부채 탕감은 이러한 선순환을 가능하게 하는 기초 작업이라고 보면 된다.

4

정규직과 비정규직의 이분법을 넘어

정규직보다 비정규직이 낫다는 새로운 공식

근래 들어 정부가 비정규직을 정규직으로 전환하려는 정책을 시행하면서 정규직과 비정규직 간의 갈등이 빚어진 적이 있다. 우리 사회에서 직업의 안정성과 소득, 복지 혜택 등 여러 가지 면에서 정규직이 비정규직보다 유리한 위치에 있다 보니 정규직은 선망의 대상이며, 어려운 시험을 통해 들어가는 경우가 대부분이다. 그런데 현 정부가 그것을 그다지 고려하지 않고 '비정규직 제로 정책'에 따라 기존의 비정규직을 정규직화하려는 과정에서, 어려운 시험을 거쳐 정규직으로 입사한 근로자들이 반발하면서 근로자들 간에 갈등이 빚어진 것이다.

그런데 나는 오히려 현 정부와 정반대의 정책을 취해야 한다고 본다. 정규직을 늘리는 것이 아니라 반대로 줄이고, 비정규직과 자유롭게 파트 타임으로 일할 수 있는 일자리를 많이 만들어야 한다고 생각한다. 고도의 지식과 훈련, 전문성이 필요한 일과 숙련된 기술이 요구되는 일들만 정규직으로 두고 그렇지 않은 일은 대부분 비정규직으로 돌려야 한다.

공무원도 비정규직을 많이 두어 보다 많은 국민이 공무원이 될 기회를 줄 필요가 있다. 몇 년을 공부하여 어렵게 합격한 인재들이 민원 접수나 간단한 서류 처리 작업에 매여 있는 것은 국가적으로 인력 낭비이다. 그런 일들은 비정규직으로 돌려도 얼마든지 가능하다. 정규직은 전체 일자리의 20~30% 정도면 충분하다.

어떤 이는 도대체 무슨 말이냐고 눈이 휘둥그레질지도 모르겠으나 국민배당금제 같은 정책과 함께 추진하는 조건이면 충분히 가능하다. 국민배당금제 같은 제도를 시행하여 기본적인 수입이 보장되도록 하면 사람들은 매일같이 죽기 살기로 돈을 벌지 않아도 되기 때문이다. 지금은 조금이라도 더 벌어야 가족의 생계가 해결되고 생활이 안정되기 때문에 비정규직보다 수입이 월등히 낫고 복지 혜택도 있고 안정적인 정규직을 선호할 수밖에 없다. 하지만 근로소득 외에 별도로 매월 상당한 금액의 고정된 수입이 있으면 사정이 달라진다. 국가혁명당 대표 정책과 같이 한 가정에 부부 합산 300만 원 정도가 고정 수입으로 주어지면 기본 생활은 보장되므로 주 5일을 꼬박 새벽부터 저녁까지 시계추처럼 직장과 집을 오가며 일해야 하는 정규직이 더는 매력적일 수 없다. 오히려 놀고 싶을 때 놀고, 일하고 싶을 때 일할 수 있는 자유로운 파트타임을 선호할 사람이 더 많을 것으로 생각된다. 그 이유는 그렇게 하는 것이 인간의 자연적인 본성과 잘 맞기 때문이다. 생활만 보장된다면 하고 싶은 일을 하고 놀고 싶을 때 놀면서 사는 것은 누구나 원하는 삶이다.

정규직을 줄이고 비정규직과 파트타임을 늘리는 정책은 국민이 일하고 싶을 때 언제든지 일자리를 얻을 수 있는 일자리 확충 효과도 있을 것으로 생각한다. 국가로부터 지급받는 기본적 고정 수입의 든든한 지원 아래 일주일에 4일 정도 비정규직이나 파트타임으로 일하게 되면 국민 모두는 각자 개성을 발휘하며 자유롭고 행복한 삶을 추구할 수 있을 것이며, 비정규직은 기피 대상이 아니라 행복한 일자리가 될 것으로 본다.

기업의 경쟁력을 높이는 결과

모든 근로자를 정규직으로 만들고자 하는 것은 기업의 경쟁력을 약화시키는 일이기도 하다. 2019년 우리나라 비정규직의 숫자는 750만 명에 이르고 평균 임금은 비정규직이 172만 원, 정규직은 316만 원이다. 비정규직 임금은 정규직의 절반 정도에 불과하다. 이들 비정규직을 정규직화하면 750만 명의 월급을 거의 두 배 수준으로 해야 한다는 이야기다. 이것은 기업들을 보고 죽으란 말이나 다름없다.

최근 정부의 소득주도 성장 정책의 일환으로 최저임금이 급격히 인상되는 바람에 자영업자와 중소기업들이 인건비를 감당하지 못하고 고용을 축소해 실업자가 늘었던 것은 주지의 사실이다. 최저임금의 무리한 인상만으로도 기업이 커진 부담을 견디지 못하는 마당에 비정규직의 정규직화는 기업의 성장 동력을 꺼 버리는 것과 다름없다. 기업이 인건비 때문에 고용을 줄이면 결국 실업자가 늘어나므로 기업도 근로자도 모두 죽이는 결과를 초래한다. 국가경제에 비상이 걸리는 것이다.

기업은 지금보다 훨씬 더 유연하게 근로자를 고용할 수 있어야 한다. 조선 산업의 경우, 수주를 하게 되면 한꺼번에 많은 근로자가 필요하지만 그렇지 않은 경우 일할 사람이 그렇게 필요하지 않다. 그런데 그 많은 근로자가 모두 정규직이라면 기업 입장으로서는 인건비를 감당할 수가 없다.

정규직을 줄이고 비정규직, 파트타임을 늘리면 기업의 고용 부담은 크게 줄어든다. 구인난도 그다지 생기지 않는다.

정규직의 비정규직화, 파트타임 늘리기 정책이 개인에게는 일하고 싶을 때 언제든지 일하고 쉬고 싶을 때 쉴 수 있는 두 가지 선물을 선사해 보다 인간다운 생활이 가능하도록 한다면, 기업에게는 인건비 부담을 줄이고 구인난을 해소하며 기업의 경쟁력을 강화시킨다는 선물을 안겨 준다.

5

통일에 대한 이기적이지 않은 접근

해체되어야 할 통일부

미국과 소련, 두 강대국의 이해관계 속에 한반도가 남북으로 분단된 이래 우리 민족은 하나의 민족이므로 하나의 나라에서 살아야 한다는 통일의 당위성을 가지고 남북통일을 염원해 왔다. 6.25전쟁은 북한이 기습적으로 남한을 공격해 적화시키려고 했던, 북한의 남한 흡수 시도였으며, 우리나라의 이승만 대통령도 북한을 흡수하는 북진 통일을 꿈꾸었다. 이러한 흡수통일 기조는 정권이 바뀌면서 변하기도 하였으나 그 밑바닥은 여전히 그대로이다. 우리가 통일부를 두고 있는 것이 그러한 방증이다. 박근혜 전 대통령도 어느 교수의 책을 인용해 "통일은 대박"이란 말을 하여 항간에 회자된 적이 있다.

그러나 나는 통일에 대한 이러한 시각과 행동을 재고(再考)해야 한다고 생각한다. 남북에 각기 다른 체제의 정부가 수립된 지 이미 70년이 지나 남북한은 정치, 경제, 사회, 문화 모든 면에서 이질화되었다. 더욱이 1991년 9월 18일 남북한이 각기 별개의 의석을 가진 회원국으로 동시에 유엔에 가입하여 국제사회에서 실질적으로 별개의 국가로서 공식 인정을 받았다. 물론 우리 헌법에서는 여전히 북한을 국가로 인정하지 않고 그 영토 역시 우리의 영토로 명시하고 있다. 그러나 국제사회에서 이미 북한을 국가로 인정하고, 당시 우리 정부가 여기에 대해 반대를 하지 않은 상황에서 아직도 우리 헌법에 그 조항을 그대로 두고 있는 것은 모순이므로 손질할 필요가 있다.

남한과 북한을 통일하겠다는 목표를 가진 통일부를 그대로 두는 것은 바람직하지 않다. 통일부를 둔 것 자체가 북한을 흡수통일하겠다는 우리의 의지로 비칠 수 있기에 북한을 자극할 수 있다. 북한이 체제에 대한 위협을 느끼고 있다는 것은, 2018년과 2019년에 있었던 미국 트럼프 대통령과 북한 김정은 국무위원장과의 비핵화 회담에서 김 위원장이 북한의 체제 안전을 가장 먼저 보장받으려 했다는 것에서도 알 수 있다. 우리 입장에서는 '도대체 누가 북한 체제를 위협한다고 저런 말을 하는가?'라고 의아스럽게 생각할 수도 있지만 북한 입장에서는 세계 최강의 군사력을 가진 미국, 그리고 그 나라와 동맹을 맺고 있는 남한이 위협적인 존재로 보일 수밖에 없다. 더군다나 남한이 통일부라는 조직을 두고 통일을 추진하려는 의지를 보이고 있으니, 북한으로서는 신경이 쓰일 수밖에 없다.

유엔에서 북한을 엄연한 하나의 국가로 인정했고, 북한에 지도자가 있어 나라를 이끌고 있는데 그러한 현실을 무시하고 우리가 통일부를 두고 상대방의 의사와 상관없이 통일을 추진하려는 것은 국가 간에 해서는 안 되는 일이다. 통일부는 빨리 없애는 것이 북한을 덜 자극함으로써 오히려 안보에 도움이 된다.

남북통일보다 선행되어야 할 것

그렇다고 나는 통일이 필요 없다고 말하는 것은 아니다. 하나였던 민족과 국가가 둘로 나뉜 것을 하나로 다시 통합할 수 있다면 통일을 하는 것이 바람직하다. 더욱이 남북한 간 이산가족들이 생이별을 한 채 서로 만나지도 못하고 있는 현실을 볼 때 통일은 시급한 과제로 생각될 수 있다. 그러나 당장 통일을 추진하는 것은 바람직하지 않다. 가장 큰 이유는 남북한의 경제 규모 격차가 50 대 1 정도로 북한의 GDP는 남한 GDP의 2% 정도에 불과하다는 점이다. 독일의 서독과 동독은 당시 경제 격차가 3 대 1이었다. 그런데 동서독 통일 후 독일은 막대한 통일 비용을 치르고 있다.

어떤 이는 통일이 되면 북한의 엄청난 지하자원과 남한의 고도 산업 기술로 남북한이 단기간 내에 크게 일어나 통일 대국이 될 것이라고 말한다. 하지만 그것은 우리의 희망 사항일 뿐이며 그것이 그렇게 쉽고 간단하게 이루어지는 것이 아니다. 우리 국민이 원하는 통일은 자유민주주의, 자본주의 자유시장경제 체제로의 통일이다. 시장경제 체제에서 통일의 경제적 이익은 대부분 특정 기업과 사람들에게 집중될 것이 뻔하다. 그리고 남한의 졸부들이 북한에 들어가 어떤 일을 할지 상상해 보라.

북한 사람들의 생활수준은 우리의 1960년대 수준이다. 북한 지역의 생활수준을 끌어올리느라 우리는 엄청난 돈, 국민의 세금을 쏟아부어야 하며, 그 과정에서 우리 국민의 생활수준은 곤두박질칠 수밖에 없다. 남한 내에서의 빈부격차만으로도 상황이 심각한데 최빈국의 생활을 하는 사람들과 우리 국민이 섞여 보라. 그 엄청난 빈부격차를 어떻게 해결할 것인가? 사회주의 국가처럼 모든 것을 국유화해서 똑같이 나눠 줄 것인가? 빈부격차를 해결하지 못해 사회 폭동이 일어날 수도 있다.

사실 우리는 남한 내의 지역통합도 이루어 내지 못하고 있다. 전라도와 경상도의 해묵은 지역감정은 아직도 해소되지 않고 있다. 내가 제시했듯이 전라남도와 경상남도를 합쳐서 전경도, 전라북도와 경상북도를 합쳐서 경전도로 명명하여 동서로 지역을 묶으면 자연히 해소될 문제이지만, 여하튼 아직도 우리는 우리 내부의 통일조차도 제대로 하지 못한 실정이다. 이런 처지에 너무나 이질적이고 격차가 큰 남북을 통일한다는 것은 대박이 아니라 무모한 도박과 같다. 통일은 결코 아름다운 꿈이 아니라 냉엄한 현실이다. 통일을 준비할 필요는 있다. 그것은 북한의 경제가 성장하도록 민간교류를 활성화하는 등의 방법으로 지원하는 것이다.

통일의 또 다른 걸림돌은 문화적 이질화의 문제이다. 70여 년이라는 시간은 남북한의 문화에 엄청난 차이를 가져왔다. 언어와 종교, 역사관, 국가지도자에 대한 태도, 사고방식, 생활방식 등 문화적 이질화는 통일 이후 국민 통합을 이루는 데 상당한 저해 요소로 작용할 수 있다. 따라서 통일을 논하기 전에 문화적 이질화를 해소해 나가는 것이 선행되어야 한다. 문화적 이질화를 극복해 나가려면 꾸준한 민간교류가 필요하다. 민간교류는 경제적, 학술적, 종교적, 문화적 교류를 모두 포함한다.

이산가족 문제도 정부가 나서기보다는 적십자사나 종교 단체 등이 전면에 나서서 해결해 가는 것이 바람직하다.

차가운 머리로 접근해야 하는 통일 문제

남북 간 평화협정을 체결하거나 1국가 2체제나 고려연방제를 실시하는 것은 위험하다.

평화협정은 믿을 게 못 된다. 베트남전쟁을 끝내기 위해 1973년 1월 프랑스 파리에서 미국, 남베트남, 북베트남의 대표가 모여 평화회담을 열고, 전투를 중단하기로 하는 파리평화협정을 맺었다. 그러나 결과는 베트남의 공산화였다.

1국가 2체제나 고려연방제도 위험하기는 마찬가지다. 1국가 2체제나 고려연방제가 되면 이미 남북한은 하나의 나라이므로 북한이 남한을 침략해도 국제사회가 개입할 명분이 없다. 내전이기 때문이다. 이것은 북한이 바라는 것일 수 있다. 지금까지 북한이 미군 철수를 줄기차게 주장해 온 것도 미국의 군사적 보호로부터 남한을 분리하기 위한 전략이라는 것은 다 아는 사실이다. 북한은 아직 자신들의 체제를 버리겠다고 한 적이 한 번도 없다. 북한의 군중을 동원한 각종 대회 모습이나 북한 최고지도자의 사진이 길바닥에 떨어졌을 때 사람들이 보인 반응을 생각해 보면 그들의 사상 무장이 얼마나 철저한지 가늠해 볼 수 있다. 우리 국민은 어떤가?

당위성이나 민족 감정으로만 통일 문제에 접근해서는 안 되는 이유다. 자칫 돌이킬 수 없는 상황으로 갈 수 있다. 북한 문제는 냉철한 머리로 접근해야 한다. 냉철한 머리로 현실적으로 접근해야 하는 것이 통일 문제이다.

위험천만한 미군 철수 주장

안보 문제는 늘 우리의 화두가 되어 왔다. 지금도 마찬가지다. 남북은 아직 휴전 상태로 전쟁이 끝나지 않았다. 북한은 남한을 적화통일하려는 생각을 결코 접은 적이 없다.

최근 북한은 핵보유국이 되었다. 남북한 전력(戰力)이 비대칭 상황이 된 것이다. 우리가 아무리 최신식 무기를 갖추고 북한을 월등히 앞서는 전투력과 군사력을 갖추고 있다 해도 핵무기를 보유한 북한의 상대가 되지 않는다. 이러한 상황에서 미군 철수를 외치는 것은 위험천만한 행동이다. 휴전 종식과 평화 체제 선언도 전력적으로 절대 열세인 우리에게는 바람직하지 않다. 휴전이 종식되면 미군이 주둔할 명분이 약해지기 때문이다. 남한에서 미군이 철수하면 하루아침에 북한에 의해 적화될 수 있다는 점을 명심해야 한다. 북한식 공산 체제가 좋다면 모를까, 우리의 자유 체제를 지켜 나가려면 현재로서는 미군이 남한에 남아 있어야 한다.

미군 주둔을 미국의 지배를 받는 것으로 생각할 필요가 없다. 미국의 전략적 이해와 우리나라의 미군 주둔 필요성이 상호 맞아떨어져 미군이 주둔하고 있는 것이다. 북한이 6.25전쟁을 일으켰던 것은 당시 트루먼 정부의 미국이 미국 방어 라인인 애치슨라인을 설정하면서 우리나라를 방어선 안쪽에서 제외했기 때문이다. 그리고 카터 정부와 같이 미국은 우리 정부를 곤란하게 할 목적이 있는 경우 미군을 철수하겠다고 으름장을 놓아 왔다는 사실을 우리 국민은 상기해야 한다.

따라서 미군 주둔은 우리의 독자적 힘만으로는 북한을 위시한 주변국들의 군사적 위협을 완벽히 방어하기 어려운 상황에서 오히려 우리가 미국을 이용하고 있다고 보아야 한다. 실제로 우리는 미군 주둔과 관런해 많은 비용을 지불하고 있다. 이것은 우리가 미군을 용병으로 쓰고 있다고 해석해도 무방하다는 뜻이다. 미군 주둔을 자주성이 훼손당하는 것으로 볼 필요가 없다. 국가와 국민의 안전을 위해서는 명분보다 실익이 우선되어야 한다.

다자 등거리 외교를 해야

앞서 나는 우리나라가 '육어부지리(六漁父之利)'의 지정학적 위치에 놓여 있다고 말한 바 있다. 이것은 장점의 입장으로 본 것이며, 어부지리의 이익을 얻으려면 고도의 외교력과 지혜가 있어야 가능하다고 했다.

강대국들의 틈바구니에 끼인 우리나라는 바다로 나오려는 대륙 세력과 대륙으로 진출하려는 해양 세력의 접점에 놓여 있기도 하다. 대륙 세력은 러시아와 중국이며, 해양 세력은 일본과 미국이라고 할 수 있다. 그래서 이러한 세력들은 해양으로 진출하거나 대륙으로 들어가는 발판으로 우리나라를 탐낼 수 있다. 구한말 청, 러시아, 일본이 우리나라를 서로 삼키려고 각축을 벌였던 것도 그러한 연유에서였다.

현재 우리나라 주변에서 미국과 중국이 패권 다툼을 하고 있다. 경제 무역 전쟁과 주도권 다툼이다.

지상으로부터 3만 6,500km 상공에는 29개의 GPS(Global Positioning System) 위성이 있다. 여기서 보내는 신호를 수신해 지구에서의 현재 위치를 계산할 수 있다. 이것이 GPS, 즉 위성위치확인시스템이다. GPS는 항공기, 선박, 자동차 등의 내비게이션 장치에 주로 쓰인다. 그런데 GPS 소유국이 미국이다. 미국 국방부에서 전투 시 폭격의 정확성을 높이기 위해 군사용으로 개발한 시스템인데 현재 전 세계에 무료로 개방해 많은 나라에서 활용하고 있고 중국도 사용하고 있다. 따라서 중국은 미국을 절대 선제공격할 수 없다. 중국이 전쟁을 하려고 마음만 먹으면 미국은 GPS를 막아 버려 비행기, 선박, 미사일 그 어떤 것도 띄울 수가 없다. 비록 중국이 독자적으로 위성항법시스템을 개발하고는 있지만 성공 여부는 미지수이다. 미국은 GPS를 보유하고 있고 방위산업이 절대적 우위에 있어 아직까지 전쟁에서는 미국을 이길 나라가 없다.

미국과 중국은 경제적으로 상호 의존적이다. 중국은 대미 수출로 엄청난 경제성장을 이루었다. 미국 국민의 생필품은 거의 중국에서 들어간다고 봐도 과언이 아니다. 미국이 중국을 먹여 살린다고 해도 지나치지 않다. 미국도 값싼 중국 제품 덕분에 이자율이나 물가상승률을 억제하여 경제적으로 도움을 얻고, 또 중국이 미국의 국채를 대량으로 매입해 감으로써 그간의 막대한 국가부채를 감당해 올 수 있었다. 그러나 문제는 미국이 중국에 대해 막대한 채무를 지게 되었고, 양국 간의 무역 불균형이 갈수록 심화되고 있다는 점이다. 게다가 중국은 경제성장을 바탕으로 군사력을 키우며 미국과 군비경쟁을 하는 등 미국의 패권에 도전하고 있다.

자칫 전쟁의 구실이라도 생기면 미국이 중국을 상대로 전쟁을 불사할 가능성이 여기에 있다. 미중 전쟁에서 미국이 승자가 될 것은 뻔하다. 그렇게 되면 미국의 중국에 대한 채무는 모두 사라지고 중국의 산업은 초토화된다. 미국이 이것을 노릴 수 있다.

그런데 문제는 미중 패권 다툼 속에 우리나라가 고래 싸움에 새우 등 터지는 격이 될 수 있다는 점이다. 미국은 트럼프 대통령 재임 시절 북한과의 수교를 도모했다. 미국 트럼프 대통령과 북한 김정은 국무위원장과의 1, 2차 회담은 표면적으로 북한의 비핵화가 회담의 주제였지만 미국의 궁극적 의도는 북한을 친미 국가로 만들어 중국과 떼어 놓으려는 계산이 있었다고 볼 수 있다. 미국은 경제적으로 궁지에 몰린 북한 정권에 남한에 버금가는 경제성장을 약속하고 어쩌면 미군 주둔까지 얻어 내려고 했을 수도 있다. 그렇게 되면 미국은 중국에 대해 굉장히 유리한 입장에 서게 된다. 중국은 사방이 친미 세력에 포위당한 형국이 되기 때문이다. 냉정하게 보면 심한 경우 미국은 북한에 남한을 넘겨줄 수도 있다. 왜냐하면 미국 입장에서 북한이 우리나라보다 훨씬 더 유리한 지정학적 위치에 놓여 있기 때문이다. 중국과 러시아에 바로 붙어 있는 것은 남한이 아니라 북한이다. 그에 비해 우리나라는 북한에 의해 대륙으로부터 분리된 섬나라 형국으로, 전략적 가치는 북한보다 못하다. 만약 미국이 북한을 군사기지로 쓸 수 있는 조건이라면 북한이 원할 경우 남한이 북한에 의해 흡수되는 것까지도 동의하는 밀약을 하지 않으리라는 보장이 없다. 그렇게 되면 미국은 남북이 서로 다른 체제로 미국과 우호 관계를 맺는 것보다 훨씬 다루기도 편하고 중국에 대해 더 강력한 입장이 될 수 있다. 사실 북한의 장거리 미사일 같은 것은 미국에게는 그다지 문제가 되지 않는다. GPS를 가지고 있고 미국의 최첨단 무기는 상상을 초월하기 때문이다.

현재 미국은 중국을 문제 삼고 있을 뿐이다. 중국이 머잖아 미국을 능가하는 경제대국으로 올라설 수 있고 '군사굴기'를 내세우며 미국의 패권에 도전하고 있기 때문이다.

시대의 변화에 따라 국가 간 관계는 얼마든지 바뀔 수 있다. 우리나라는 미국이나 중국 등의 나라와 등거리 외교를 할 필요가 있다. 미국을 멀리하고 중국과의 관계만을 중시해서도 안 되고, 미국만 중시하고 중국을 멀리할 수도 없다. 미국은 6.25전쟁 때 앞장서서 우리나라를 위해 싸워 준 우방국이다. 그 나라의 많은 젊은이가 알지도 못하는 나라에 와서 목숨을 잃고 부상을 입었다. 그동안 미군이 남한에 주둔하고 있었기 때문에 한반도 내의 전쟁을 예방하는 효과가 있었고 지금도 마찬가지이다. 반면에 중국은 6.25전쟁 때 100만 대군을 보내어 전쟁을 일으킨 북한을 도왔고, 아직도 우리나라에 대해 대한제국 이전에 가졌던 종주권을 잊지 못하고 있는 나라라고 볼 수 있다. 하지만 중국이 우리나라에 경제적으로 커다란 도움이 되는 것을 부인할 수는 없다. 그러므로 우리는 양국 사이에서 고도의 외교술인 불가근불가원(不可近不可遠), 즉 멀지도 가깝지도 않게 등거리 외교를 하여 우리의 실익을 도모해야 한다. 중국으로부터는 경제적 이익을 도모하고 미국으로부터는 군사적 도움을 꾀하여야 한다.

일본 역시 우리나라와는 원한(怨恨)의 역사(歷史)가 있고, 지금도 틈만 나면 독도 영유권을 주장하는 등 우리의 심기를 건드리지만, 좋은 관계를 유지할 필요가 있다. 독도는 어차피 우리가 점유하고 있으므로 일본에 뺏길 가능성은 거의 없다. 해묵은 과거사를 계속 들추어 양국 관계를 불편하게 하는 것은 바람직하지 않다.

우리는 당분간 미국, 일본, 중국, 러시아 등 주변국과 가급적 등거리의 다자(多者) 외교를 통해 우리나라의 살 길을 열어 가고, 어부지리(漁父之利)의 이익을 취해야 한다. 그러나 만약 내가 국가를 이끄는 위치에 간다면 이들 국가 간 역학 관계는 우리나라를 중심으로 급변하게 될 것으로 보고 있다.

유엔 본부를 판문점으로

한반도의 안보를 보장하고, 한반도는 물론 세계평화를 기할 수 있는 가장 좋은 방법은 유엔(국제연합) 본부를 판문점에 두는 것이다. 유엔 본부가 남북 사이에 있는 판문점에 오게 되면 남북한 사이의 긴장과 대립은 자연히 해소되고, 북한은 남한을 향해 미사일을 쏘는 일은 물론 국지전적 도발을 하는 일도 없어질 것이다. 세계 각국의 유엔 대표들이 오가는 유엔 본부가 한반도 판문점에 있는데 북한이 도발 행위를 한다면 그것은 세계를 향해 위협을 가하는 것과 마찬가지가 되기 때문이다. 미국에 있는 유엔 본부가 한반도로 오면 지금처럼 유엔이 미국에 의해 좌지우지되지 않을 것이므로 회원국들은 회비 납부를 비롯해 활동에 적극성을 띨 것이고, 우리는 막대한 국방비를 아끼고 유엔 본부 지료(地料)까지 받을 수 있다. 또한 유엔 산하단체들을 남한의 파주와 북한의 개성 일대에 유치하면 남북한은 관광 수입을 비롯해 막대한 경제적 이익까지 얻을 수 있다.

무슨 수로 유엔 본부를 유치할 수 있느냐고 묻는 사람이 있을 것이다. 한반도의 남북 분단은 세계가 자유민주주의 세력과 사회주의 세력으로 양분되어 냉전체제가 시작되기 직전에 이루어졌다. 2차 세계대전 막바지에 연합군의 일원으로 대일(對日) 선전포고를 한 (구)소련이 한반도로 진격하려 하자, 공산국가 소련에 의해 한반도가 완전히 장악될 것을 염려한 미국이 북위 38선을 경계로 북쪽은 소련군이, 남쪽은 미군이 들어갈 것을 제안하여 이루어진 것이다. 이렇게 해서 2차 세계대전에서 미국과의 태평양전쟁을 일으킨 전범(戰犯)은 일본인데 정작 국토가 두 동강 나는 피해를 본 것은 일본이 아니라 우리나라였다.

1950년 6월 25일 소련을 등에 업은 북한군의 남침을 시작으로 전 세계가 침공 세력인 북한, 소련, 중국의 공산주의 세력과 이에 맞서 유엔군을 편성하고 남한을 도운 자유민주주의 세력으로 양분돼 한반도를 무대로 전쟁이 일어나, 참전 군인은 물론 우리나라의 죄 없는 아이들까지 수많은 희생자를 내게 된 것도 강대국들의 책임이 크다. 북한 김일성 뒤에는 소련의 스탈린이 있었고, 김일성이 남침을 하면 한반도를 공산화할 수 있으리라고 오판하게 된 데는 미국이 아시아·태평양 방어선으로 애치슨라인을 설정하면서 한반도를 제외했기 때문이다. 낙동강 선선을 사이에 두고 부산까지 밀렸던 국군이, 맥아더 장군의 인천상륙작전이 성공함으로써 오히려 북으로 진격하여 북한을 수복할 수 있는 절호의 기회가 있었으나, 북한을 돕는다는 명분으로 100만 대군을 동원한 중국의 개입으로 그마저도 좌절되어 우리나라는 다시 분단국이 되고 말았다.

그러므로 우리는 한반도 분단과 현재의 전쟁 불안에 대한 책임을 러시아, 미국, 중국, 일본 등 강대국에 당연히 물을 수 있고, 그들로 인해 우리 국민이 겪고 있는 전쟁 위협과 안보 불안을 종식하기 위해 유엔 본부를 판문점으로 이전해야 한다고 당당하게 요구할 수 있다. 나는 이것을 30여 년 전부터 줄곧 주장해 왔다. 그러나 지금까지 그 누구도 이 일을 추진한 사람이 없었으며 최근에 와서야 현 정부에서 비슷한 이야기를 한 적은 있으나 성사시키지는 못하였다. 앞으로 이 일은 꼭 추진하여 성사시켜야 할 것이다.

6

지구환경과 세계 통일

생명을 위협하는 유해 물질 방출

열에 강하고 소리를 잘 흡수해 한때 자동차 브레이크 라이닝 재료로 많이 사용된 석면이라는 물질이 있다. 그런데 이 석면은 발암물질이다. 오랫동안 흡입하면 폐암과 석면폐증과 같은 심각한 질병에 걸릴 수 있다. 지금은 브레이크 라이닝에 석면 사용이 금지되었는데 여기에는 내가 백방으로 노력하여 그렇게 되었다는 것을 아는 사람은 거의 없다.

석면의 위험이 알려졌음에도 불구하고 석면 라이닝의 싼 가격과 우수한 효과 때문에 업체는 사용을 중단하지 않았다. 자동차들이 달릴 때마다 미세한 발암물질이 아무렇지도 않게 공기 중에 흩날렸다.

보다 못한 나는 석면 사용의 법적 금지를 위해 수없이 뛰어다니며 관련 업계와 싸웠다. 그리고 오랫동안 투쟁한 결과 마침내 석면 사용이 금지되었다. 그러나 지금도 석면 라이닝을 사용하는 정비업소가 있는 것으로 나는 알고 있다.

두 가지 측면에서 환경을 지키는 일은 매우 중요하다. 먼저 인간을 비롯한 생명체를 보호하는 측면이다. 세상에서 생명보다 더 소중한 가치는 없다. 돈이나 인간의 편리를 위해 생명을 위협하는 그 어떤 행위도 정당화될 수 없다. 인간의 이기심과 편리를 위해 환경을 오염시키는 것은 자신의 생명을 스스로 위협하는 자해 행위와 다를 바 없다. 생명 보호 차원에서 유해 물질을 뿜어내는 행위는 근절되어야 하고, 부득이한 경우에도 지속적인 노력으로 최소화해 나가야 한다.

또 한 측면은 지구 보호 차원이다. 지구는 우리가 살아가는 터전이기도 하지만, 그 자체로서 인간의 상상을 초월하는 가치가 있다. 지구 파괴는 우주 체계를 파괴하는 행위이다.

신음하는 지구

물질문명의 눈부신 발전은 인류에게 편리함과 풍요로움을 가져다 주었지만 반면에 환경오염과 환경파괴라는 심각한 문제를 수반했다. 냉장고나 에어컨의 온도를 낮추는 데 쓰이는 프레온가스는 오존층 파괴의 주요 원인으로, 오존층이 파괴되면 태양의 자외선이 그대로 지구로 내리쬐어 피부암, 백내장 환자가 증가하는 등 인간의 건강을 극도로 위협한다. 온실가스 배출로 지구 표면 온도가 상승하면 극지방의 빙하가 녹아 내려 해수면이 상승하고 기상이변과 기후변화가 일어나 생태계에 혼란을 초래한다.

온난화의 주범인 온실가스는 석유, 석탄 등 화석연료 사용 등으로 발생하는 이산화탄소, 메탄, 이산화질소 등이다. 자동차와 공장, 화학발전소, 쓰레기의 양산(量産) 등이 주요 원인이며 아마존 밀림의 벌채와 같은 산림의 남벌도 식물의 이산화탄소 흡수를 감소시킴으로써 온난화에 영향을 준다. 가축의 방귀 등 배설물도 온실가스 증가에 한몫한다.

온난화로 바닷물의 온도가 올라가게 되면 바닷속 산호가 죽어 하얗게 변한다. 온난화로 인한 기후변화로 온대지방이 아열대지방으로 바뀌고 집중 폭우와 홍수가 빈번해지거나 반대로 장기간 가뭄이 발생하여 사막이 아니었던 곳이 사막으로 바뀌기도 한다.

기후 이변으로 쓰나미가 발생해 서울의 남산만 한 파도가 일본을 삼키고 한반도를 덮치거나 미국 해안을 강타할 수도 있다. 이 파도는 높이가 부산 해운대 50층 아파트보다 3배 정도 높고, 밀려오는 속도도 엄청나 피신할 틈도 없이 아파트를 삼켜 버릴 수도 있다. 온난화가 계속되면 그런 기후 환경이 올 수 있다.

사막화는 인간의 지나친 육식으로 인해 가축을 대량 방목함으로써 초지가 사라져 발생하기도 하는데, 한 해에 6,000ha의 땅이 사막이 되고 있다. 겨울철 하우스 난방을 위한 지하 온수 굴착은 지하수를 고갈시키고 지반 침하 등 지구의 지하 내부에 심각한 문제를 유발한다. 또 농약과 화학비료 사용은 토양을 오염시켜 지하 생물들이 살아가기 어려운 환경을 만들 뿐 아니라 오염된 농산물이 가정의 식탁으로 올라가 인류의 건강을 위협한다.

공장의 오폐수 방류, 가정의 오수와 화학세제 사용, 비닐·플라스틱 등의 쓰레기 방출 등으로 바다는 그 정화 능력이 한계에 도달하여 바다에 떠도는 오염물질, 미세 플라스틱이 먹이사슬을 타고 생명체들의 생존을 위협하고 있다. 2021년 현재 코로나19라는 전염병이 지구촌을 휩쓸고 있는 것도 환경 재앙과 무관하지 않다.

오묘한 생명체, 지구

지구는 하나의 살아 있는 생명체이다. 땅과 바다, 대기가 모두 살아 숨 쉬고 있다. 또 그 속에는 엄청난 생명들이 살고 있다. 그러므로 땅과 바다, 대기의 오염과 지구환경 파괴는 지구 자체의 파멸과 함께 거기에 의지하며 사는 뭇 생명체들의 죽음을 의미한다.

우주 공간의 무수한 별들 중 소중하지 않은 것이 없지만 생명체가 사는 별은 특히 중요하다. 지구는 우리 태양계에서 생명체가 사는 별로서 태양계의 다른 별들은 지구가 그 역할을 할 수 있도록 지지하는 구조로 되어 있다. 생명체가 사는 데는 빛과 어둠, 물, 적절한 온도, 공기 등 많은 요소가 필요하다. 저 멀리 있는 태양은 지구에 빛을 비추고, 달은 가까이서 생명체들을 조율하며 바닷물이 살아 있게 한다.

태양계의 모든 별은 자전과 공전으로 인력을 형성하여 태양과 지구 사이의 거리를 일정하게 유지한다. 지구 주변의 많은 별들, 태양계 전체가 지구를 위해 존재하는 것이다.

지구 스스로는 자전을 통해 빛과 어둠을 적절히 안배하여 생명체들이 생명 활동을 하며, 건강하게 살 수 있도록 한다. 지구 자체는 대류권, 오존층, 성층권, 자기권, 전리층, 중간권, 열권 등 대기권에 겹겹이 싸여 지구의 환경과 생명체를 보호하고 있다.

이렇듯 오묘한 우주 질서와 신비 속에 생명체들이 살 수 있도록 유지되는 지구를 인간이 자신들의 편리와 이기심을 좇아 무분별한 개발과 오염, 파괴를 일삼아 지구환경을 무너뜨리는 것은 엄청난 죄악을 저지르는 행위이며, 인류 자신의 파멸을 가져올 수 있는 일이다. 우리는 지구가 신음하는 소리에 귀 기울여야 하며, 더 이상의 환경오염과 환경 파괴를 막아야 하고, 파괴된 자연환경을 조속히 치유해야 한다.

교토의정서, 파리기후변화협정

근래에 지구환경 파괴 문제가 심각하게 대두되자 뒤늦게나마 선진국들을 중심으로 세계 각국은 온실가스와 프레온가스 등의 사용을 감축하기 위한 국제회의를 잇달아 열고 국제협약을 체결하였다. 1987년 캐나다에서 열린 회의에서 채택한 프레온가스 등 오존층 파괴 물질 사용을 자제하자는 내용의 몬트리올의정서, 1997년 일본의 교토에서 채택한 선진국들의 온실가스 배출을 감축하자는 내용의 교토의정서, 2015년 12월 12일 프랑스 파리에서 체결된 파리기후변화협정 등이 그것이다.

파리기후변화협정은 선진국들뿐 아니라 참석한 195개국이 모두 자발적으로 온실가스(탄소 사용) 감축 목표를 결정하여 지키기로 하고 점검받는 것을 동의한 것으로, 각국은 2030년까지 20~40% 정도의 온실가스 감축 목표를 제시했다. 그런데 한때 미국의 탈퇴에서 본 바와 같이 탈퇴하면 그만이고, 불이행에 대해서도 강력한 제재가 없어 각국이 제시한 자발적 목표들이 잘 지켜질지는 두고 봐야 할 일이다. 특히 후발 산업국들이 자국의 산업을 발전시키고자 박차를 가하는 시점에서 성실하게 목표 이행에 나서 줄 것인지는 미지수이다. 실제로 이러한 국제사회의 노

력에도 불구하고 환경문제는 부분적으로 진정된 정도 외에는 큰 성과가
아직 나타나지 않고 있다.

환경 회복은 이렇게 해야

내가 30여 년 전부터 세계연방 형태의 세계 통일이 필요하다고 생각
한 이유 중 또 하나는 바로 이 지구환경 문제였다.

국제사회에서 환경문제를 해결하기 위해 나름의 노력은 하고 있지만
온실가스 배출은 산업과 관련된 것으로 각국의 국익이 맞물려 있고, 국
가들은 서로 경쟁하는 관계라 소기의 목적을 달성하는 것은 그렇게 쉽
지 않은 일이다. 국제사회가 힘의 원리에 의해 지배되고, 각 나라가 완
전한 독립국으로서 치열한 경쟁 관계에 놓여 있는 한 국가 간 공조는 쉽
지 않다. 그런데 모든 나라가 하나의 단일 정부 하에 자치권을 행사하는
반독립적 지위의 일원이 되어 통일국가를 형성한다면 상황이 달라질 수
있다.

세계 통일이 이루어지면 환경문제는 아주 쉽게 해결해 나갈 수 있다.
만일 연방정부의 환경 방침에 따르지 않는 나라가 있다면 각국의 지지
속에 연방정부의 강력한 제재도 가능하다. 통일국가는 통합, 화합, 융합
의 원리를 추구하여 그 속의 자치국들이 서로 화합하면서도 획일적이지
않고 개성을 갖는 화이부동(和而不同)의 이상적인 모습을 띠게 된다. 모
든 나라가 자국의 이익만 내세우지 않고 서로 소통하면서 양보와 박애
의 정신으로 환경문제를 비롯하여 기아나 난민, 전쟁과 같은 전 세계 공
동의 문제를 원만히 그리고 조속하게 풀어 나가게 된다.

세계연방 정부는 온실가스, 프레온가스의 사용을 줄이는 것은 물론

이고 농약 사용, 화학비료의 사용도 완전히 줄여서 생명체들이 살 수 있는 원래의 땅과 바다로 회복시키고 아열대를 다시 온대로 환원시키는 지구환경 회복 프로젝트를 추진할 수 있다.

　생명의 땅, 지구는 우주의 보물이다. 전 우주에서 보면 티끌보다도 더 작은 지구지만 이를 지키는 것은 곧 우주를 지키는 일과 같다. 미래는 첨단 과학 문명 시대로 나아가겠지만 인류가 더욱더 지향해야 할 문명의 방향은 생태 문명이어야 한다.

제7장

꿈은 이루어진다

인류는 새로운 문명으로 도약할 수 있는 대전환기에 와 있다. 현실과 가상이 통합되고, 인간보다 뛰어난 인공지능 로봇이 인간의 노동을 대신하는 4차 산업혁명, 그리고 그 이상을 넘어 공간과 시간의 제약을 거의 받지 않는 놀라운 시대를 향해 갈 것이다. 이러한 첨단 과학 문명의 한편에는 하늘이 주도하는 영성 문화가 시대를 이끄는 핵심 키워드가 될 것이다. 사회와 경제 시스템이 달라져 부의 양극화가 사라지고 인류는 하나의 울타리 속에서 천하일가(天下一家)를 이루어 태평성대를 맞게 될 것이다. 이러한 문명 대전환은 섭리에 의한 것이며 인간 세계에 공의를 실현하려는 하늘의 의지에 따른 것이다.

1

미래 기술과 4차 산업 선도국

4차 산업혁명이 진행되면서 이미 많은 분야에서 변화가 일어나고 있다. 인공지능을 장착한 무인 농기계가 논밭을 갈고, 3D 프린터로 시제품을 만들어 내며, 자율주행차도 선보이고 있다. 로봇이 제품을 생산하고 사물인터넷으로 최고의 제품과 서비스가 가능한 스마트 팩토리가 나타나고, 의학계에서도 작은 로봇이 수술을 한다. 음식점에는 로봇 요리사까지 등장했다.

주식 거래에도 인공지능을 이용한 프로그램이 이용되고 있으며, 사물인터넷을 이용해 효율적으로 쓰레기가 수거된다. 그뿐 아니라 드론을 이용한 무인 배송 시스템이 구축 중에 있다. 말만 하면 척척 알아서 세탁을 해 주는 스마트 세탁기, 최적의 환경을 갖추어 주고 알아서 옷을 정리해 주는 스마트 옷장 등도 등장할 것으로 보인다.

멀지 않은 미래에는 이러한 기술들이 더욱 발전해 하늘을 나는 차

(flying car)로 출퇴근을 하며, 아파트 창문을 통해 집 안의 차고지에 바로 들어갈 수도 있다. 도심의 교통 정체 지역에는 하늘에 정해진 노선과 정규 스케줄이 있는 에어 메트로(Air metro 하늘 철도)가 생길 수 있다. 여기에는 정류장과 충전 시스템, 접객 시설 등도 갖추어질 것이다. 4차 산업혁명으로 신세계가 열리는 중이다.

미래를 주도할 유망 산업 7가지

지금 세계 각국은 4차 산업을 선점하기 위해 치열한 각축을 벌이고 있다. 미국은 이 방면에서 가장 많은 인재를 보유하고 있고, 중국은 미국을 누르고 G1을 차지하는 것을 목표로 초등학교에서부터 AI 전문가를 파견하여 인공지능기술 교육을 전국적으로 실시하는 등 4차 산업혁명의 선두가 되기 위해 매진하고 있다.

나는 오래전에 우리나라가 4차 산업혁명을 주도할 수 있다고 말한 적이 있으며, 이를 위한 미래 유망 산업으로 4D, 3T라는 7가지 산업을 제시하였다. 4D는 영성(Divine-nature) 산업, 통신(Digital) 산업, DNA 생명공학 산업, 디자인(Design) 산업을 말하고, 3T는 ET(Energy Storage Technology, 에너지 저장 기술), AT(Algorithm Technology, 알고리즘 기술 혹은 Artificial Intelligence Technology, 인공지능기술), BT(Blockchain Security Technology, 블록체인 기술)를 말한다.

4D 중 영성 산업은 미래 산업의 핵심 중 하나가 된다. 과학기술이 발달하고 4차 산업 시대가 될수록 영성에 대한 인간의 갈구는 더욱더 커질 수밖에 없다. 이 영성 산업은 내가 주도하는 것이며, 우리 전 국민을

거뜬히 먹여 살릴 수 있을 정도로 세계의 돈이 한반도로 몰릴 수 있는 아이템이다.

통신 산업은 앞으로도 계속 발전하게 되는 유망 산업이다. 디지털 융합의 대표적 복합기인 스마트폰은 앞으로도 더욱 빠르게 진화하게 된다. 지금 시작되고 있는 5G는 4G보다도 속도가 20배가량 빠르고, 처리 용량도 100배 정도 크다. 디지털 기술은 나중에는 5G를 넘어 단말기가 필요 없는 시대까지 가게 된다. 단말기 없이 자신의 눈앞 허공에 영상이 떠서 상대방과 대화도 하고, 인터넷을 하거나 필요한 작업도 하게 된다. 이러한 기술은 내가 과학자들에게 아이디어를 제공하면 쉽게 개발할 수 있다.

디자인 산업은 전통적인 산업이지만 미래에도 여전히 매력적이고 전도유망하다. 인간은 늘 새로운 것이나 특별한 것을 원하는 욕구가 있고, 4차 산업 시대에도 새로운 기기들을 디자인하는 창조적인 일이 필요하기 때문이다. 사실 디자인은 가장 창의적인 일로서 인류 문명이 첨단 문명으로 진행해 갈수록 그것을 견인하는 핵심 역할을 하며, 4차 산업을 넘어 5차 산업을 선도하는 분야가 될 수 있다.

DNA 생명공학 산업은 생명공학 산업의 일환이다. 유전자에는 눈꺼풀을 쌍꺼풀이나 홑꺼풀이 되게 한다든지 등의 생명체 개개의 특징을 발현케 할 수 있는 유전정보가 들어 있다. 유전자는 염기서열이 잘못되거나 결손, 혹은 추가되는 등의 이상으로 특정 병을 일으킬 수도 있다. 이를테면 인간의 염색체 중 21번째 염색체가 하나 더 있으면 다운증후군이 발생한다. 유전자 산업은 DNA 유전자 교정 기술, 혹은 배아 편집

기술이 핵심이라고 할 수 있다. 이 기술은 문제가 있는 유전자를 정상적인 유전자로 대체하거나 배열 교정, 이상 유전자 제거 같은 기술을 통해, 예컨대 다운증후군으로 태어날 사람을 정상적으로 태어나게 할 수 있다. 유전자 교정 기술은 인간의 수명도 원래 타고난 것보다 더 길게 하여 출생하게 할 수 있다. 유전자를 수정하여 인간을 원하는 대로 만들 수 있다는 뜻이다. 따라서 이 기술이 발달한 미래에는 멋있고 아름답고 잘생긴 아이들, 수명이 긴 아이들만 태어날지도 모른다.

또 80세가 20세의 몸이 되는 알약이 개발될 수 있다. 인간의 유전자를 완전히 해독(解讀)해서 늙게 하는 유전자를 찾아 없애 버리는 약이다. 그래서 미래에는 사람의 수명이 200세 정도로 늘어날 수도 있다. 이러한 기술을 산업화한 것이 DNA 유전자 산업이다.

유망 산업 3T 중 에너지 저장 기술(Energy Storage Technology)은 말 그대로 에너지를 저장하는 기술이다. 에너지 저장 기술이 발전하면 태양광이나 풍력처럼 원하는 시간에 전력을 생산하기 어려운 신재생 에너지나 24시간 가동되는 원자력발전소의 남는 전기에너지를 저장했다가 필요할 때에 사용할 수 있다. 현재 개발된 에너지 저장 기술은 리튬이온전지와 같은 연료전지이다. 리튬이온전지는 과열되면 폭발의 위험이 있고 에너지 효율도 그렇게 높지는 않은 것으로 알려져 있다. 그러나 나중에는 에너지 저장 기술이 에너지를 무한대로 저장할 수 있을 정도로 현저히 발달한다.

에너지 저장 기술이 발달하면 전력의 낭비를 막는 것은 물론이고, 산업이나 일상생활에 많은 편리함을 가져올 수 있다. 여행지에서 휴대폰의 배터리 충전 고민이나 전기 자동차 충전을 위해 충전소를 찾아야 하는 고민이 없어진다. 한 번 충전하면 10년 정도 거의 반영구적으로 쓸 수 있을 정도로 충전 기술이 발달하기 때문이다. 이러한 기술에 대해서도 내가 조언을 하면 우리나라가 앞서서 발전된 기술을 선보일 수 있다.

2016년 이세돌과 인공지능 컴퓨터 바둑 프로그램인 알파고와의 바둑 대결이 온 세계의 관심을 끌었다. 인공지능기술이 어느 정도 발달했는지를 잘 보여 준 상징적인 사건이었다. 주어진 문제를 논리적으로 해결하기 위해 필요한 절차, 방법의 명령어들을 모아 놓은 알고리즘(Algorithm) 기술을 핵심으로 한 인공지능기술은 알파고와 같이 인간 생활의 많은 영역에서 활용할 수 있는 기술이다.

인공지능을 지닌 로봇 인간이 만들어지고, 재판도 인공지능이 인간 판사와 협업으로 할 수 있다. 인공지능 판사는 인간의 모든 정보가 들어 있는 빅데이터를 기반으로 알고리즘에 따라 재판하므로 인간 판사보다도 객관적으로 재판할 수 있다. 인공지능 로봇이 의사와 협업하여 고난도의 수술을 할 수도 있을 것이다. 인공지능 로봇이 상용화 단계에 이르고, 인간과 유사하거나 그 이상의 지능을 가진 로봇 인간이 활보하면서 인간이 할 일을 대신하는 세상이 온다. 로봇 인간은 사람과 같은 피부를 지니고, 대화도 가능하며, 정보를 얻을 수도 있는 인공지능 로봇이다.

그러나 인공지능은 공평하고 신뢰할 수 있지만 사람과 진정한 교감을 나누기는 어렵다. 그리고 인간이 인공지능에 너무 의존하게 되면 뇌의 발달이 느려지고 퇴화가 일어날 수 있다.

여하튼 인간의 기억 한계를 초월하여 인간의 머리보다 섬세하고 빠르게 통찰할 수 있는 능력을 지닌 인공지능 개발은 4차 산업에 커다란 동력이 되며, 시간이 지나면 인공지능 없이는 살기 어려운 인공지능 의존 시대가 올 것은 분명하다.

마지막으로 블록체인 기술(Blockchain Security Technology)도 유망한 기술이다. 이것은 블록에 데이터를 넣어 체인 형태로 연결하고, 수많은 컴퓨터에 동시에 이를 복제해 저장하는 분산형 데이터 저장 기술이다. 누구나 열람할 수 있는 장부라고 볼 수 있다. 이 공개 장부에 거래 내역을 투명하게 기록하고, 여러 대의 컴퓨터에 이를 복제해 저장하고 여러 대의 컴퓨터가 기록을 검증할 수 있으므로 해킹을 막을 수 있다.

이상 7가지 기술은 유망 산업 기술로, 내가 만약 지도를 한다면 더욱 앞선 아이디어를 제공하여 우리나라가 이러한 산업들을 선도하여 4차 산업의 주도국이 될 수 있을 것이다.

더욱 발달할 미래 세계

그런데 사실 지금 사람들이 상상하는 4차 산업혁명 기술 같은 것은 그렇게 놀랄 만한 기술이 아니다. 좀 더 먼 미래에는 지금은 상상도 못 했던 일이 일어날 수 있다.

시공간의 제약이 거의 사라지는 시대가 올 수 있다. 블랙홀과 화이트홀을 이용하여 이동하는 기술이 나타날 수도 있다. 공중에 진공관을 설치해 놓고 10분이면 우리나라에서 미국까지 갈 수 있다. 이 이동 수단은 비행기가 추락하거나 폭파될 위험도 없다. 연료가 필요 없고 따라서 가스 매연도 나오지 않는다. 손바닥 크기만 한 배터리 하나면 충분하다. 배터리 기술이 10~20년 안에 엄청나게 발전할 것이다. 인공위성을 통해 태양 에너지를 가져올 수도 있다.

돈이 아주 많은 사람은 1초 만에도 태평양을 건널 수 있는 때가 온다. 비행기를 타고 미국까지 1초에 간다. 바늘구멍만 한 곳으로 많은 사람을 태운 비행기가 들어간다. 사람들이 비행기를 탔다고 생각하는 순간 활주로에 도착해 있다.

이것의 원리는 물질의 원자 속 양성자와 중성자가 충돌하면 힉스가 나오고 이 힉스가 광자(光子)로 바뀌는 원리이다. 비행기와 탑승객 모두의 몸을 구성하고 있는 미시 세계의 원자를 분해하고 광자로까지 쪼갤 수 있는 특수한 장치를 통과하면 비행기도 인간의 몸도 모두 광자로 바뀌고 전파가 되어 빛의 속도로 미국에 도착하고, 도착한 곳에서 원자, 분자로 재합성이 되고, 영혼이 재결합되어 멀쩡하게 비행기와 사람들이 나타나게 된다.

물질은 분자, 원자, 미립자, 쿼크, 힉스로, 거기서 더 내려가면 빛과 소리 에너지가 된다. 빛과 소리를 통해 순간 이동이 가능하다. 우주를 이동하는 것도 이러한 방법으로 이동한다. 그래서 미래에는 우주로 먼 여행을 할 수도 있게 된다. 우리가 사는 공간은 3차원인데 3차원은 시공간이 묶인 상태이다. 그러나 4차원으로 가면 시공간을 초월한다. 시공을 초월한 4차원의 세계를 통과하기 때문에 이러한 여행이 가능해진다.

이동 수단뿐만이 아니다. 앞으로는 공장이 필요 없는 시대가 온다. 집에서 프린터로 물건을 뽑을 수 있다. 또 허공에서 물질을 뽑아 내어 공간에서 간단하게 물건을 만들어 낼 수 있다. 모든 제품은 원자 결합으로 간단하게 나온다. 조립 과정은 필요해도 웬만한 것은 그냥 나온다. 수소 결합은 에너지가 들어가지 않아서 공해가 없다.

미래에는 의사가 약 1조 분의 일로 작아져서 혈관 안에 들어갈 수 있는 기술이 나올 수 있다. 의사가 자신의 몸 크기를 조절하면서 인체의 혈관 속으로 들어가 수술을 마치고 다시 나온다.

인간의 수명은 엄청나게 늘어나게 된다. 의학 기술이 날로 발전하여 유전자 조작, 배아 편집 기술, 영혼 이전술, 미생물 과학, 플라스마 등이 활용됨으로써 100세는 기본이고 200세 이상을 건강하게 사는 사람도 있을 것이다.

영혼 이전술은 병들고 노쇠한 80대 노인의 노쇠한 몸을 버리고 이전에 인체 세포 조직을 떼어 낸 후 배양하여 20대 정도로 성장시켜 놓은 자신과 닮은꼴 몸에 영혼이 다시 들어가게 하는 기술이다. 닮은꼴 몸은 자신의 머리카락 같은 데에서 세포를 추출하여 자라게 한 것이다. 물론 영혼 이전 기술은 나만이 가능하다.

광자, 플라스마를 이용해 인간의 몸을 80세에서 20세로 바꿀 수도 있다. 먼 훗날에는 사람들이 모두 플라스마 치료를 받는 시대가 온다.

또 미래에는 미생물 과학이 극도로 발달한다. 인간의 몸에는 200조 이상의 미생물이 살고 있다. 이 미생물이 인간이 먹은 음식을 분해하고 분비물을 배설하면 인체는 그 분비물을 흡수한다. 영양이 그대로 인체에 흡수되고 인체는 소화기 장애로 인한 건강 이상이 올 일이 없게 된다. 자연히 수명이 크게 늘어난다.

음식에도 놀라운 기술이 나온다. 닭고기, 양고기를 기계로 배양할 수 있다. 더 이상 고기를 얻기 위해 가축을 사육할 필요가 없다. 채소 배양 기계도 나온다. 미생물을 이용하여 채소나 곡식을 배양할 수 있다. 버튼 하나만 누르면 원하는 채소가 얼마든지 나온다. 시장에 가거나 농사를 지을 이유가 없다. 농약을 뿌릴 이유가 없다. 미생물을 이용한 배양 기술에 발효 기술도 발달하여 음식을 먹어도 아무 이상이 없다.

식용 벌레를 사육하는 냉장고처럼 생긴 기계도 나올 수 있다. 버튼을 누르면 증식하고 성장한다. 압축 버튼을 누르면 알맞게 압축되고, 먹기 좋은 맛으로 음식이 되어 나온다. 굉장히 위생적이다.

물론 이러한 기술은 아직 세상에 선보이기에는 이르다. 기회가 되면 나는 과학자들에게 이러한 기술들의 아이디어를 주어 인류 문명을 비약적으로 발전시켜 나가려고 한다.

2

모두가 행복한 세상

천하일가(天下一家)

중국 당나라 사람 이순풍과 원천강이 썼다는 『추배도』라는 예언서에는 "무성무부(無城無府) 무이무아(無爾無我) 천하일가(天下一家) 치진대화(治臻大化)"라는 말이 나온다. 국경도 없고, 정부도 없으며, 너도 없고 나도 없으며, 천하가 한집안이 되어 대화합을 이룬다는 뜻이다. 장차 이러한 세상이 온다는 예언이다. 너도 없고 나도 없다는 것은 너와 나 할 것 없이 모두가 너무나 존귀한 대우를 받는다는 것을 말한다. 천하일가(天下一家)는 천하가 한 집안처럼 된다는 것이다. 굶는 사람이 있으면 먹을 것을 갖다 주고, 오갈 데가 없는 사람은 데려다가 먹이고 재워 준다. 모든 사람이 대화합을 이룬다. 이런 세상이야말로 인류가 오랫동안 꿈꾸어 왔던 세상, 공자의 대동(大同) 세계요, 토머스 모어의 유토피아이다.

그리고 이러한 세상은 바로 내가 이루고자 하는 바로 그 통일 세계이다. 나는 굶어 죽는 사람과 대궐 같은 집에서 호의호식하며 향락을 즐기는 사람이 공존하는 지구촌의 극심한 빈부격차를 끝내고, 누구나 최소한 먹을 것 걱정은 하지 않아도 되는 세상을 이루려고 한다. 민족 간, 국가 간, 종교 간, 계급 간의 끝없는 대립과 투쟁을 끝내고 국가와 민족, 모든 사람이 소통과 박애와 양보를 통해 대화합을 이루는 통일 세계를 이룩하려고 한다.

그것은 마케도니아의 알렉산더나 몽고의 칭기스 칸, 독일의 히틀러와 같이 무력(武力)으로 수많은 피를 흘리며 이루려는 세계 정복이나 세계 통일이 아니다. 중산(中産)주의 혁명으로 우리나라가 세계 만민의 부러움의 대상이 될 때 일어날 수 있는 평화적인 통일이다. 우리나라가 모든 국민이 중산층 이상의 여유로운 생활이 가능하고 국민의 건강과 삶의 질을 최우선으로 하는 국가 운영 시스템으로 국민 행복지수가 전 세계 1위로 올라서면, 세계 모든 나라가 우리나라를 우러러보며 우리의 제도를 배우러 오게 된다. 우리나라는 자연히 위상이 올라가고 세계 지도국의 위치에 서게 된다. 나의 강력한 지도력과 능력으로 전 세계 지도자들이 나를 따르게 되고, 대한세계연방이 창설되어 연방정부가 전 세계를 이끄는 수뇌부의 역할을 하며, 전 세계 국가가 지구촌 전체의 공존공영에 동참하게 된다. 온 세상에 번영이 찾아오고 공의롭고 화평한 대동 세계가 건설된다.

한편, 중산주의 방안들은 비단 우리나라뿐 아니라 전 세계 나라마다 전파되어 제각각 많든 적든 국가가 주는 지원금이 지급되고 중산주의가 실현되어 간다. 우리나라가 주축이 되어 수립된 대한세계연방 내에 전 세계 국가가 자치국으로 편입된다. 연방에서 주도하는 세계 각국의 지도자 회의가 전 세계와 지구의 당면한 문제들을 의제(議題)로 하여 정례적으로, 혹은 수시로 개최되어 공동으로 문제를 해결해 나간다. 아프리카와 같이 가난한 지역은 연방에서 전 세계 국가지도자들을 소집하여 공동으로 지원 계획을 세우고 실천하도록 하여 굶는 사람을 없앤다. 지구환경 문제도 중요한 의제가 되어 지구환경이 완벽하게 회복될 때까지 지속적인 공동 노력을 하게 될 것이고, 모든 개발 사업에서 환경보호 문제가 최우선 고려 사항이 된다.

이 원대하고 멋진 프로젝트에서 한민족이 중추적인 역할을 맡게 되므로 전 세계 사람들은 한글을 배우려고 한국인을 귀하게 모셔 갈 것이다. 이때 세계 각지에 흩어져 사는 우리 교포들이 큰 역할을 하게 된다. 우리 교포들은 한 사람 한 사람이 우리나라 민간 외교관으로 세계 곳곳에 중산주의를 펼치는 데 주역을 담당한다. 해외 교포들에게도 우리 국민에게 시행한 방안들이 적용되어야 하는 이유이다.

이 숭고하고 웅대한 계획은 내가 와서 비로소 설계한 것은 아니다. 이것은 우주적 섭리의 일환으로 단군 이전부터 있었던 한민족의 경전,『천부경(天符經)』에 이미 기록되어 있다. 고조선을 건국한 1대 단군은 통치 이념으로『천부경』의 정신을 풀어 낸 '홍익인간(弘益人間), 재세이화(在世理化)'를 제시해, 널리 인간을 이롭게 하고 하늘의 이치가 펼쳐지는 세상을 구현하고자 하였다. 그러나 시대는 흘러 이제 말과 글과 도(道)가 끊어진 언어도단(言語道斷)의 도덕 실종 시대를 맞았다. 사람들의 머릿속에 고귀한 이상은 사라지고 물질에 마음을 빼앗긴 채 부모와 형제, 이웃도 잊고 자신만을 위한 삶에 빠져 있다. 인간의 이기심은 환경의 오염과 파괴를 가져와 지구는 대위기를 맞고 있다.

그러면서도 이 시기는 자연의 비밀이 많이 풀려 문명의 이기(利器)들이 등장하고 전 세계에 말과 글, 영상을 퍼트려 온갖 정보를 쉽게 접할 수 있는 인터넷 시대가 되었다. 인터넷 시대가 곧 격암 남사고가 말했던 인류 문명의 대전환이 일어나는 해인(海印) 시대이다. 인터넷의 바다에 글과 사진, 영상 등 온갖 것들이 돌아다니는 시대가 해인 시대이다. 이러한 인터넷 기술 발달은 내 뜻을 세상에 알리는 데 굉장히 유리한 조건이다.

홍익인간의 정신은 한반도에서 시작되는 중산주의 혁명을 통해 전 세계에 꽃을 피우게 된다. 『천부경』에 예언된 숭고하고 원대한 섭리(攝理)적 역사(役事)가 한반도를 중심으로 전 세계로 전개되어 세계는 일가(一家)가 되고, 너와 내가 없이 모두가 존귀한 대접을 받으며, 전쟁이 없고 기아(飢餓)가 없는 선하고 아름다운 화평(和平) 세계가 도래한다. 사람들은 생계 걱정 없이 하고 싶은 일을 하고, 보다 수준 높은 삶을 추구하며 영적(靈的) 수준도 높아진다. 모든 사람이 행복을 맛보며 공존공영하게 된다. 지구상에 지금까지 그 누구도 할 수 없었고 시도조차 해 볼 수 없었던 지상낙원으로의 대혁명을 나와 함께 우리 한민족이 해내게 된다.

어머니 무덤 흙이 담긴 항아리

베트남전쟁 참전 모습
(귀국 직전)

소아암재단 기부 모습

허경영하늘궁 제1본관 신축 조감도

경기도 양주시 장흥면 소재

허경영하늘궁 제1본관 신축 조감도

하늘궁관저

하늘궁제1본관

하늘궁연수원,강의실

하늘궁전망좋은호텔

하늘궁준호텔

하늘궁 통문계단

동문

허경영하늘궁
국제센터

하늘궁제1주차장

허경영하늘궁
신축 예정 제1본관 조감도

경빈관

정문

하늘궁네오호텔

하늘궁힐링센터

하늘궁호수

하늘궁직원숙소

⑳ 허경영하늘궁관저

⑱ 허경영하늘궁제1본관

⑲ 허경영하늘궁연수원
㉑ 허경영하늘궁강의실

⑰ 하늘궁 동문 계단

하늘궁제1주차장

⑬ 직원숙소

⑫ 하늘궁호수

경비소

⑪ 하늘궁힐링센터

㉒ 허경영하늘궁영빈관

하늘궁 수목원

━━━ 도 로
〜〜〜 하천계곡

⑩ 하늘궁제5주

⑨ 하늘궁

① 허경영하늘궁제3본관
② 하늘궁영상강의실
③ 허경영하늘궁에너지샵
④ 하늘궁헬로우호텔
⑤ 하늘궁위패실
⑥ 하늘궁방송국스튜디오
⑦ 하늘궁직원숙소
⑧ 허경영하늘궁제2본관
⑨ 하늘궁스카이호텔
⑩ 하늘궁제5주차장
⑪ 하늘궁힐링센터

⑫ 하늘궁호수
⑬ 직원숙소
⑭ 하늘궁네오호텔
⑮ 허경영하늘궁국제센터
⑯ 하늘궁준호텔
⑰ 하늘궁동문계단
⑱ 허경영하늘궁제1본관
⑲ 허경영하늘궁연수원
⑳ 허경영하늘궁관저
㉑ 허경영하늘궁강의실
㉒ 허경영하늘궁영빈관

허경영 하늘궁 종합 안내도

허경영하늘궁 종합안내도
(신축 예정 포함)

궁준호텔

⑮ 허경영하늘궁국제센터

⑭ 하늘궁네오호텔

⑧ 허경영하늘 궁제2본관

② 하늘궁영상강의실

현위치

① 허경영하늘궁제3본관

경비소

경비소

호텔RX

④ 하늘궁헬로우호텔

⑤ 하늘궁위패실

경비소

⑥ 하늘궁방송국스튜디오

③ 허경영하늘궁에너지샵

⑦ 하늘궁직원숙소

호텔파인힐

허경영 제20대 대통령 출마선언 및 기자회견
— 행주산성

2021년 4월 7일
서울시장보궐선거
공덕역 유세현장

2021년 4월 7일
서울시장보궐선거
발산동 유세현장

2021년 4월 7일
서울시장보궐선거
노원역 유세현장

2021년 4월 7일
서울시장보궐선거
강남역 유세현장

2021년 4월 7일
서울시장보궐선거
건대입구역 유세현장

2021년 4월 7일
서울시장보궐선거
여의도 유세현장

2021년 4월 7일
서울시장보궐선거
잠실역 유세현장

2021년 4월 7일
서울시장보궐선거
대학로 유세현장

2021년 4월 7일
서울시장보궐선거
홍대입구역 유세현장

(영종도 왕산(王山)정상에짓게될 황궁)
허경영대통령이된뒤 짓게될 세계통일황제의 황궁모습
※ 지붕모습은 이순신장군의 투구모습과 한옥기와이며
동서양의 통합을 의미한다.

백령도

강화 마니산

세계 통일 후 수립될
대한세계연방의 황궁 조감도

（2030년 세계통일수도가된 서울）

경기도전체를 서울로 합병해
세계통일수도로 준비하고 한국의
행정수도는 공주로 완전이전

련진산맥

련악산맥

대한세계연방 수도가 될
서울 권역

황해도

예성강

서울-평양고속도로

마식령산맥

개성

판문점

임진강

광주산맥

유엔본부

신 서울중심

애기봉

파주
평양시

강화도

경인운하

파주
일산

황궁
공항

인천

공항전용고속도로

영종도

공항전철

구.서울
도심

인천미포

한강

경인고속도로

수원

여의도

그림 허경영

파주평양시와 유엔본부

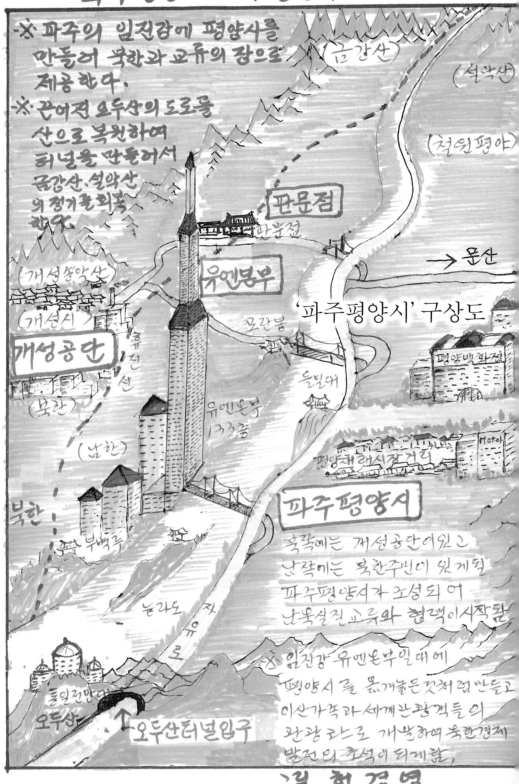

※ 파주의 임진강에 평양시를 만들어 북한과 교류의 장으로 제공한다.

※ 끊어진 오두산의 도로를 산으로 복원하여 터널을 만들어서 금강산·설악산의 정기를 회복한다.

(금강산)

(설악산)

(철원평야)

판문점

→ 문산

유엔본부

'파주평양시' 구상도

(개성송악산)

(개성시)

개성공단

모란봉

평양백화점

(북한)

들인대

(남한)

휴전선

유엔본부 133층

북한

평양책 래시장거리

마치

부벽루

파주평양시

늘라도

지유로

북쪽에는 개성공단이 있고 남쪽에는 북한주민이 있게 해 파주평양시가 조성되어 남북의 직접 교류와 협력이 시작됨

통일전망대

오두산

↑ **오두산터널입구**

※ 임진강 유엔본부일대에 평양시를 옮겨놓은 것처럼 만들고 이산가족과 세계관광객들의 관광코스로 개발하여 북한경제 발전의 초석이 되게함.

그림 허 경 영

한중해상대교와 세계통일수어.

영종도 왕산(王山)의 세계통일황제궁(왕궁)의 전체조감도

서울은 세계통일의 수도가 된곳으로 세계의산맥(마석령. 광주차 령산맥)과 세계의 강(예성강. 임진강. 한강)이 만나는곳으로 영종도의 왕산(王山)과 왕산해수욕장이 궁궁(弓弓)이며 을왕(乙王)리와 을왕해수욕장이 을을(乙乙)로 예언서대로 세계수도가 될초의 황궁(왕궁)이 들어선곳이구,

(강화도)
마니산

영종서울강변고속도로

애기봉

(김포)

한중해상대교 300km

(황궁)

(영빈관)

한중도 강화대교

(인천공항전용고속도로)

환인해 수 욕 장

(영종도)

왕산해수욕장

인천국제공항

을왕해수 욕장

한반도는 말(午)의 모양 (기마 민족)

※ 서울은 말의 위장, 평양은 말의 심장

※ 서울은 세계통일의 수도가 될곳으로
세계의 산맥과 (마석령, 광주, 차령산맥)
세계의 강 (예성강, 임진강, 한강) 이
만나는 초이며
서울을 중심으로
일본의 동경, 중국의 서경
남경, 북경이 있는
세계통일수도
가 될 것임.

말의앞다리
평양
(말의심장)
말의
앞다리
서울
(말의 위장)

낭림산맥
강남산맥
적유령산맥
묘향산맥
언진산맥
멸악산맥
예성강 식령산맥
임진강 광주산맥
북한강
남한강
차령산맥
노령산맥
소백산맥

말의 귀
말의 키
마천령산맥
함경산맥
(말갈귀)
함경
마천령산맥
백두산천지
(말의 입)
태백산맥

말의 뒷
다리
말의 뒷
다리
다도해 (말의 꼬리)

〈허경영과 한반도〉

허경영(許京寧) 의 이름에
말오자(午)에 말씀언(言)
이 있는 것은 말오자(午)
가 십자가위에 있는 4람
이란 서구적 뜻과
십방세계 위에 있는 4람
이란 불교적 뜻이 담겼
기에 고조선 4대부터
저금까지 원허(元許)
와 허가(許可)를
국가가 허가를 내린
것이다.
아제 허(許)씨가
직접 나타나 세계통일
을 이루는 시대가
온 것이다.

남한을 4개의도로 축소 (세계통일준비)

※ 한민족이 세계통일을 하기위해 통일의 3대요소인 통합(統合)
융합(融合) 화합(和合)을 우리가 먼저 지역감정을 없애고
모범을 보인뒤 세계통일로 나아가야 한다면서
허경영이 24세대 대통령에게한국을
4개도로 줄이고 경기도를 서울로
통합해 세계통일수도로
준비하려고 했다.

북한

평양

※ 평양은
말(午)의 심장

서울
(경기도를
서울로통합)

※ 서울은 말(午)의
위장인데 지금의서울이
너무작아서 세계통일
을위해서 경기도를
서울로 합쳐서 세계의
수도로 키워야한다

① 충강도 (충청.강원)

② 영전도
(전북.경북)

③ 전경도 (전남.경남)

④ 제주도

※ 허경영은
2017년이후에
대통령이 되면
전국도를 4개로
줄이고 대통령집무실은
공주로 옮기고
서울은 세계통일수도
로 개발하기위해
경기도를 수도로통합
할것
이다.

경제공화당

8번찍으면
딸자 핍니다

유엔본부를 판문점으로 !!

국회의원 100명으로 축소·지자체의원 보수폐지

정당제도 폐지·지자체단체장선거 폐지

새만금을 세계 제1의 금융도시로

60세이상 매월 노인수당 70만원 지급

무너져가는 가정을 살리기위해 대통령
취임 즉시 공약을 실천하겠습니다

1. 60세이상 매월 70만원 노인수당 지급하여 노후불안 해소
2. 결혼수당 남·여 각 5,000만원 지급하여 국민부채 원인배격
3. 출산 때마다 3,000만원 지급하여 양국적 인구 감소해결
4. 수능시험 폐지, 내신제 폐지, 초중고 대학등록금 폐지,
   고교평준화 폐지, 고등학교 3년동안 시험폐지
   대입시 대학 전공분 한 과목만 시험으로 입학하여 전인교육 실현
5. 전기, 수도, 가스, 전화, 핸드폰 요금 각 5만원 까지 국가부담
6. 36가지 세금제도 폐지, 물품 구입시 간접세 전환 (취득세·양도세·종토세·
   상속세·재산세 폐지, 물품구입시 카드사용 의무화로 연간 200조원의 세수증가.
   CD·채권·수표·현금의 디자인만 바뀌는 화폐변경으로 지하자금 900조원 회수함)
7. 국회의원 100명 축소, 무보수직으로 지자체단체장선거 폐지, 임명제도하여
   국가예산 160조 절약, 지자체의원 보수폐지로 국가예산 10조 절약,
   청당제도 폐지로 지역감정 해소
8. 유엔본부를 판문점으로 이전하여 전쟁을 보장받고 새만금을 세계 제1의
   금융도시를 건설하여 국민소득 5만불 실현, 징병제도 폐지로 모병제도 실시
9. 400만 신용불량자 20년 무이자 융자로 해결 (1회에 한함)
10. 허경영 뉴딜정책 실시로 1천만 실업 완결해결 (산심뉴딜단지, 새마을...)

2007년 경제공화당
제17대 대통령선거 후보 출마 시 벽보

새마을 운동을 최초로 만든 사람

기호 8 허경영

미국초청강연 제1회
2018년 3월 27일
LA 1차

미국초청강연 제2회
2018년 9월 11일
콜로라도

미국초청강연 제3회
2018년 10월 9일
시애틀

미국초청강연 제4회
2019년 3월 6일 LA 2차

미국초청강연 제5회
2019년 7월 2일 뉴욕

'허경영'을 연호하며
하늘궁에 운집한 지지자들

대한민국의 희망찬 미래를 염원하며
하늘궁 행사에 참석한 수많은 지지자들

2018년 5월 5일, 도널드 트럼프
전 미국 대통령 초청, 미국 방문 기념

공화당 대통령 후보 경선(2016년)에 참여했던
마르코 루비오(Marco Rubio)와 함께

2018년 3월 미국 상원 외교위원회 산하 동아시아태평양·국제사이버 안보정책 소위원회 위원장 코리 가드너 (Cory Gardner) 초청, 방문 기념 (코리 가드너와 함께)

미시간주 상원의원에 출마했던 공화당원 존 제임스(John James)와 함께

2019년 8월 15일
국가혁명당 창당식
(일산 킨텍스)

강연 모습들
(종로 및 하늘궁 강연장)

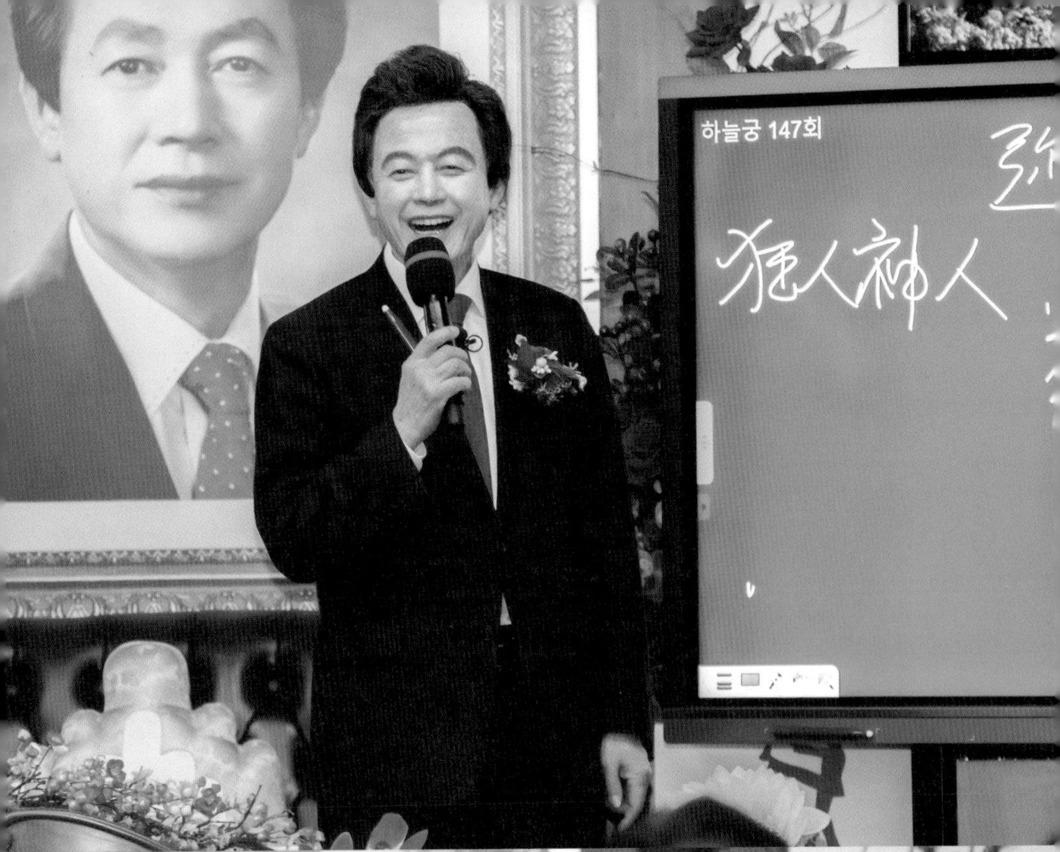
하늘궁 147회

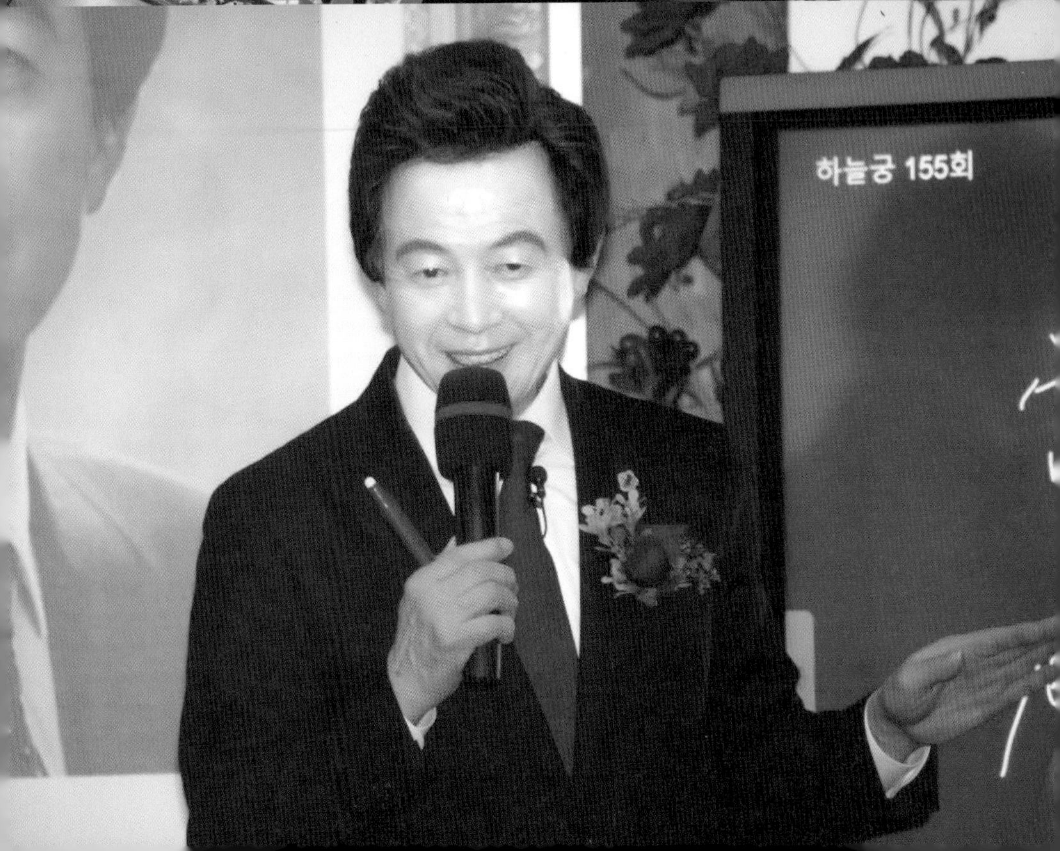
하늘궁 155회

하늘궁 대담 직전 참석자들과
기념사진 촬영 중

하늘궁 대담 직전

지지자가 보내온
대형 10단 케이크로
2년이 훨씬 지난
지금 모습이다.
내 에너지 위력으로
부패하지 않고
수분 증발로 인해
약간 말라 있을 뿐이다.

하늘궁 대담에 참석하기 위해 모인 사람들
—봄

하늘궁 대담에 참석하기 위해 모인 사람들
—여름

하늘궁 대담에 참석하기 위해 모인 사람들
—가을

하늘궁 대담에 참석하기 위해 모인 사람들
—겨울

난세의 영웅, 허경영을 아십니까?

1판 1쇄 발행   2021년 9월 1일

저자   허경영
발행인   김형준

발행처   체인지업북스
출판등록   2021년 1월 5일 제2021-000003호
주소   서울특별시 은평구 수색로 217-1, 410호
전화   02-6956-8977   팩스   02-6499-8977

© 허경영, 2021
ISBN   979-11-91378-08-5 (03300)